Reinaldo Coddou H.

FUSSBALLTEMPEL

mit einem Vorwort von Christoph Biermann

SCHÖNE FUSSBALLBÜCHER

8 Vorwort

14	Aachen • Tivoli Stadion | Tivoli Stadion (alt)	162	Köln • RheinEnergieStadion | Müngersdorfer Stadion
15	Aue • Sparkassen-Erzgebirgsstadion	163	Krefeld • Grotenburg-Stadion
22	Augsburg • SGL arena | Rosenaustadion	168	Leipzig • Red Bull Arena
23	Berlin • Stadion An der Alten Försterei	169	Leverkusen • BayArena
30	Berlin • Friedrich-Ludwig-Jahn-Sportpark	174	Lübeck • PokerStars.de-Stadion an der Lohmühle
31	Berlin • Mommsenstadion	175	Magdeburg • MDCC-Arena
38	Berlin • Olympiastadion	182	Mainz • Coface Arena | Bruchwegstadion
39	Berlin • Poststadion	183	Mannheim • Carl-Benz-Stadion
44	Bielefeld • SchücoArena	190	Mönchengladbach • Stadion im Borussia-Park | Bökelbergstadion
45	Bochum • RewirpowerStadion	191	München • Stadion an der Grünwalder Straße | Olympiastadion
50	Bochum • Lohrheidestadion	198	München • Allianz Arena
51	Braunschweig • Eintracht-Stadion	199	Münster • Preußenstadion
58	Bremen • Weserstadion	204	Nürnberg • Grundig-Stadion
59	Chemnitz • Stadion an der Gellertstraße	205	Oberhausen • Stadion Niederrhein
66	Cottbus • Stadion der Freundschaft	212	Offenbach • Sparda-Bank-Hessen-Stadion
67	Darmstadt • Stadion am Böllenfalltor	213	Osnabrück • osnatel-Arena
72	Dortmund • Signal Iduna Park	218	Paderborn • Benteler Arena
73	Dresden • Glücksgas Stadion | Rudolf-Harbig-Stadion	219	Potsdam • Karl-Liebknecht-Stadion
80	Duisburg • Schauinsland-Reisen-Arena	224	Rostock • DKB-Arena
81	Düsseldorf • ESPRIT arena | Rheinstadion	225	Saarbrücken • Ludwigsparkstadion
88	Erkenschwick • Stimberg-Stadion	230	Sandhausen • Hardtwaldstadion
89	Erfurt • Steigerwaldstadion	231	Sinsheim • Wirsol Rhein-Neckar-Arena
96	Essen • Stadion Essen | Georg-Melches-Stadion	238	Stuttgart • Mercedes-Benz Arena | Gottlieb-Daimler-Stadion
97	Essen • Stadion Uhlenkrug	239	Wolfsburg • Volkswagen Arena
104	Frankfurt am Main • Commerzbank-Arena | Waldstadion	244	Wuppertal • Stadion am Zoo
105	Frankfurt am Main • Frankfurter Volksbank Stadion	245	Zwickau • Westsachsenstadion
110	Freiburg • Mage Solar Stadion		
111	Fürth • Trolli ARENA	250	Innsbruck • Tivoli Stadion Tirol
118	Gelsenkirchen • Veltins-Arena | Parkstadion	251	Klagenfurt • Wörthersee Stadion
119	Halle an der Saale • Erdgas Sportpark	256	Salzburg • Red Bull Arena
124	Hamburg • Adolf-Jäger-Kampfbahn	257	Wien • Ernst-Happel-Stadion
125	Hamburg • Millerntor-Stadion	262	Wien • Generali Arena
134	Hamburg • Imtech Arena | Volksparkstadion	263	Wien • Gerhard-Hanappi-Stadion
135	Hannover • HDI Arena | Niedersachsenstadion	268	Wien • Sportclub-Platz
142	Herne • Stadion am Schloss Strünkede	269	Wien • Casino Stadion Hohe Warte
143	Jena • Ernst-Abbe-Sportfeld		
148	Kaiserslautern • Fritz-Walter-Stadion	274	Basel • St. Jakob-Park
149	Karlsruhe • Wildparkstadion	275	Bern • Stade de Suisse Wankdorf
154	Kassel • Auestadion	280	Genf • Stade de Genève
155	Koblenz • Stadion Oberwerth	281	Zürich • Stadion Letzigrund

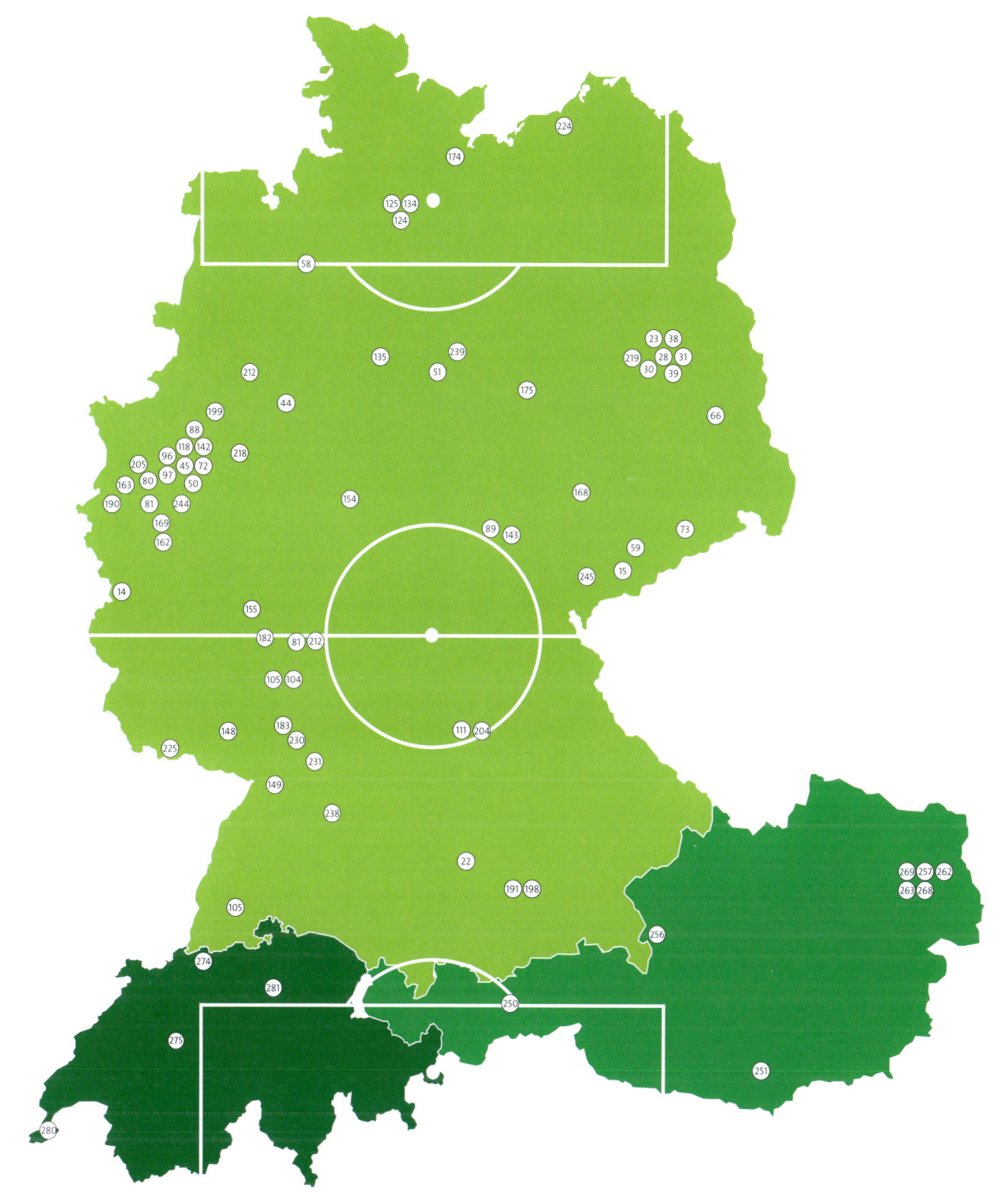

Ein Platz im Leben
von Christoph Biermann

Wie die Architektur von Kirchen oder Tempeln den Gottesdienst mitgestaltet, bestimmt auch ein Stadion das Erlebnis vom Fußball mit. Eine große Arena wie die in Dortmund, produziert eine gewaltige Monumentalität, enge Stadien wie das in Bielefeld sorgen für eine drängende Intensität. Stadien spielen mit, sie sind mehr als nur Kulissen. Man erlebt ein anderes Spiel, wo sich während der 90 Minuten die Schlachtrufe unter einem Dach verdichten als dort, wo sie aus einem offenen Stadion herauswehen. Wie homogen oder wie zerklüftet die Tribünen gebaut sind, spielt ebenfalls eine Rolle. Am Millerntor in St. Pauli oder im Stadion der Freundschaft in Cottbus sorgt das zusammengeschustert Improvisierte für einen freundlichen Grundton. Die steilen Ränge am inzwischen abgerissenen Bökelberg-Stadion in Mönchengladbach brachten den Zuschauer fast mit auf den Platz. Welche Kraft das entwickeln konnte, sieht man in diesem Buch. Und selbst die Farben der Sitzschalen haben einen Einfluss darauf, wie wir einen Kick sehen. Deshalb waren sie in Leverkusen froh, als sie beim Umbau des Stadions endlich die faden hellgrünen Plätze gegen kräftig rote austauschen konnten. Die BayArena lud sich dadurch energetisch neu auf.

Auch der Ort, an dem das Stadion gebaut wurde, ist in diesem Zusammenhang bedeutend. Liegt es, wie die Allianz Arena in München, gleich einem Einkaufszentrum an der Autobahn vor den Toren der Stadt, fühlt sich der Besuch dort eher nach Dienstleistung an. Ist es mit einem Stadtteil verwoben, dessen industrielle Vergangenheit nicht zu übersehen ist, wie beim Georg-Melches-Stadion im Essener Norden, wird der Gang zum Stadion zu einer Zeitreise in die proletarische Vergangenheit des Spiels. Eine Vergangenheit, die dort langsam auch schon zu Ende geht, weil nebenan neu gebaut wird. In Mönchengladbach konnte man es sogar direkt vergleichen. Dort verwandelte sich nach dem Umzug des Klubs vom Bökelberg inmitten eines bürgerlichen Wohnviertels zum neuen Borussen-Park am Stadtrand der Spieltag der Borussia komplett. Es wurde gewaltiger und prächtiger, aber auch entrückter. Mitunter spielt auch noch die Landschaft mit hinein. Man sieht hier in Aue wunderbar, wie das Stadion ins Erzgebirge eingefügt ist oder in Freiburg, wo das Stadion zu Füßen des Schwarzwalds liegt.

Fußballstadien sind längst zu städtischen Wahrzeichen geworden wie Kirchen, Denkmäler oder prägnante Industrieanlagen. Das Kölner WM-Stadion wird zwar nie mit dem Dom mithalten können, aber dank seiner beleuchteten Türme sieht man es schon aus vielen Kilometern, wenn man von Westen aus auf die Stadt zufährt. Das Fritz-Walter-Stadion ragt dominant wie eine Burg über Kaiserslautern, so dass kein anderes Gebäude der Stadt heranreicht. Nicht einmal das Rathaus, und das war sogar mal das höchste in Deutschland. Und als die Scheinwerfer noch nicht allenthalben unter die Tribünendächer gehängt werden konnten, waren die Flutlichtmasten der Stadien zugleich Orientierungspunkte und Wegweiser.

An vielen Orten in Deutschland hat man in den letzten Jahren erleben können, wie eine neue Generation von Arenen die alten Stadien ersetzt hat. Auch davon erzählt dieses Buch und dokumentiert damit, wie sich das Spiel verändert hat. Früher war Fußball eine Sportart von vielen und hat sich die Stadien mit anderen teilen müssen. Um den Rasen waren Laufbahnen, Sprunggruben, Hochsprungmatten und Wurfkäfige aufgebaut. Die Zuschauer sollten auch bei den Wettkämpfen der Leichtathletik zuschauen können, waren dafür aber weit vom Spielfeld weg, wenn auf dem Rasen gekickt wurde.

Man kannte enge Fußballstadien, wo Fans in der ersten Reihe beim Einwurf nach den Spielern greifen konnten, fast nur aus England. Große vereinseigene Stadien, die nur dem Fußball dienten, gab es außerdem noch in Spanien oder Portugal. Hierzulande gehörten die Spielstätten meist den Kommunen und die wollten, dass deren Verwendung möglichst vielfältig sein sollte. Als 1974 die Fußball-Weltmeisterschaft erstmals in Deutschland ausgetragen wurde, diente als einziges das neu gebaute Westfalenstadion in Dortmund nur dem Fußball. In den acht anderen Spielstätten, die teilweise aufwändig modernisiert worden waren, hatte es keinen Zweifel an der „Multifunktionalität" gegeben, wie das damals hieß.

Zur Fußball-Weltmeisterschaft 2006 hatte sich das Verhältnis fast vollständig umgedreht. Da waren nur noch das denkmalgeschützte Olympiastadion in Berlin, das Gottlieb-Daimler-Stadion in Stuttgart und das Frankenstadion in Nürnberg keine reinen Fußballarenen. In den neun anderen Austragungsorten hingegen war für andere Sportarten kein Platz mehr, Fußball hatte sie verdrängt. Der Wechsel vom Stadion zur Arena entsprach dem Wunsch, dass der Besuch eines Fußballspiels ein emotionales Erlebnis sein sollte. 1974 wollten die Zuschauer einfach nur WM-Spiele sehen, 32 Jahre später war das Land bereit dafür, aus der WM eine wochenlange Party zu machen.

Das wäre im Schatten der alten Schüsseln schwer möglich gewesen, denn sie hielten auch anderen Anforderungen nicht mehr stand. Es stellte sich heraus, dass nicht wenige Zuschauer bereit waren, viel Geld dafür zu bezahlen, sich im Stadion verwöhnen zu lassen. Sie wollten mit dem Auto direkt vor die Tür fahren, vor Anpfiff lecker essen und den Frust über eine Niederlage mit gutem Rotwein herunterspülen. Sie wollten sich mit Geschäftspartnern in lockerer Umgebung treffen, und plötzlich sahen einige Stadionbereiche aus wie Hotels oder Tagungszentren. Manche waren das unter der Woche sogar. Auch jenseits der teuren Plätze wurde mehr als die traditionelle Kombination aus Bier und Bratwurst angeboten, man nannte das nun Catering.

Heute ist kaum noch vorstellbar, wie wenig sich die Klubs in der Vergangenheit um ihr Publikum gesorgt hatten. Eine durchgehende Überdachung war Luxus, saubere Toiletten eine Rarität, die Bratwurst war kalt und das Bier warm. Matschige Parkplätze, ruppige Ordner, lange Schlangen an Kassenhäuschen oder Getränkebuden waren der Alltag. Die Gewalt auf den Rängen, bis weit in die neunziger Jahre hinein ein großes Problem, passte zur Verwahrlosung der Stadien, für die sich lange niemand interessierte.

Heute würde das niemand mehr akzeptieren, selbst auf dem kleinsten Sportplatz gibt es nun VIP-Zelte. Weil der Fußballzuschauer zum Kunden geworden ist, will er das Bemühen der Klubs spüren, und er will sich beeindrucken lassen. Wo der Stadionbesuch zum Event geworden ist, muss auch das Stadion ein Ereignis sein. Es muss durch schiere Größe beeindrucken, durch eine besondere Atmosphäre oder durch interessante architektonische Features wie das verschiebbare Dach der Arena in Gelsenkirchen oder der Lichtmantel der Allianz Arena in München.

Weil die ältesten Aufnahmen in diesem Buch bis ins Jahr 1998 zurückgehen, erzählt „Fußballtempel" von den großen Veränderungen, die es im letzten Jahrzehnt gegeben hat. Man erlebt noch einmal die verlorenen Weiten des Frankfurter Waldstadions und dann den Nachfolger, die kompakte Commerzbank-Arena. Man sieht auch, wie ähnlich die Stadien einander geworden sind, als wäre ihnen der Eigensinn ausgetrieben. So richtig spürt man ihn nur noch dort, wo die Modernisierungen ausgeblieben sind. Etwa in der unglaublichen Konstruktion des Westsachsenstadions in Zwickau mit seinen Stahlrohrtribünen über einer längst zerfallenen Radrennbahn.

Doch dieses Buch ist nur nebenbei eines über Wendungen der Zeitgeschichte, der Architektur und von urbanen Wahrzeichen, denn für Reinaldo Coddou H. steht das unmittelbare Stadionerlebnis im Mittelpunkt der Arbeit. Sein Ansatz ist der eines Fans und sein Handwerkszeug, dessen Blick einzufangen, ist eine spezielle Panoramakamera mit rotierender Optik. Sie setzt das Bild in mehreren winzigen Schritten so zusammen, dass im Bild schließlich ein Ausschnitt von 120 Grad erfasst ist, was ungefähr dem Gesichtsfeld des Menschen entspricht.

Neben dieser speziellen Hardware ist aber auch die Wahl des Standorts bedeutsam. Coddou hat von Beginn an seinen Platz in einer der Fankurven des Stadions eingenommen, meistens auf den Stehplätzen. Das hat damit zu tun, dass er selber Fan ist, von Arminia Bielefeld, und viele Jahre selber in der Kurve verbracht hat. Das Stadionpanorama dient keinem exakten Naturalismus, sondern der Überhöhung. Es ist dazu da, um darin zu schwelgen. Das leuchtet einem gleich ein angesichts der atemberaubenden Schlucht des Dortmunder Stadions mit der gigantischen schwarz-gelben Wand aus 25 000 Zuschauern auf der Südtribüne. Doch was könnte einen angesichts des grau verhangenen Himmels über den leeren Rängen des Stadions Uhlenkrug in Essen schwelgen lassen?

Wer immer wieder Spiele im gleichen Stadion gesehen und dort mit seiner Mannschaft gelitten und gejubelt hat, dem wird sich der Ort einschreiben. Dazu muss er nicht schön sein, weshalb es durchaus nicht wenige Fans von Fortuna Düsseldorf gegeben hat, die dem alten Rheinstadion hinterhertrauerten, obwohl es doch immer viel zu groß, zu offen und verloren war. Doch selbst wenn Stadien den Außenstehenden als traurig erscheinen mögen, sind sie sentimentale Orte. Weil das Stadion des Lieblingsklubs in immer wechselvoller und mobiler werdenden Lebensgeschichten oft der Fixpunkt ist, ist es für viele ein Stück Heimat. Man wechselt seine Wohnorte und Arbeitsplätze, aber kehrt immer wieder zu seinem Klub und seinem Stadion zurück. So schauen wir auf die opulenten Panoramen und sehen darauf Menschen, die hier etwas besonderes gefunden haben: Einen Platz im Leben.

Aachen
Tivoli Stadion
Tivoli Stadion (alt)

Anschrift
Krefelder Straße 205
52070 Aachen
Krefelder Straße 187
52070 Aachen

Einweihung
12. August 2009
3. Juni 1928

Plätze
Fassungsvermögen: 32 960 | *21 300*
Sitzplätze: 21 279 | *3700*
Stehplätze: 11 681 | *17 600*

Eröffnungsspiel
Alemannia Aachen – Lierse SK [2:2]
Alemannia Aachen – Preußen Krefeld [4:3]

Größte dokumentierte Zuschauerzahl
32 960 | erstmals am 17. August 2009
Alemannia Aachen – FC St. Pauli [0:5]
35 000 | 6. Oktober 1957
Alemannia Aachen – Schalke 04 [2:1]

www.alemannia-aachen.de

Es gibt Stadien, die schnell vergessen sind. Stadien, denen das gewisse Etwas fehlt. Der Zauber. Die Mystik. Es gibt aber auch Stadien wie den mittlerweile verblichenen Aachener Tivoli. Er war der größte Star und die Seele des Aachener Fußballs. Eine Kultstätte, die die Alemannia über 80 Jahre begleitete. Doch warum hieß das 1928 errichtete Stadion eigentlich Tivoli? Ganz einfach: Die Mannschaften des Vereins spielten vor dem Stadionbau in unmittelbarer Nähe auf den Wiesen eines Landgutes Fußball. Der Name des Gutes: Tivoli. Eine Reminiszenz an die gleichnamige Stadt in Italien, deren berühmte Parkanlagen die Aachener an die Gärten des Landgutes erinnerten. Als die Kicker schließlich um die Ecke in ihr neues Stadion zogen, nahmen sie den Namen einfach mit. Anfangs passten bis zu 10 000 Menschen auf den Tivoli, um dort die „Kartoffelkäfer" anzufeuern. So werden die Alemannen seit jeher wegen ihrer schwarz-gelb-gestreiften Trikots genannt.

Zwischen 1953 und 1957 wurde der im Zweiten Weltkrieg stark beschädigte Tivoli renoviert und großzügig ausgebaut. Wenn die Spieler nun den neu errichteten langen und engen Spielertunnel durchschritten, wurden sie von bis zu 32 500 Zuschauern begrüßt. Besonders gerne bei Abendspielen, schließlich wurde der Tivoli damals beleuchtet von der modernsten Flutlichtanlage Europas. Spitzenmannschaften aus der ganzen Welt liefen in Aachen auf. Sie alle wollten die besondere Atmosphäre der Flutlichtspiele kennenlernen, die durch die legendäre „Streichholzparade" noch an Faszination gewann. Da die Scheinwerfer erst unmittelbar zum Spiel eingeschaltet wurden, entzündeten die Zuschauer auf den dunklen Tribünen Streichhölzer und bereiteten den Teams damit einen grandiosen Empfang.

Trotz des modernen Stadions wurde der Alemannia der Zugang zur 1963 startenden Bundesliga verwehrt. Erst 1967 gelang der Aufstieg. Nach weiteren Umbauten fasste der Tivoli zu diesem Zeitpunkt noch 25 000 Zuschauer und ihm eilte der Ruf als Festung voraus. „Englische Verhältnisse" konstatierte „Das aktuelle Sportstudio" anlässlich des Aufstiegsspiels gegen die Offenbacher Kickers: „Hier am Aachener Tivoli spielt niemand besonders gern. Steile Ränge, die Zuschauer im ausverkauften Stadion stehen dicht bis ans Feld, nur durch einen Zaun vom Rasen getrennt." Die britische Stimmung auf den Rängen übertrug sich auf das Spielfeld, und die Alemannia zeigte schnörkellosen, schnellen Offensivfußball. Gekämpft wurde am Tivoli ohnehin schon immer, wie sich der damalige Mannschaftskapitän Jupp Martinelli erinnert: „Die Fans verlangten, dass sich bis zum Letzten eingesetzt wurde." Gut, das tun Fans eigentlich überall, aber selten mit so viel Nachdruck wie seinerzeit in Aachen.

Das Bundesligaglück der Alemannen dauerte nur drei Jahre. Anschließend spielten sie bis 1990 zweitklassig. Wegen chronisch leerer Vereinskassen wurde in dieser Zeit nur das Allernötigste am Stadion getan, das Siechen der Arena war so nicht zu vermeiden. Die Jahrzehnte kratzten ihre Spuren ins altehrwürdige Gemäuer, ließen Putz bröckeln und Toiletten muffeln. Aber der marode Charme des Stadions entwickelte auch seinen eigenen Reiz. Erst mit dem Aufstieg 1999 in die 2. Liga kam es wieder zu größeren Investitionen, um den hohen Ansprüchen der DFL gerecht zu werden. Neue Sitzschalen wurden auf den Rängen montiert, Drainagen und eine Rasenheizung installiert, an der übrigen Substanz änderte sich jedoch bis zuletzt wenig.

Im Jahr 2008 feierte das Stadion seinen 80. Geburtstag. Längst aber war da schon die Zukunft im Bau, gleich nebenan schoss der neue Tivoli in die Höhe, der seit 2009 die Heimstätte der Alemannia ist. Die Erwartungen an den Neubau waren riesig. Er sollte die Lebensversicherung des Klubs werden. Ganz besonders angenehm: Sogar der Name blieb erhalten. So viel Tradition gönnen sich die Aachener auch in Zeiten der Retortenklubs und Eventarenen. Die Dauerkarte für das Paradies namens Bundesliga, eine Beton und Stahl gewordene Kampfansage. Für den alten Tivoli blieb da nur noch die Abrissbirne, die im Sommer 2011 geschwungen wurde. Er musste Platz machen für Einfamilienhäuser und Büroflächen. Doch schon das erste Pflichtspiel im neuen Heim ging gehörig in die Hose. Es setzte ein 0:5 gegen den FC St. Pauli. Damit nicht genug. Viel schlimmer noch, dass ein St. Pauli-Fan von der Balustrade des Gästeblocks sechs Meter in die Tiefe fiel und sich dabei lebensgefährliche Verletzungen zuzog. Zwangsläufig entbrannte eine Sicherheitsdiskussion, allerdings war dieser Unfall auf das Fehlverhalten des Fans zurückzuführen. Inzwischen wirkt dieser unglückliche Auftakt wie ein kaum zu übersehendes Menetekel. Denn eigentlich wollte die Alemannia ein Lehrstück aufführen, wie sich der Charme der Vergangenheit und die Notwendigkeiten der Zukunft in einem neuen Stadion kombinieren lassen. Herausgekommen ist allerdings eine Anleitung, wie sich ein finanziell gesunder Verein innerhalb kürzester Zeit ruinieren kann. Wie das eben so kommt, wenn man mit den Großen pinkeln will, aber nicht genug getrunken hat. „Das Einzige, was bei Alemannia Aachen nicht gestimmt hat, war, dass man so ein Riesenstadion gebaut hat, das wie ein Stein um den Hals des Vereins hängt", fasst Eric Meijer das Dilemma zusammen. Meijer kennt die Alemannia bestens, war er doch als Profi und Geschäftsführer auf dem alten wie dem neuen Tivoli aktiv.

Unbescheidene 50 Millionen Euro kostete die Arena, vom Verein komplett durch viel zu teure Kredite finanziert. Misserfolge waren im Rückzahlungsplan offenbar nicht einkalkuliert. Sie stellten sich aber trotzdem ein. Zwei Abstiege und eine Insolvenz später ist das Stadion nur noch Bühne für Spiele der viertklassigen Regionalliga West. Ein Glück für den alten Tivoli, dass er das nicht mehr erleben muss.

Mathias Ehlers

◀ Alemannia Aachen – 1. FC Union Berlin [2:2] | 20. August 2010 | 20 021 Zuschauer
◀◀ *Alemannia Aachen – Bayer 04 Leverkusen (A) [1:1] | 11. Oktober 2010 | 18 000 Zuschauer*

Der Bahnhof in Aue verrät nichts über liebenswerten Fußball. Er ist grau und klein, so wie Bahnhöfe nun mal aussehen in Städten dieser Größe. Auf dem Vorplatz wartet Wolfgang Becher mit seinem Taxi auf Kundschaft, er ist der Einzige an diesem Nachmittag. Wolfgang Becher mag Lila, es ist die Farbe des Drittligisten FC Erzgebirge und wohl die Lieblingsfarbe einer ganzen Region. Er ist kein Freund langer Reden. „Natürlich ist der Fußball hier unendlich wichtig", sagt er leise und lapidar, als wäre das die Selbstverständlichkeit schlechthin. Sie nehmen sich eben nicht so wichtig in Aue, einer Kleinstadt mit 17 500 Einwohnern – im Winkel zwischen Thüringen, Bayern und Tschechien. Vielleicht liegt hier das Geheimnis für den imposanten Zwergenaufstand des FC Erzge-

Das Erzgebirgsstadion vor herbstlicher Kulisse (2004)

birge, und dafür, dass in Aues Abgeschiedenheit erfolgreicher Fußball länger konserviert werden kann als in so mancher Großstadt.

Vom Bahnhof sind es fünf Autominuten bis zum Erzgebirgsstadion, neben dem Fluss Lößnitz, der hinter der Haupttribüne verläuft. Es ist ruhig, niemand ist zu sehen. An Spieltagen ist der Zeller Berg, jenes Wohnviertel, das das Stadion umrandet, komplett zugeparkt. Die Fans kommen aus der ganzen Region. Spieltag ist Stresstag, nicht nur für Taxifahrer Wolfgang Becher. Er war schon oft im Erzgebirgsstadion, in dieser kleinen, schmucken Arena, die das Profil des Vereins nicht treffender illustrieren könnte. Sie wirkt wie die Abkehr von den pompösen Stadien, die überall in der Republik aus dem Boden schießen. Das bedeutet nicht, dass das Erzgebirgsstadion noch immer in der Vergangenheit gefangen ist.

Nach mehreren Sanierungen genügt es modernen Ansprüchen. Selbst der Name ist mittlerweile zeitgemäß, nachdem er zu Markte getragen wurde. Spricht man doch seit 2011 ganz offiziell vom Sparkassen-Erzgebirgsstadion. Ein Deal, der jährlich eine halbe Million Euro in den Auer Vereinssäckel spült. Erbaut in den zwanziger Jahren, eingeweiht als „Städtisches Stadion", entwickelte sich die Arena schnell zum Schauplatz wichtiger Wettkämpfe, nicht nur im Fußball. Nachdem das Stadion Ende der Vierziger von der Roten Armee zu Ausbildungszwecken genutzt worden war, wich es einem moderneren Bau, benannt nach dem damaligen Ministerpräsidenten der DDR, Otto Grotewohl. Gastgeber war Wismut Aue gewesen, deren Trägerbetrieb ab 1949 die SDAG Wismut war, die sich zum größten Betrieb des Erzgebirges entwickelt hatte. Von 1951 bis 1990 gehörte Wismut der DDR-Oberliga an, die Erfolge und die Beliebtheit machten weitere Schönheitsoperationen unverzichtbar. Das Sportlerheim, das auch Wohnungen für Trainer und Spieler beherbergte, wurde fertig gestellt. Später wurden Tribünen überdacht, VIP-Raum und Reporterkabinen geschaffen. 2004 folgten die Installation einer Rasenheizung und der alten Videoleinwand aus dem Gelsenkirchener Parkstadion. Im Jahr 2010 wurde zudem die Gegengerade saniert und überdacht. Heute bietet das Erzgebirgsstadion, pardon: Sparkassen-Erzgebirgsstadion, knapp 16 000 Zuschauern Platz. Die Geschäftsstelle verbirgt sich in einem grauen Betonklotz, einem Relikt vergangener Tage. In Aue wird jeder Euro zweimal umgedreht. Ob es beim FC Erzgebirge Skandale gab? So wie in Dresden, Leipzig oder Magdeburg? Ex-Präsident Uwe Leonhardt lacht, laut sogar. Skandale also? „Fehlanzeige." Schulden? „Nicht einen Cent." Der Etat wird zu großen Teilen von regionalen Sponsoren bereitgestellt. Der Verein ist in heimischen Händen geblieben. Zwielichtige Gestalten mit Dollarzeichen in den Pupillen hatten Aue nach der Wende gemieden, sie gingen nach Dresden oder Leipzig. Langfristige Solidität geht über kurzfristigen Erfolg. Selbst als die Flut vor ein paar Jahren im Erzgebirgsstadion einen Schaden von 1,5 Millionen Euro angerichtet hatte, konnten die Löhne ohne Verzug weiter bezahlt werden.

Wer etwas über den Imagewert erfahren will, ist bei Heinrich Kohl richtig. Er ist Bürgermeister der Stadt, die an Problemen so arm nicht ist. Jeder Fünfte ist auf der Suche nach Arbeit. Einer Geburt stehen zwei Sterbefälle gegenüber, die Einwohnerzahl schrumpft. Heinrich Kohl geht oft zum Fußball. Man merkt, dass er den FC Erzgebirge gegenüber Journalisten schon oft gelobt hat. Als „Kulturgut" bezeichnet er die Kicker. Er sagt: „Wir sind stolz, die Nummer eins in Sachsen zu sein. Der Mythos beflügelt die ganze Region." Noch heute ignorieren viele Fans das Vereinswappen und bevorzugen die alten Insignien: zwei gekreuzte Hämmer und ein großes W. Im Stadion singen sie den alten Schlachtruf: „Wir kommen aus der Tiefe, wir kommen aus dem Schacht – Wismut Aue, die neue Fußballmacht." 40 Jahre war im Wismut-Kombinat Uran-Erz gefördert worden. Aue war die Giftapotheke der DDR. Der FC Erzgebirge hat dazu beigetragen, den Mief der Vergangenheit loszuwerden. „Die Zeit" erhob den Verein zum „Auswärtigen Amt des Erzgebirges". Von einer „lila Pause vom Niedergang des sächsischen Fußballs" schrieb die „Frankfurter Allgemeine Zeitung". Am Spieltag, wenn der FC Erzgebirge zum Heimspiel lädt, ist die Kleinstadt Aue nicht wiederzuerkennen. Die Provinz macht dann Pause. Für wenige Stunden.

Ronny Blaschke

Aue
Sparkassen-Erzgebirgsstadion

Anschrift
Lößnitzer Straße 95
08280 Aue

Einweihung
20. August 1950

Plätze
Fassungsvermögen: 15 690
Sitzplätze: 9390
Stehplätze: 6300

Eröffnungsspiel
Spvgg. Erzbergbau – Waggonbau Dessau [3:3]

Größte dokumentierte Zuschauerzahl
35 000 | 20. August 1950
bei der Stadion-Einweihung

www.fc-erzgebirge.de

Augsburg
SGL arena
Rosenaustadion

Anschrift
Bürgermeister-Ulrich-Straße 90
86199 Augsburg
Stadionstraße 21
86159 Augsburg

Einweihung
26. Juli 2009
16. September 1951

Plätze
Fassungsvermögen: 30 660 | *32 354*
Sitzplätze: 19 626 | *5911*
Stehplätze: 11 034 | *26 443*

Eröffnungsspiel
FC Augsburg – Schwaben-Auswahl [2:0]
TSV Schwaben Augsburg – VfB Stuttgart [0:4]

Größte dokumentierte Zuschauerzahl
30 660 | erstmals am 10. Februar 2010
FC Augsburg – 1. FC Köln [2:0]
64 856 | 9. November 1952
Deutschland – Schweiz [5:1]

www.fcaugsburg.de

Ein Mittwoch im Juli 2006. Missmutig steigt der Herr mit dem akkurat gescheitelten weißen Haar aus seinem italienischen Kleinwagen. „Warum ausgerechnet ich? Was soll ich denn über das Rosenaustadion sagen?", fragt er. Der Hinweis, er sei nun mal Augsburgs bekanntester Fußballer, überzeugt den mittlerweile verstorbenen Helmut Haller nicht wirklich. „Der Uli Biesinger könnte Ihnen mehr erzählen", grantelt er. 20 Meter weiter unten kreischt eine Flex. Daneben hämmert ein Bauarbeiter auf einen Eisenbolzen ein. Das alte Rund, das 32 354 Zuschauern Platz bietet, wird fit gemacht für die 2. Liga, in die Augsburg nach 23-jähriger Abstinenz zurückkehrte. Helmut Haller setzt sich. Nicht auf einen bequemen Schalensitz aus Plastik – das Ding ist aus Sperrholz. Er schaut auf den Rasen und spricht gegen den Baustellenlärm an: „Dann fangen wir halt an. Wissen Sie, dass unter uns lauter Schutt liegt? Das Rosenaustadion ist auf den Trümmern des Zweiten Weltkriegs gebaut worden."

Das war im Jahre 1951. „Eines der schönsten Stadien Europas", rühmte damals die „Neue Zeitung" den ersten Neubau einer großen Sportstätte im Deutschland der Nachkriegszeit. 1952 standen sich dort Herbergers Elf und die Schweiz gegenüber – zwei Jahre nach der Wiederaufnahme der Deutschen in die internationale Fußball-Familie und zwei Jahre vor dem Wunder von Bern. „Ich war 13 und durfte beim Vorspiel mitkicken", erinnert sich Haller an jenen Novembertag. 64 856 Zuschauer strömten ins Stadion – das war Rekord. Sechs Jahre später spielte „Hemad", wie sie Haller in seiner Heimatstadt nennen, schon in der ersten Mannschaft. In einer Zeit, als es noch keine Bundesliga gab und sich die Underdogs vom Lech gegen den TSV 1860 München und den FC Bayern in der Oberliga Süd wehren mussten. „Die Sechzger und die Bayern", erzählt der frühere Nationalspieler, „spielten immer um den Meistertitel und wir in der Regel gegen den Abstieg." Trotz eines überragenden Helmut Hallers. 1962 wechselte er für ein Handgeld von 300 000 Mark zum AC Bologna. Mit seinem neuen Klub wurde er 1964 Italienischer Meister und als erster Ausländer zum Fußballer des Jahres in Italien gewählt. 1968 holte Fiat-Boss Giovanni Agnelli ihn zu Juventus. Dort errang „il Biondo", wie sie ihn nannten, 1972 und 1973 weitere Meisterschaften. „Es war eine schöne Zeit", sagt er und lächelt.

Angesichts der familiären Situation – seine damalige Frau plagte das Heimweh – zögerte der Fußballstar Anfang der Siebziger nicht lange und kehrte Italien den Rücken. „Ich kaufte mich für 40 000 Mark bei Juve frei und ging 1973 zurück zum FC Augsburg." Hallers Heimkehr löste eine noch nie da gewesene Fußballbegeisterung in der Region aus. 23 000 Zuschauer kamen im Schnitt ins Rosenaustadion. „Wir spielten einen tollen Angriffsfußball", schwärmt Haller. Im Rosenaustadion war wieder Leben. Unter Hallers Regie wurde der Aufsteiger auf Anhieb Meister der Regionalliga Süd: „Wir haben kein Heimspiel verloren. Die Leute haben uns nach vorne gebrüllt." Der FCA stand vor dem Sprung in die Bundesliga. Das Team verkraftete jedoch den Ausfall ihres Spielmachers nicht und versagte beim Heimspiel gegen Tennis Borussia Berlin – aus der Traum von der Erstklassigkeit.

Dieser sollte erst im Jahr 2011 Wirklichkeit werden – Ort der Feierlichkeiten anlässlich des ersten Bundesligaaufstiegs des Vereins war nicht mehr das Rosenaustadion. All das Flicken am alten Kasten konnte nicht verbergen, dass die Zeichen der Zeit zu sehr an ihm genagt hatten. Tatsächlich hatte das weite Rund einen morbiden Charme, an vielen Stellen bröckelte der Putz. In den Katakomben fand man eine Tür mit der vergilbten Aufschrift „Pressetelefon". Statt moderner Gastronomiebereiche gab es putzige Holzhüttchen, an denen es während der Spiele Bier, Bockwurst und Rauchwaren gab. Das Stadion steht noch, der FCA indes ist im Juli 2009 in die neue SGL arena umgezogen. Zwischen November 2007 und Juli 2009 entstand im Süden der Stadt das 45 Millionen Euro teure Stadion. Der Aufstieg 2006 war Voraussetzung dafür und zugleich die Initialzündung für einen viel größeren Plan. Noch im Jahr 2000 stand der Verein vor dem finanziellen Kollaps. Walther Seinsch, ein fußballverrückter Geschäftsmann aus dem Münsterland, übernahm nach dem Abstieg in die Bayernliga das Ruder. Als er von einem neuen Stadion sprach, wurde er ausgelacht: Ein Viertligist kann doch nicht von einem neuen Stadion für fast 50 000 Menschen träumen. Und es wurde noch besser: Bis zum Jahr 2012 zog man ernsthaft den Aufstieg in die höchste deutsche Spielklasse in Betracht.

Heute lacht niemand mehr, denn Augsburg hat ein neues Stadion – zwar fasst es erst einmal „nur" 30 660 Zuschauer, aber immerhin wurde der Plan durch den Aufstieg 2011 quasi übererfüllt. Und aktuell ist auch nur der erste Bauabschnitt in der SGL arena abgeschlossen. Durch das Aufsetzen eines zweiten Ranges würde das Stadion dann wirklich knapp 50 000 Fans Platz bieten. Bis es soweit ist, dürfen sich die Fuggerstädter an ihrem ökologisch einwandfreien Fußballstadion erfreuen. Obwohl die geplante Photovoltaikanlage in der Fassade der Arena aus Kostengründen gestrichen werden musste, erhielt die SGL arena als erstes Stadion weltweit das Label „klimaneutral". Erreicht wird diese Umweltfreundlichkeit durch Erdwärmevorrichtungen. Sechs je 40 Meter tiefe Brunnen nebst Wärmepumpen und -tauscher beheizen die Heimat des FCA.

Haller war übrigens auch bei der Einweihung des neues Stadions vor Ort. Zusammen mit Uli Biesinger verpflanzte er ein aus dem Rosenaustadion stammendes Rasenstück auf dem neuen Platz. Und wer weiß, vielleicht wird auf diesem Rasen bald wieder ein Augsburger Held geboren, der in einiger Zeit Geschichten über Helmut Haller, das Rosenaustadion und die SGL arena zu erzählen weiß.

Roland Wiedemann & Tobias Börner

◄ Deutschland – USA [0:1] | 29. Oktober 2009 | 28 367 Zuschauer
◄◄ *FC Augsburg – VfR Aalen [2:0] | 31. Juli 1999 | 2100 Zuschauer*

Berlin
Stadion An der Alten Försterei

Bis zur Einweihung der neuen Alten Försterei im Juli 2009 bot sich folgendes Bild: Abgetretene Stehplatzränge, eine Sitzplatztribüne, die bestenfalls einer Bezirkssportanlage Ehre gemacht hätte und eine Anzeigetafel mit per Hand zu wechselnden Ziffernscheiben. Keine Cheerleader, keine Showeinlagen, keine albernen Sponsorenspielchen während der Halbzeit. Auf den Rängen ging es familiär zu, beinahe jeder Zuschauer hatte sich einen rot-weißen Schal um den Hals gehängt, eine Fahne in der Hand oder eine Kappe mit dem obligatorischen „FCU" auf dem Kopf. Während sich andernorts das Gros der Besucher in vornehmes Schweigen hüllt und sich nur beim „Steht auf"-Chant kurz aus der Hocke bequemt, standen die Unioner ohnehin schon und sangen, was die Kehlen hergaben.

Wunderbarerweise hat sich im Prinzip seit der Neueröffnung nichts verändert. Gut, das komplette Stadion ist jetzt überdacht, besitzt eine Rasenheizung, die Tribünen wurden neu betoniert und mit frischen Treppen versehen. Natürlich – so wollen es die Bestimmungen der DFL – existiert nun auch eine elektronische Anzeigetafel, wobei die legendäre manuelle Variante nach wie vor ihren festen Platz hat. Ein schöner neuer Rahmen also, aber das Bild ist das gleiche. Zum Glück. Ein ganz spezielles Flair umgibt die Arena im Südosten der Hauptstadt damit auch weiterhin. Ein Besuch der Alten Försterei bleibt eine Reise in die Zeit, als Fußball noch nicht viel mehr als Fußball war. Als sich Heimspiel für Heimspiel dieselben Menschen auf ihren Stehplätzen einfanden und ihre Mägen mit Bratwurst und Bier grundierten. Union betrachtet seine Fans noch immer als Fans und nicht als Kunden. Tapfer verweigert sich der Klub mancher Überflüssigkeit des modernen Fußballs und inszeniert sich damit nicht zu Unrecht als ziemlich eigenwilliger Verein. Die sonst übliche Trennung zwischen Fanblock und feineren Pinkeln ist in Köpenick nach wie vor aufgehoben. Mal fangen die Fans auf der Gegengerade an zu singen, mal die hinter dem Tor und schließlich singt das ganze Stadion.

Die Beziehung zwischen Fans und Verein ist hier wirklich besonders eng und die Anhänger sind stolz auf ihr renoviertes Wohnzimmer. Kein Wunder, schließlich haben mehr als 2000 von ihnen aktiv an der Sanierung mitgewirkt. Innerhalb eines Jahres leisteten sie 140 000 Arbeitsstunden und der traditionell klamme Verein hatte etwa zwei Millionen Euro gespart. Neben einem feuerroten Bauhelm, den jeder Mitwirkende als Andenken erhielt, wurde den Stadionbauern ein eigenes Denkmal vor der Arena gesetzt. Es war nicht das erste Mal, dass die Fans ihrem FCU aus der Patsche halfen. Ende der Neunziger gingen die Anhänger unter dem Slogan „Fünf Mark für Union" Geld sammeln. 2005 half die Fan-Aktion „Bluten für Union", die vom DFB geforderten Finanzreserve in Höhe von knapp 1,5 Millionen Euro aufzubringen. Zwischendurch sorgte ihr Team für den größten Coup in der Vereinsgeschichte. Als bisher einziger deutscher Drittligist qualifizierte sich Union für den UEFA-Pokal. Möglich machte dies der überraschende Einzug ins DFB-Pokalfinale 2001. Weil sich der siegreiche Finalgegner Schalke 04 parallel schon für die Champions League qualifiziert hatte, war der Weg nach Europa frei für die Eisernen. Gleichzeitig gelang den Köpenickern erstmals der Aufstieg in die 2. Liga. Davor scheiterten sie trotz sportlicher Qualifikation an einem seinerzeit nicht allzu seriösen Finanzgebaren. 1993 stand dem Aufstieg eine gefälschte Bürgschaft im Weg, im Jahr darauf senkte der DFB seinen Lizenz-Daumen wegen zu hoher Schulden.

Dem Zwischenhoch in Liga 2 folgte ein veritabler Absturz, in der Saison 2005/06 gab es in der Alten Försterei nur noch viertklassigen Fußball zu sehen. Doch diese Ehrenrunde in der Oberliga, geschmückt von einem 8:0-Sieg gegen den Erzfeind BFC Dynamo, entpuppte sich als Wendepunkt der jüngeren Vereinsgeschichte. Union kämpfte sich zurück in die Regionalliga und konnte sich 2008 für die neugegründete 3. Liga qualifizieren. Nicht minder wichtig, dass im selben Jahr die langersehnte Sanierung der Alten Försterei in Angriff genommen wurde. Einziger Wermutstropfen: Union musste während der Schufterei in den ungeliebten Jahn-Sportpark umziehen, die einstige Heimat des verhassten BFC Dynamo. Die Arbeiten am Stadion verzögerten sich und aus dem geplanten Kurzumzug sollte eine gesamte Saison werden. Doch der Ärger war rasch verflogen, denn immerhin stieg Union auf und kehrte pünktlich zur Fertigstellung der Alten Försterei als Zweitligist in die Wuhlheide zurück.

Seit dem 8. Juli 2009 brüllt der Stadionsprecher wieder die legendäre Formel „Und niemals vergessen!" in das Mikrofon und bekommt aus den Kehlen von tausenden Besuchern die schallende Antwort „Eisern Union!" serviert. Dass am Ende der Eröffnungspartie der Stadtrivale Hertha BSC als Sieger vom Platz ging, dämpfte die Stimmung nicht ein bisschen. Die Eisernen feierten sich, die Mannschaft und ihr Stadion. Diese Bilder wiederholten sich vier Jahre später, als die Einweihung der Haupttribüne anstand. Ein an die Epoche der Industrialisierung erinnernder Klinkerbau, wie er typischer für Köpenick nicht sein könnte. Eine Reminiszenz aber auch an den Stil britischer Stadien, in deren Tradition die Unioner ihre Heimat gerne sehen. Da überrascht es wenig, dass zu den Feierlichkeiten ein Team von der Insel eingeladen wurde. Partygast Celtic Glasgow wollte die Feier zu Ehren der neuen Tribüne aber offenbar nicht stören und kassierte ein deutliches 0:3. Dieser Tag sollte eben einzig den Unionern gehören.

Tobias Börner & Mathias Ehlers

Anschrift
An der Wuhlheide 263
12555 Berlin

Einweihung
7. August 1920

Plätze
Fassungsvermögen: 21 738
Sitzplätze: 3783
Stehplätze: 17 955

Eröffnungsspiel
SC Union Oberschöneweide – 1. FC Nürnberg [1:2]

Größte dokumentierte Zuschauerzahl
22 500 | 23. Mai 1984
1. FC Union Berlin – BSG Chemie Leipzig [1:1]

www.fc-union-berlin.de

▶ 1. FC Union Berlin – VfL Bochum [1:2] | 21. Juli 2013 | 18 823 Zuschauer
▶▶ 1. FC Union Berlin – Rot-Weiß Oberhausen [0:3] | 31. Mai 2008 | 14 117 Zuschauer

Berlin
Friedrich-Ludwig-Jahn-Sportpark

Anschrift
Cantianstraße 24
10437 Berlin

Einweihung
1. Oktober 1952

Plätze
Fassungsvermögen: 19 708
Sitzplätze: 19 708

Eröffnungsspiel
Weltjugendfestspiele 1951

Größte dokumentierte Zuschauerzahl
30 000 | 13. März 1974
DDR – Belgien [1:0]

Die großen Zeiten das BFC Dynamo sind schon lange vorbei. Seit der Wende dümpelt der DDR-Rekordmeister im Amateurfußball vor sich hin und wenn er denn einmal Schlagzeilen macht, sind es selten gute. Viel eher geht es dann um den teilweise problematischen Anhang, in dem sich überdurchschnittlich viele Hooligans und Rechtsausleger tummeln. Die heutige Heimat des BFC ist das Sportforum Hohenschönhausen, die Stätte der größten Erfolge aber ist eine andere: Der Friedrich-Ludwig-Jahn-Sportpark in Prenzlauer Berg.

Bis spät in das 19. Jahrhundert hinein diente das Areal als Exerzierplatz der preußischen Armee, die dort ihre Soldaten ausbildete. Als die Wohnbebauung des Viertels voranschritt, wurde das Gelände umgewidmet und dem Sport verschrieben. Der BFC Hertha etwa, Vorläufer von Hertha BSC, empfing dort seine Gäste bis 1904, bevor der Verein in den Wedding zog. Von einem Stadion konnte damals aber noch nicht die Rede sein.

Erst als die Stadt 1912 das Gelände im Prenzlauer Berg erwarb, begannen Planungen für die Errichtung einer größeren Arena. Da die Finanzierung allerdings nicht gestemmt werden konnte, blieb es vorerst beim einfachen Sportplatz. Erst Jahrzehnte später, 1951, kam wieder Schwung in solche Pläne. Grund waren die Weltfestspiele der Jugend, die in Ost-Berlin stattfanden und eine würdige Kulisse benötigten. Nach gerade einmal sechs Monaten war der Sportpark Berlin errichtet, nicht zuletzt wegen zahlloser sogenannter freiwilliger Aufbaustunden.

30 000 Menschen fanden in diesem Stadion Platz, das schon 1952 anlässlich des 100. Todestages von Turnvater Jahn in Friedrich-Ludwig-Jahn-Sportpark umgetauft wurde. Als erster dauerhafter Nutzer nistete sich das Fußballteam von Vorwärts Berlin dort ein. In den frühen Jahren des DDR-Fußballs war Vorwärts das Nonplusultra und das dominierende Team der fünfziger und sechziger Jahre. Erst als Vorwärts 1971 in die Provinz nach Frankfurt/Oder delegiert wurde, war die Vormachtstellung dahin. Sie hatten nichts mehr von der kurz zuvor installierten Fluchtlichtanlage. Stattdessen bezog der BFC Dynamo den Jahn-Sportpark. In Sichtweite der Mauer fuhr der BFC Titel um Titel ein. Einige von ihnen begleitet durch fragwürdige Schiedsrichterentscheidungen zugunsten Dynamos, das unter der Obhut der allmächtigen Staatssicherheit stand und als liebstes Spielzeug Erich Mielkes galt. Mit der Macht im Rücken mauserte sich der BFC nach und nach zum ostdeutschen Branchenführer und empfing namhaften europäischen Besuch. Nottingham Forest etwa, den AS Rom, aber auch die Teams vom Klassenfeind aus Hamburg und Bremen. Gegen Werder gelang ein rauschender 3:0-Erfolg. Dumm nur, dass sie das Rückspiel in Bremen 0:5 vergeigten.

1986 musste der BFC für ein Jahr zurück nach Hohenschönhausen. In dieser Zeit bekam der Jahn-Sportpark eine neue Haupttribüne, neue Flutlichtmasten und ein Dach für die Gegengerade. Viel hatte der BFC davon nicht mehr.

Als die Mauer fiel, war auch die große Ära des BFC vorbei. Bis 1992 spielten die Dynamos noch im Jahn-Sportpark, zogen dann aber endgültig zurück ins Sportforum. Doch verwaist ist das Stadion heute nicht. Schließlich ist es gut in Schuss. Für knapp 12 Millionen D-Mark wurden die Tribünen 1998 von krebserregenden Asbestplatten befreit und die maroden Kurven saniert. Bei der Gelegenheit wurden auch gleich rote, grüne und gelbe Sitzschalen verbaut. Ein Hauch von Jamaika weht seitdem durch die Arena am Mauerpark. Wirkliche Stimmung kommt trotz der ulkigen Bestuhlung nicht auf. Das wissen so ziemlich alle Vereine, die das Stadion in den letzten Jahren genutzt haben. Der 1. FC Union Berlin etwa, der hier seine Heimspiele ausgetragen hat, als die Alte Försterei aufgemöbelt wurde. Dabei ist der Jahn-Sportpark für überzeugte Unioner eigentlich BFC-Hoheitsgebiet und damit Feindesland. Doch dass die Eisernen gerade hier ihren Aufstieg in die 2. Liga perfekt gemacht haben, hat für das ungeliebte Exil dann aber doch mehr als entschädigt.

Erfolge, von denen Türkiyemspor nur träumen kann. Die Kreuzberger spielten während ihrer Zeit in der Regionalliga in Prenzlauer Berg. Eine äußerst deprimierende Erfahrung. Der Kassenwart war reichlich unterfordert und äußerst dankbar, wenn er mal mehr als 100 Zuschauer zählen konnte. Nicht anders erging es dem Berliner AK, der mittlerweile ins renovierte Poststadion weitergezogen ist. Aber auch die große Hertha schaut ab und an vorbei, wenn sie unattraktive Gegner im UEFA-Cup empfängt, für die das Olympiastadion zu groß wäre. Herthas zweite Mannschaft kommt, wenn sie Gäste mit schlecht beleumundetem Anhang empfängt. Den Football-Fans bleiben die Spiele der Berlin Adler.

Seinen Platz in den Fußballgeschichtsbüchern der DDR hat der Jahn-Sportpark indes sicher. Am 1. Juni 1991 krönte sich Hansa Rostock dort zum letzten Pokalsieger des Ostens. Überhaupt kann das Stadion mit seiner Pokalgeschichte glänzen. Seit 1995 ist es als fester Austragungsort für das Endspiel im Berliner Landespokal gesetzt. Ein durchaus wichtiges Spiel, schließlich darf der Berliner Pokalsieger anschließend im lukrativen DFB-Pokal antreten und auf das große Los hoffen.

Auf diesem Weg fand auch der BFC Dynamo den Weg zurück an den Ort seiner größten Erfolge. 2011 ging es in der ersten Pokalrunde im Jahn-Sportpark gegen den 1. FC Kaiserslautern. Zusammen mit der Mannschaft machten sich über 10 000 Zuschauer mit auf diese Reise in die Vergangenheit. Doch was so nostalgisch begann, fand ein äußerst unschönes Ende, als BFC-Hooligans den Block der Lauterer stürmten. Das Ergebnis: 18 Verletzte, 27 Festnahmen und schreckliche Bilder, die das ohnehin ramponierte Image des Vereins noch weiter traktierten. Eine enorme Belastungsprobe für die einst so glückliche Beziehung zwischen dem Friedrich-Ludwig-Jahn-Sportpark und dem BFC Dynamo.

Mathias Ehlers

Zwischen der Bundes- und der Verbandsliga liegen etliche Spielklassen, viele Millionen Euro und zehntausende Zuschauer. Manchmal aber trennt sie auch verdammt wenig, gerade einmal vier Minuten braucht die S-Bahn vom Olympiastadion zum Mommsenstadion. Für die einen nur ein kurzer Trip durchs Berliner Westend, für andere aber eine Reise zwischen den einstigen Antipoden des West-Berliner Fußballs: Tennis Borussia, seit Ende des Zweiten Weltkriegs im Mommsenstadion zu Hause, und Hertha BSC, seit Bundesligagründung 1963 Gastgeber im Olympiastadion. Längst aber haben sich beide Klubs sportlich nichts mehr zu sagen und sich weit voneinander entfernt, nur eben räumlich nicht.

Schon seit 1930 steht das unter Denkmalschutz stehende Mommsenstadion seinen Besuchern offen. Damals hieß es noch SCC-Stadion, war es doch die Heimat des SC Charlottenburg, dessen eigentliche Sportstätten dem Bau des Messegeländes weichen mussten. So zog der SCC, nur einen Steinwurf vom Messegelände entfernt, an den Rand der verschlafenen Siedlung Eichkamp und errichtete dort eine neue Heimat. Ein reines Fußballstadion war nie angedacht, schließlich ist die Leichtathletik Kernsportart des SCC. Besonderer Blickfang: Die schmucke Haupttribüne mit ihren zwei charakteristischen Treppenhäusern. Als das Stadion infolge der Weltwirtschaftskrise zu teuer wurde, übergab es der SCC in die Hände der Stadt, die im Gegenzug die Klassen des Mommsengymnasiums in den Tribünentrakt einquartierte. Seitdem trägt das weitläufige Rund, in dem 1936 einige olympische Vorrundenspiele stattfanden, den Namen des renommierten Historikers Theodor Mommsen.

Tennis Borussia war schon lange kein unbeschriebenes Blatt mehr, als man sich nach dem Krieg im größtenteils zerstörten Mommsenstadion niederließ. Seinen Anteil am guten Ruf des Klubs hatte auch Sepp Herberger. Seit 1997, anlässlich Herbergers 100. Geburtstages, erinnert eine Gedenktafel im Mommsenstadion an dessen Wirken als Spieler und Trainer bei TeBe. Sportlich lief es in der neuen Heimat anfangs rund: Bis in die späten Fünfziger hinein war TeBe Chef im Berliner Fußballring und entschied die Stadtmeisterschaft mehrere Male für sich. Als aber wenige Jahre später die Bundesliga nahte, war der Anschluss an Hertha BSC schon verloren. Hertha zog als Vertreter Berlins in die Bundesliga ein und konnte dort seinen Status als führender Klub der Stadt – trotz etlicher Tiefflüge – bis zum heutigen Tage manifestieren. Zwei Erstligagastspiele waren für TeBe nach jeweils einer Saison vorüber. Auch in der 2. Liga konnte sich der Verein nicht dauerhaft etablieren.

So versank Tennis Borussia in der sportlichen Armut des West-Berliner Amateurfußballs. Auch im Schein des 1989 eingerichteten Flutlichts sah die sportliche Situation nicht besser aus. Immerhin gelang dem „Mitbewohner", der bis dahin bedeutungslosen Fußballabteilung des SC Charlottenburg, ein kleiner Höhenflug, als mit dem späteren Nationalkeeper Andreas Köpke die 2. Liga erreicht wurde. Dieser Ausflug in den Profifußball dauerte aber lediglich ein Jahr und ist längst vergessen. Gegenwärtig kickt der SCC nur noch in der siebtklassigen Landesliga vor zweistelligen Kulissen.

TeBe hingegen konnte sich nach dem Mauerfall wieder aufraffen. Viel Geld wurde dafür in den Klub gepumpt, anfangs von Schlagerproduzent Jack White, später von einem zwielichtigen Finanzunternehmen aus Göttingen. Viele Freunde machte sich der Klub dadurch nicht. Vor allem im Osten der Republik wurden die neureichen Berliner massiv angefeindet und – wegen ihrer vor 1933 überdurchschnittlich vielen jüdischen Mitglieder und ihres langjährigen Präsidenten, dem jüdischen Showmaster Hans Rosenthal – mit antisemitischen Sprechchören provoziert. Letztlich entsprangen den umfangreichen Investments zwei Aufstiege in die 2. Liga, 1993 und 1998. Gerade für den zweiten Aufstieg drehte TeBe am ganz großen Rad, holte sich ebenso namhafte wie kostenintensive Verstärkung aus höheren Ligen und besetzte den Trainerstuhl mit Hermann Gerland äußerst prominent. Die Berliner Fußballfreunde honorierten den angestrebten Durchmarsch aber nur spärlich. Kein Wunder, dass böse Zungen das zuweilen stimmungsarme Stadion zum „Mommsen-Friedhof" erklärten, auf den rund 15 000 Zuschauer fassenden Tribünen wurden selten mehr als 3000 Gäste gezählt. Zu suspekt und unsympathisch war das forsche Auftreten des Geldgebers, der sich TeBe fast völlig einverleibte. Selbst den TeBe-Fans war die Situation nicht geheuer, einerseits stand zwar der sportliche Erfolg, andererseits die zunehmende Seelenlosigkeit des Vereins.

Dieser Seele, zu der eben auch jenes zugige „Mommse" zählt, sollte TeBe schneller wieder habhaft werden, als ihr lieb war. Nach finanziellen Ungereimtheiten wurde 2000 die Lizenz verweigert und TeBe in die Regionalliga versetzt. Der edle Kader löste sich umgehend auf, der Geldgeber verdrückte sich, die zurückgelassene Rumpftruppe rauschte direkt in die Oberliga. Wenigstens die Fankultur blieb weitgehend erhalten, auch wenn das Stadion nicht zu einem Fußballtempel taugt und die Laufbahn jegliche Stimmung verschluckt. Trotzdem sind sie bei TeBe stolz auf ihr vor Nostalgie und morbidem Charme strotzendes Stadion und genießen ihr Dasein ohne die Geißeln modernen Fußballs. Dieser schaute nur kurz vorbei, anlässlich der WM 2006, als das „Mommse" zum Trainingsplatz diverser Nationalteams avancierte.

In der Oberliga spielte TeBe gut mit, zum Aufstieg sollte es aber erst 2009 reichen. Wieder war viel Geld eines Investors im Spiel. Geld, das TeBe zwar große Träume träumen ließ, aber auch zur völligen Abhängigkeit führte. Als der Mittelsmann zwischen Investor und Verein im Gefängnis landete, war der Deal hinfällig, TeBe insolvent, wieder in der Oberliga angekommen und selbst dafür inzwischen zu schwach. Nun heißt es Verbandsliga, ganze vier Minuten von der Bundesliga entfernt.

Mathias Ehlers

Berlin
Mommsenstadion

Anschrift
Waldschulallee 34–42
14055 Berlin

Einweihung
17. August 1930

Plätze
Fassungsvermögen: 15 000
Sitzplätze: 1800
Stehplätze: 13 200

Eröffnungsspiel

Größte dokumentierte Zuschauerzahl
36 000 | ---
Internationales Leichtathletik-Sportfest

www.tebe.de

▸ Tennis Borussia Berlin – SV Altlüdersdorf [2:1] | 24. September 2010 | 372 Zuschauer

Berlin
Olympiastadion

Anschrift
Olympischer Platz 3
14053 Berlin

Einweihung
31. Juli | 1. August 2004
(erstmals: 1. August 1936)

Plätze
Fassungsvermögen: 74 244
Sitzplätze: 74 244

Eröffnungsspiel
Hertha BSC (A) – 1. FC Union Berlin [1:1]
(bzw. Eröffnungsfeier der VI. Olympischen Spiele 1936)

Größte dokumentierte Zuschauerzahl
105 000 | 13. August 1936
Norwegen – Polen [3:2]

www.olympiastadion-berlin.de

Die Bilder, die die Nazi-Regisseurin Leni Riefenstahl für ihren Dokumentarfilm über die Olympischen Spiele 1936 in Berlin drehte, erwiesen sich als übermächtig. Bilder von jungen, blendend aussehenden und durchtrainierten Astralkörpern. Bilder aber auch vom applaudierenden, lächelnden und freundlich in die Menge winkenden Adolf Hitler, dem die Inszenierung der Spiele als fröhliche Vielvölker-Begegnung prächtig zupass kam. Gab sie ihm doch die Möglichkeit, sein Deutschland als friedliches Mitglied der Staatengemeinschaft zu präsentieren. Ganze drei Jahre, bevor eben jenes Deutschland einen fürchterlichen Krieg über die Welt brachte. Mit der Geschichte des Olympiastadions umzugehen, heißt also auch, mit dieser Geschichte einer gigantischen Täuschung umzugehen. Dabei gab sich die Architektur des Olympiastadions von Beginn an nicht verschleiernd, sondern stets monumental. Unweit des einstigen „Deutschen Stadions" entstand als Mittelpunkt der weitläufigen Olympia-Anlage das einst 100 000 Zuschauer fassende Olympiastadion. So viele Menschen passten hinein, weil die Kurven im Oberring nur aus Stehplätzen bestanden. Erst später wurden auch hier Bänke eingezogen.

Aus den ersten Bundesligatagen stammt der ewige Bundesligazuschauerrekord: Die Begegnung Hertha BSC gegen den 1. FC Köln im Jahr 1963 war mit 85 400 Zuschauern restlos ausverkauft. Trotzdem ist das Verhältnis zwischen der Hertha und ihrem Stadion kein leichtes. Den großen Anspruch, den die Arena ausstrahlt, konnte der Verein nur selten erfüllen und läuft seit 1931 einem großen Titel hinterher. Aber immerhin ist es nun nicht mehr so leer wie in den Achtzigern und frühen Neunzigern, als sich nur ein paar tausend Berliner die Hertha-Darbietungen antun wollten. In jener Zeit war das Olympiastadion kein allzu wirtlicher Ort. Das aber hat sich nach dem eine Viertelmilliarde Euro teuren Umbau geändert.

Anders als in Köln oder Hamburg, wo die alten Tribünen der unerbittlichen Abrissbirne zum Opfer fielen, wurde das Berliner Olympiastadion zwischen 2000 und 2004 behutsam renoviert und zugleich grundlegend umgebaut. Die vor dem Umbau als allzu unterkühlt empfundene Atmosphäre sollte dichter, leidenschaftlicher werden. Doch die teilweise recht kühnen Entwürfe zur Verbesserung der Atmosphäre wurden durch die Auflagen des Denkmalschutzes ausgebremst. Ohnehin war der konservatorische Aspekt nicht zu vernachlässigen. Die alten Natursteine wurden einzeln gesandstrahlt, 70 Prozent der historischen Bausubstanz blieb so erhalten.

Genau 74 244 Plätze bietet die modernisierte Arena, 13 sogenannte Sky-Boxen, 58 Logen und drei Executive Clubs warten auf betuchte Zuschauer. Die Ehrentribüne wurde ebenso neu gestaltet wie der VIP-Bereich, in die Katakomben wurden zwei Tiefgaragen mit insgesamt über 600 Stellplätzen integriert. Den Fans der Hertha ist seit der Wiedereröffnung vor allem Dreierlei aufgefallen. Zunächst die blaue Tartanbahn, die den Geruch der seelenlosen Mehrzweckstadien der siebziger Jahre vertreiben soll. Von Denkmalschützern wurde die Auswechslung der roten Bahn kritisiert, bei den Anhängern findet die neue Farbe ein geteiltes Echo. Manche meinen, das kräftige Blau und das Grün des Rasens passen nicht zueinander, andere Anhänger schüttelt es hingegen beim Gedanken an das stumpfe Rot der früheren Bahn. Zweitens läuft nun kein Anhänger mehr Gefahr, mit einem ausgewachsenen Schnupfen den Heimweg zu bestreiten, weil er 90 Minuten im Nieselregen auf die Tore der Hertha wartete. Dass das Stadion nun rundum überdacht ist, hat darüber hinaus auch der Stimmung gut getan. Manch ein Sprechchor, der sich vor dem Umbau in der Berliner Luft verflüchtigte, dringt nun zum Spielfeld. Die Spieler loben jedenfalls die spürbar belebte Stimmung. Und drittens wird es bei Abendspielen richtig dunkel auf den Rängen. Das liegt am ausgeklügelten Beleuchtungssystem, das nicht wie früher Ränge und Spielfeld gleichermaßen freigiebig mit Licht versorgt, sondern nur noch die Aktiven auf dem Rasen bestrahlt. Doch wo Licht ist, da ist auch Schatten: Einerseits entsteht durch die konzentrierte Illumination beinahe eine Stimmung wie im Theater, andererseits begreifen sich die Anhänger nicht selten selbst als Bühne und berauschen sich am farbenfrohen Spektakel auf den Rängen. Bei Flutlichtspielen kann die „Welle" bestenfalls noch erahnt werden.

Die UEFA jedenfalls findet die erneuerte Version des Olympiastadions überaus gelungen. Fünf Sterne ist dem europäischen Fußballverband die Arena in Charlottenburg wert und hievt sie damit auf eine Stufe mit den Fußballtempeln in Mailand oder Barcelona. Jene fünf Sterne sind auch die Vorraussetzung dafür, ein Champions-League-Endspiel austragen zu dürfen und so wird 2015 der beste Klub des Kontinents erstmals in Berlin gekrönt. Wie so ein großes Finale zu organisieren ist, wissen sie in Berlin nur zu gut. 2006 fand eine stimmungsvolle Weltmeisterschaft dort ihren Sieger, gleichwohl sich Zinédine Zidane wohl ungern an diesen Juliabend erinnern mag. Sein Kopfstoß gegen Italiens Marco Materazzi war der unrühmliche Schlussakkord einer großen Karriere.

Schon seit 1985 wird auch der Gewinner des DFB-Pokals im Olympiastadion ermittelt. Damals war das eine Maßnahme, um der fußballerisch darbenden Mauerstadt wenigstens ein regelmäßiges Highlight zu bescheren. Längst ist aus dem Olympiastadion so das „deutsche Wembley" geworden, eine Arena, die immer wieder große Spiele liefert mit immer neuen tollen Bildern. Weit weg von Leni Riefenstahl.

11 Freunde & Mathias Ehlers

◄ Hertha BSC Berlin – Fortuna Düsseldorf [1:2] | 10. Mai 2012 | 68 041 Zuschauer
◄◄ Hertha BSC Berlin – Borussia Dortmund [3:0] | 20. Februar 1999 | 68 419 Zuschauer

Tim Wiese hat in seiner Laufbahn etliche Highlights erlebt. Er stand im Tor der Nationalmannschaft und erlebte rauschende Champions-League-Abende mit Werder Bremen. Einen Tag aber würde Wiese nur zu gerne aus dem kollektiven Fußballgedächtnis der Deutschen streichen: den 18. August 2012. An jenem brütend heißen Samstag tritt Wiese mit seinen Kollegen von der TSG Hoffenheim in der ersten Pokalrunde beim Berliner AK an. Als Regionalligist sind die Hauptstädter naturgemäß Außenseiter. Doch was sich auf dem Rasen des ehrwürdigen Poststadions unweit des Regierungsviertels abspielt, entpuppt sich als Super-GAU für den wohlhabenden Bundesligisten aus dem Südwesten. Vier Buden schenken die namenlosen Davids dem entnervten Goliath ein. Der 4:0-Sieg des BAK ist eine handfeste Sensation und zählt zweifellos zu den denkwürdigsten Begegnungen, die das Poststadion erleben durfte. Und das will etwas heißen, schließlich zählt die Arena in Berlin-Moabit zu den betagteren Herrschaften der deutschen Stadionlandschaft.

Bereits 1927 finden die ersten Fußballspiele statt, die eigentliche Einweihungsparty steigt aber erst im Mai 1929. Zu feiern hat der Post SV Berlin als Bauherr dabei nicht nur das eigentliche Stadion. Zur riesigen Anlage gehören auch zehn Tennisplätze, ein Tennisstadion, vier weitere Fußballplätze, eine Schwimm- und Ruderhalle und ein Freibad, die der Post SV seinen vielen Mitgliedern mit Freude zur Verfügung stellt. Als Untermieter ziehen die Kicker von Tennis Borussia ins Poststadion ein. TeBe erlebt in jenen Jahren seine erste Blüte und gilt neben Hertha BSC als bestes Team der Stadt. Bis 1936 das Olympiastadion eröffnet wird, ist das Poststadion mit seinen 45 000 Plätzen die größte Sportbühne Berlins. Entsprechend hoch ist die Dichte an großen Ereignissen. Die Box-Legende Max Schmeling tritt hier gegen den Spanier Paulino Uzcudun an. Die Berlin/Brandenburger Meisterschaft sucht dort jährlich ihren Sieger, in der Regel spielen TeBe und Hertha um den Titel. Aber auch die Deutsche Meisterschaft wird zweimal in Moabit entschieden, 1934 triumphiert Schalke 04, 1936 der 1. FC Nürnberg. Natürlich kommt auch die Nationalmannschaft manches Mal vorbei, doch ist es vor allem ein Spiel, das in die Geschichte eingeht. Nicht nur in die des Poststadions. 1936 empfängt die deutsche Mannschaft im Rahmen des olympischen Fußballturniers Norwegen. Vor Ort ist auch Adolf Hitler, der erstmals in seinem Leben ein Spiel sieht. Es wird das letzte bleiben. Die favorisierten Deutschen verlieren 0:2. Der angesäuerte Führer verlässt das Stadion noch vor dem Abpfiff.

Als Hitler Krieg über die Welt bringt, wird auch das Poststadion umgewidmet. Dort, wo zuvor der Ball rollte, stehen nun Flugabwehrgeschütze. Trotzdem fallen zahlreiche Bomben auf die Arena, das Tribünengebäude brennt aus. Bis 1950 wird es wieder hergerichtet, nur die Besitzverhältnisse sind nicht ganz klar. Auf dem juristischen Weg will der Post SV das Stadion zurück, scheitert aber an den Tatsachen. Schließlich wurde den Postlern der Pachtvertrag bereits 1939 gekündigt, um das Areal für das Militär nutzen zu können. Nach dem Krieg übernimmt der Bezirk Tiergarten die Verwaltung und baut das Poststadion mit Trümmerschutt für 60 000 Zuschauer aus. Regelmäßige Highlights sind nun die Heimspiele des SC Union 06 in der seinerzeit erstklassigen West-Berliner Stadtliga. Vor allem Ost-Berliner strömen dafür in den Jahren vor dem Mauerbau ins Poststadion, schließlich stammt Union aus Köpenick. Die erste Mannschaft aber geht 1950 fast geschlossen in den Westen der geteilten Stadt und gründet sich als Union 06 neu, um der sowjetischen Besatzungsmacht zu entgehen. Aus den im Osten verbliebenen Resten des Vereins wird Jahre später der heute bestens bekannte 1. FC Union Berlin hervorgehen.

Auf Bundesliga-Fußball wartet das Poststadion vergeblich. Alle Vereine, die sich dafür qualifizieren, bestreiten ihre Bundesligaspiele im Olympiastadion. Die Hertha lässt sich erst auf dem Tiefpunkt ihrer Vereinsgeschichte wieder im Poststadion sehen. Dort wirken die wenigen Tausend Zuschauer nicht ganz so verloren, als die Herthaner zwischen 1986 und 1988 zwei Ehrenrunden in der drittklassigen Oberliga Berlin absolvieren. Ansonsten aber wird es immer ruhiger im Poststadion, es regiert der Breiten- und Amateursport. Und die Natur, die sich unaufhaltsam große Teile des Runds aneignet. Auf den einst bevölkerten Rängen gedeihen Bäume und Sträucher. In den Achtzigern und Neunzigern werden mehrfach teure Pläne geschmiedet, das Poststadion zu sanieren oder umzubauen. Kein einziger davon wird umgesetzt und das Poststadion verrottet weiter. Immerhin wird die Tribüne 1988 unter Denkmalschutz gestellt. Daher möchte Tennis Borussia diese auch erhalten, als sich der Klub 2008 überraschend mit einer Idee aus der Deckung wagt. Um die Haupttribüne herum soll ein modernes und privat finanziertes Fußballstadion für 16 000 Besucher entstehen, das TeBe mittelfristig wieder in den Profifußball geleiten soll.

Bei den zuständigen Bezirksverordneten von Berlin-Mitte reißt das Konzept niemanden vom Hocker. Sie fürchten um die Verdrängung des Breitensports aus dem Poststadion und wimmeln TeBe ab. Stattdessen führen sie die behutsame Sanierung fort, die seit 2003 läuft. In mehreren Schritten wird das Stadion modernisiert und ist nun immerhin wieder gut genug für die Regionalliga. Eine Gegengerade mit Sitzschalen, eine ausladende Stehplatzkurve, vor allem aber die wiedereröffnete Haupttribüne bieten ein schmuckes Ambiente, während die völlig überwucherten Ränge von einst die frühere Dimension des Poststadions noch immer erahnen lassen. Seit 2008 versucht sich der Berliner AK nun daran, die Geschichte der betagten Arena fortzuschreiben. Mit Erfolg. Nicht wahr, Tim Wiese?

Berlin
Poststadion

Anschrift
Lehrter Straße 59
10557 Berlin

Einweihung
28./29. Mai 1929

Plätze
Fassungsvermögen: 10 000
Sitzplätze: 5000
Stehplätze: 5000

Eröffnungsspiel
Post SV Berlin – Hertha BSC [4:3]

Größte dokumentierte Zuschauerzahl
55 000 | 7. August 1936
Deutschland – Norwegen [0:2]

Mathias Ehlers   www.bak07.de

Bielefeld
SchücoArena

Anschrift
Melanchthonstraße 31a
33615 Bielefeld

Einweihung
1. Mai 1926

Plätze
Fassungsvermögen: 27 300
Sitzplätze: 19 734
Stehplätze: 7566

Eröffnungsspiel
Arminia Bielefeld – SC Victoria Hamburg [1:5]

Größte dokumentierte Zuschauerzahl
35 000 | 19. August 1978
Arminia Bielefeld – FC Schalke 04 [3:2]

www.arminia-bielefeld.de

Die Basis der heutigen SchücoArena, gemeinhin besser bekannt als Bielefelder Alm, wurde in einem einzigen hektischen Sommer gelegt. Mitte der Neunziger Jahre erlebte Arminia Bielefeld nach sechs trostlosen Oberligajahren eine Renaissance, als der umtriebige Manager Rüdiger Lamm auf einen Schlag vier Erstligaprofis nach Ostwestfalen holte. Thomas von Heesen, Fritz Walter, Armin Eck und Jörg Bode kickten fortan in Bielefeld und sorgten dafür, dass der DSC Arminia in nur zwei Spieljahren bis in die Bundesliga durchmarschierte. Damit hatten die Bielefelder ein Problem. Denn die gealterte Alm war zu jener Zeit nur noch ein besserer Bretterverschlag für gerade mal 18 500 Zuschauer. Die

Die Bielefelder Alm vor ihrem Umbau (1999)

Erstligalizenz hätte der Klub damit nicht bekommen, von der fehlenden wirtschaftlichen Konkurrenzfähigkeit mal ganz abgesehen. Pläne für einen Neubau am Bielefelder Bahnhof ließen sich nicht realisieren, und so wurde der Ausbau der mitten in einem Wohngebiet liegenden Alm beschlossen. Zähe Verhandlungen mit den Anwohnern gingen dem voraus. Sie fürchteten, dass der tosende Torjubel der Arminen ihr trautes Kleinbürger-Idyll zerstören würde. Am Ende schlossen Anwohner und Verein einen Kompromiss. Die Arminia durfte weiter auf der Alm spielen, die Fans durften jubeln, aber bitte maßvoll und keinesfalls lauter als 95 Dezibel. Außerdem sollte, sobald genügend Geld zur Verfügung stünde, die offene Südseite durch eine Lärmschutztribüne geschlossen werden. Innerhalb weniger Wochen wurden also im Sommer 1996 zwei moderne Tribüne hochgezogen, die als monströses „L" über den maroden Resten der alten Alm thronten. Verheißungen der Zukunft und Zeugen der Vergangenheit fanden in dieser Konstellation ein symbolschweres Nebeneinander.

Die SchücoArena hat allerlei Metamorphosen durchlebt. Als das Stadion 1926 eröffnet wurde, war es nicht mehr als eine ehemalige Kuhwiese mit aufgeschütteten Erdwällen für die Fans. „Das sieht ja hier aus wie auf der Alm", rief Heinrich Pehle, Vereinsmitglied und Arminenheld der frühen 1920er, verblüfft. Und schon hatte der Platz seinen markanten und bis heute gebräuchlichen Namen weg. Lange erhielt die Alm lediglich moderate kosmetische Korrekturen, bis der erste Bielefelder Bundesligaaufstieg 1970 einen radikalen Umbau erforderte. Die seinerzeit aufgestellten Stahlrohrtribünen schufen ein spezielles Charisma. Das Trampeln der Besucher auf den Holztraversen sorgte für eine Geräuschkulisse, die manchen Gästespieler nachhaltig verunsicherte. Die Alm war damals ein Hexenkessel, der es Auswärtigen nicht allzu leicht machte.

Nach dem zweiten Erstligaaufstieg 1978 wurde das Stadion erneut ausgebaut und erreichte sein größtes Fassungsvermögen von knapp 35 000 Zuschauern. Doch mit dem sportlichen Niedergang der Arminia, die 1985 aus der höchsten und drei Jahre später aus der zweithöchsten Spielklasse abstieg, ging auch der Verfall des Stadions einher. An den Stahlrohrkonstruktionen fraß der Rost, auf der Südtribüne herrschte gar Einsturzgefahr. Wenige Jahre nach der Katastrophe im Brüsseler Heysel-Stadion mit 39 Todesopfern war das den Behörden zu heikel. Sie verfügten den Abriss der Tribünen. Danach dämmerten Arminia und die Alm im Dornröschenschlaf, bis bereits erwähnter Rüdiger Lamm seinen Dienst antrat. Den weiteren Ausbau des Stadions hat der Manager jedoch nicht mehr im Amt erlebt. Eine zunehmende finanzielle Schieflage des Vereins und ständige Scharmützel mit den Medien („Sie können mich mal da lecken, wo Sie es am liebsten haben") führten zu seiner Demission im Herbst 1998. Ein Jahr später wurde die Südtribüne als drittes neues Viertel eingeweiht, und während der Saison 2007/08 endlich die alte Ostgerade abgerissen und durch eine neue Haupttribüne ersetzt. So schön diese beiden Ränge der Haupttribüne auch geworden sind, die Begleitumstände ihrer Errichtung waren es nicht. Gar nicht so sehr wegen der wieder einmal mosernden Anwohner, die sich tüchtig beklagten über die das Sonnenlicht nehmende Stadionkonstruktion. Viel eher waren es die Kosten, bei denen sich die Arminen kräftig verkalkuliert hatten. Statt der anvisierten elf Millionen waren letztlich 19 Millionen Euro fällig. Den Verein hätte das fast ruiniert.

Die SchücoArena ist in der heutigen deutschen Stadionlandschaft beinahe ein Unikum: Sie liegt mitten in der Stadt, im studentischen Bielefelder Westen. Vor und nach dem Spiel kann man die Anhänger auf dem nahe gelegenen Siegfriedplatz ihr Bier trinken sehen, ohne dass sich jemand in überfüllte Shuttle-Busse zwängen muss. Und mag auch die letzte Ausbaustufe von manchen Geburtswehen begleitet gewesen sein, wie zu enge Sitzreihen auf der neuen Haupttribüne, schlechte Sicht auf den Gästeplätzen und eine oftmals schwache Auslastung, ist doch die enge Bauweise und der „englische" Charakter der Alm etwas, nach dem man sich an vielen anderen Orten die Finger lecken würde.

Jens Kirschneck & Mathias Ehlers

Die Fans des VfL Bochum haben sich an ihr Schattendasein gewöhnt. Sie wissen, an Borussia Dortmund und Schalke 04 führt auf absehbare Zeit kein Weg vorbei. Umso wichtiger ist es den Bochumern zu betonen, dass an der Castroper Straße schon seit 1911 Fußball gespielt wird. Auf eine solch traditionsreiche Spielstätte können die mächtigen Rivalen im Revier nicht verweisen. VfL-Anhängern ist das durchaus wichtig. Wenigstens etwas haben sie den so erfolgreichen Nachbarn voraus.

Der Startschuss „anne Castroper" erfolgte, als ein Bochumer Landwirt, Dieckmann mit Namen, dem damaligen SuS Bochum eine seiner Wiesen verpachtete. Schon bald wurde aus dem gepachteten Acker ein modernes Stadion. Es war eines der bemerkenswertesten seiner Zeit und bot Platz für bis zu 50 000 Menschen. Da kam auch der DFB nicht umhin, die Nationalmannschaft 1922 dort auflaufen zu lassen. Ein maues 0:0 gegen Ungarn riss die 40 000 Besucher aber nicht wirklich aus ihrer mentalen Verankerung. Sie konnten ja nicht ahnen, dass fast 60 Jahre ins Land gehen sollten, bis die Auswahl wieder an der Castroper Straße Station machte. Als es dann 1981 (7:1 gegen Finnland) endlich so weit war, stand das Ruhrstadion bereits.

Zu verdanken war das Ottokar Wüst. Angesichts der vielen neuen Stadien zur Weltmeisterschaft 1974 war dem langjährigen VFL-Präsidenten klar, dass in Bochum etwas passieren musste. Schließlich war der VfL 1972 in die Bundesliga aufgestiegen, sein Stadion hatte jedoch längst nicht das entsprechende Niveau. Neben einer neuen Flutlichtanlage war eine Tribüne aus den Fünfzigern das Modernste, was das Stadion an der Castroper Straße zu bieten hatte. Komfort sah anders aus. In Zeiten, in denen sich die Vereinsetats zum größten Teil aus Zuschauereinnahmen speisten, hatte der VfL somit einen riesigen Wettbewerbsnachteil. Dortmund und Schalke konnten für Spiele in ihren modernen Stadien doppelt so hohe Eintrittspreise verlangen wie der VfL. Wüst wollte daher auch einen Neubau, bekam aber keine Genehmigung. So kurz nach der Weltmeisterschaft war ein weiteres aus öffentlicher Hand finanziertes Stadion in Nordrhein-Westfalen nicht opportun. Also musste Plan B greifen: Ein scheibchenweiser Umbau. Innerhalb von drei Jahren wurde in mehreren Bauphasen aus dem Stadion an der Castroper Straße das sehr viel knackigere Ruhrstadion. Drei Jahre, in denen der VfL unter Baustellenbedingungen spielte und zwischenzeitlich sogar nach Herne ausweichen musste. Diese „Auswärtsspiele" gingen, trotz gegenteiliger Befürchtungen, erfolgreich aus. Die VfL-Fans erzeugten im Stadion von Westfalia Herne Heimspiel-Atmosphäre. Der VfL konnte fünf seiner sechs Spiele gewinnen und so die Klasse erhalten. Motiviert hat die Spieler dabei sicher auch die Aussicht auf ihr neues Heim. Im Sommer 1979 konnten sie es endlich einweihen. Auf Plakaten, die im ganzen Revier für die Eröffnungsfeier des neuen Bochumer Wahrzeichens warben, war zu lesen: „Von keinem der 49 522 Plätze sind Sie mehr als 30 Meter vom Geschehen entfernt – und das Wetter können Sie dank der kompletten Überdachung auch vergessen." Ein Fernsehballett, Messerwerfer, Stuntmen und Gotthilf Fischer, der aus der Ostkurve einen Chor machte, sorgten für das Rahmenprogramm. Highlight war aber natürlich das Eröffnungsspiel zwischen dem VfL und seinem Lokalrivalen Wattenscheid 09. Der VfL siegte 3:0. Einige Tage später empfing man sogar Manchester United und rang den Engländern ein 1:1 ab.

Rosige Zeiten kündigten sich an, selbst Dauermeckerer und Bild-Kolumnist Max Merkel prophezeite: „Mit seinem neuen Stadion braucht Bochum nicht mehr zurückzustehen hinter Dortmund, Schalke und Duisburg. Für mich ist der VfL jetzt der Favorit." Es war nicht das einzige Mal, dass sich Merkel ordentlich verschätzte. Der VfL startete mit einer Negativserie und traf in seinen ersten drei Ligaspielen im Ruhrstadion das Tor nicht. Es sollte der bis dahin schlechteste Start in der Bundesligageschichte der Bochumer werden. Der von Max Merkel angekündigte Höhenflug blieb aus und die utopischen Ansprüche machten realistischen Zielen Platz. Das Premierenjahr im Ruhrstadion beendete der VfL Bochum schließlich noch auf einem soliden zehnten Tabellenplatz. Viel besser waren sie auch in den nächsten Jahren nicht, aber eben auch nicht viel schlechter. Mit der Zeit erspielte sich der VfL im Ruhrstadion den Nimbus der „Unabsteigbarkeit". Ein Glück, nicht nur für die Bochumer Fußballfreunde. Auch den Fans der Gastvereine war das überaus recht. Immerhin landete die Bochumer Arena in Umfragen nach den beliebtesten Stadien stets weit vorne. So nah dran wie beim VfL war man in den zugigen Mehrzweckstätten der Konkurrenz eben nicht. Die Werber („Nicht mehr als 30 Meter vom Geschehen entfernt") hatten nicht zu viel versprochen.

Als nicht ganz so treffend entpuppte sich ab 1993 der einst so clever vermarktete Ruf der „Unabsteigbarkeit". Längst ist aus dem VfL Bochum eine Fahrstuhlmannschaft geworden. Die Ausschläge sind sehr viel größer geworden als noch zu Zeiten, als Ottokar Wüst dem Klub vorstand. Zwischen Europapokal und Zweitligamittelmaß hat das Ruhrstadion mittlerweile alles erlebt. Selbst eine dieser leidigen Umbenennungen blieb nicht erspart. Als RewirpowerStadion reiht es sich seit 2006 in die stetig wachsende Liste merkwürdiger Namen ein. Am angenehmen Bochumer Fußballgefühl hat das natürlich nicht viel geändert. Hier geht es noch immer bodenständig und ohne Firlefanz zu. Das Marketinggequassel um die Hochglanzarenen der Gegenwart ist an der Castroper Straße völlig fehl am Platz. In Bochum ist Gänsehaut noch echt. Sie kommt spätestens dann, wenn die VfL-Anhänger ihre Schals in die Höhe recken und Herbert Grönemeyers Heimathymne „Bochum" anstimmen. Vergessen ist in jenen Minuten das Schattendasein des VfL.

Mathias Ehlers

Bochum
RewirpowerStadion

Anschrift
Castroper Straße 145
44791 Bochum

Einweihung
21. Juli 1979

Plätze
Fassungsvermögen: 29 299
Sitzplätze: 16 174
Stehplätze: 13 125

Eröffnungsspiel
VfL Bochum – SG Wattenscheid 09 [3:0]

Größte dokumentierte Zuschauerzahl
50 000 | 21. Juli 1979
VfL Bochum – SG Wattenscheid 09 [3:0]

www.vfl-bochum.de

Bochum
Lohrheidestadion

Anschrift
Lohrheidestraße 82
44866 Bochum

Einweihung
1954

Plätze
Fassungsvermögen: 16 233
Sitzplätze: 5033
Stehplätze: 11 200

Eröffnungsspiel

Größte dokumentierte Zuschauerzahl
23 400 Zuschauer | 16.02.1974
DFB-Pokal-Viertelfinale
Wattenscheid 09 – Hamburger SV [0:1 n.V.]

www.sgwattenscheid09.de

Seine Sahnetage erlebte das 1954 errichtete Lohrheidestadion zu Beginn der 1990er-Jahre, als die SG Wattenscheid 09 plötzlich die Bundesliga aufmischte und Bochum mit zwei Vereinen im Fußballoberhaus geradezu überversorgt schien. Zuvor kickten die Wattenscheider ganze 16 Jahre im Unterhaus, bis ihnen 1990 unter Trainer Hannes Bongartz und vor allem dank des 41-Tore-Torpedosturmduos Banach-Tschiskale der Aufstieg in die höchste deutsche Spielklasse gelang. Klub-Mäzen Klaus Steilmann ließ sich nicht lumpen und spendierte Freibier für alle. An diesem Tag entfaltete sich eine Party im Bochumer Stadtteil Wattenscheid, die bis heute unter denen, die dabei waren in der Kategorie „legendär" firmiert. Übrigens reichte das Freibier offenbar nicht, denn 22 Jahre später scheiterte der Vorschlag, die Lohrheide in „Klaus-Steilmann-Stadion" umzubenennen.

Zum Zeitpunkt des Aufstieges verfügte das Lohrheidestadion über eine Kapazität von 27 000 Plätzen, wobei die allermeisten davon in der kombinierten Fußball-Leichtathletik-Anlage Stehplätze waren und dazu bereits ein wenig in die Jahre gekommen. 1972 wurde die erste kleine Westtribüne bereits abgerissen und durch eine größere Version ersetzt. Flutlicht gab es ab 1975. Der Aufstieg bescherte der Lorheide folglich ein moderneres und vor allem bequemeres Interieur. Ganze 4000 Sitzplätze bot die 1992 errichtete neue Osttribüne. Der Komfort stieg – vor allem konnten nun etwa 5000 Menschen vor Regen geschützt das Geschehen auf dem Rasen verfolgen – einige Stehtraversen mussten weichen und die Kapazität wurde auf knapp 19 000 Zuschauer zurückgefahren.

Niemals zuvor und auch bis heute nicht mehr, können für diese Jahre Anfang der 90er, die äußerst geschmeidigen Textzeilen der Vereinshymne bürgen, in denen es heißt: „Im Lohrheidestadion ist was los, denn hier ist die Stimmung groß. Und jede Woche neu, gibt es tolle Spiele. Hat man eins gesehen, dann wird man nicht mehr gehen." Die Bundesligapremiere der neuen Grauen Maus ging mit einem 2:0 gegen Werder Bremen bestens über die Bühne. Auf dem Feld wirbelten Spieler wie Souleyman Sané, Thorsten Fink und Marek Lesniak. Unvergessen das Saisonfinale 1990/91. Wattenscheid war bereits im sicheren Hafen angekommen und sollte die erste Bundesligasaison mit einem ordentlichen elften Platz beenden. Zu Gast war der 1. FC Nürnberg, der sich akuten Abstiegsnöten ausgesetzt sah. Auf der Uhr waren noch zehn Minuten und Nürnberg führte mit 1:0. Ein Sieg der zum Klassenerhalt reichen würde, da Hauptkonkurrent St. Pauli in diesem Moment aussichtslos mit 2:5 in Dortmund zurücklag. Die Nürnberger-Anhänger fieberten dem Abpfiff entgegen und drängten gegen die Zäune der Lohrheide. Die Ordner hatten ein Einsehen, öffneten die Tore und ließen die Fans runter auf die Laufbahn. Noch fünf Minuten. Schiri Merk blies laut in seine Pfeife und ließ damit die Dämme brechen. Nürnberger Spieler rissen die Arme hoch, Fans fluteten den Platz. Abpfiff? Mitnichten.

Als sich der seines Trikots und der Schuhe beraubte Nürnberger Abwehrchef Jörg Dittwar, mittlerweile vor der Fankurve angekommen, siegestaumelnd umdrehte, bemerkte er ein geräumtes Feld, denn Merk hatte nur einen Freistoß gepfiffen. Zum Weiterspielen benötigte er jedoch seine Dienstkleidung. Allein sein rechter Schuh fand sich wieder ein. Kurzerhand wurde das XXL-Trikot eines Fans konfisziert und Trainer Entenmann spendete seinen linken Turnschuh. Merk fiel weder die fehlende Beflockung noch das unharmonische Schuhpaar auf und die Partie konnte ordentlich beendet werden, bevor Dittwar erneut Devotionalienjägern zum Opfer fiel. Das geliehene Trikot, die skurrile Schuhkombination, Stutzen, Schienbeinschoner und sogar die Hose fielen dem fröhlichen Mob in die Hände. Ein Ordner entdeckte Dittwar und schrie: „Wer ist denn der Nackte?" Dittwar machte flinke Füße in Richtung Kabine, nicht jedoch ohne der pflichtbewussten Fotokamera des Boulevards zu entgehen, die den Nürnberger im Adamskostüm direkt neben den Spielbericht der Montagsausgabe platzierte und Dittwar den Titel „Der Nackte von der Lohrheide" bescherte.

Bis 1994 konnte sich Wattenscheid in der Bundesliga halten, danach begann ein beispielloser Niedergang. Ganze sieben Abstiege mussten die treuesten der treuen Fanseelen verkraften. Auch wenn man ehrlicherweise sagen muss, dass die Stimmung selbst zu Bundesligazeiten nie so drückend und euphorisch im Lohrheidestadion war, wie in den vielen benachbarten Fußballtempeln des Potts. Gründe dafür waren sicherlich die offene Bauweise, die Laufbahn als auch die überschaubare Fangemeinde. Aber mit den Gegnern der jüngsten Vergangenheit wie SuS Langscheid-Enkhausen und Sportfreunde Oestrich-Iserlohn hätte auch die Stimmung in den modernen Fußballarenen so ihre Schwierigkeiten. „Je dreckiger es meinem Klub geht, desto höher schlägt mein Herz für ihn", gesteht Altfan und Buchautor Michael Seiß trotzig und kann dem Aufenthalt in der sechsten Liga sogar noch etwas positives abgewinnen: „Wir sind inzwischen in Dörfer gefahren, von deren Existenz ich vorher nichts ahnte".

Das Lohrheidestadion indes hat noch immer die „beste Wurst" (O-Ton Jürgen Klopp) zu bieten und ist dank der Erfolge des TV Wattenscheid auch ohne großen Fußball stets gut gepflegt worden. Der letzte große Umbau erfolgte für 5 Millionen Euro im Jahr 2002, als die Lohrheide fit gemacht wurde für die deutschen Leichtathletikmeisterschaften im Jahr 2005. Das Stadion erwies sich als so guter Gastgeber, dass 2012 eine Wiederholung stattfand. Und die SG09? Die kehrte 2012 zurück in die Oberliga, ein Jahr später sogar in die Regionalliga. Heute begrüßt man wieder Mannschaften aus Köln, Düsseldorf, Gelsenkirchen und Leverkusen. Zwar nur die Reserveteams, aber endlich kehrt das Kribbeln mit den Freitagsspielen unter Flutlicht wieder zurück in die Lohrheide.

Tobias Börner

Die wichtigsten Dinge trägt Thilo Götz immer mit sich herum: Das Stadtwappen Braunschweigs, ein Porträt von Eintrachts Torhüter-Legende Bernd Franke und den Namen seiner Tochter. Die drei Tätowierungen schmücken seine beiden Arme, mit denen er immer wieder die Fans zum Klatschen animiert. Seit 20 Jahren kommt er ins Stadion von Eintracht Braunschweig. „Und es ist jedes Mal so, als würde ich nach Hause kommen", sagt er. Götz steigt auf den Stadionzaun und wirft einen Blick auf den grünen Rasen. Dann dreht er sich um. Er ist Vorsänger für die Eintracht-Anhänger, sein eigenes Spielfeld ist Block 8 in der Südkurve. Hinter ihm laufen gerade die Spieler aus den Kabinen. Auf dem Platz, den sie betreten, haben sich die begeisternden und tragischen Momente der Vereinsgeschichte Braunschweigs abgespielt. 1967 bejubelten die Spieler dort den sensationellen Gewinn der Deutschen Meisterschaft, im Jahr darauf erkämpften sie im Viertelfinale des Landesmeister-Pokals ein 3:2 gegen Juventus Turin. Legenden wie Lothar Ulsaß, Danilo Popivoda oder Paul Breitner schlugen auf dem Rasen ihre Haken. Weitaus weniger talentierte Kicker folgten ihnen und verbrachten mit der Eintracht lähmende Jahrzehnte fernab der Bundesliga. Jahrzehnte, in denen ausgerechnet die in Braunschweig nur mäßig populären Nachbarn aus Hannover und Wolfsburg den niedersächsischen Fußballruhm mehrten.

Auf der Stirn von Thilo Götz bilden sich erste Schweißperlen. Auf ein Megafon hat er irgendwann freiwillig verzichtet, die Schlachtgesänge und Anfeuerungen ruft er einfach so in den Block. Immer wieder schweift sein Blick auch über die anderen Blöcke. Viele seiner alten Kumpels sitzen inzwischen auf der Gegentribüne, die beinahe wie ein Ausläufer der Südkurve wirkt. Während sich die hochmodernen Fußballbühnen Deutschlands immer ähnlicher werden, ist das Stadion der Eintracht bis heute unverwechselbar. Und das nicht nur wegen der vier markanten Flutlichtmasten, die das lange Zeit nicht sehr homogen wirkende Rund seit 1957 bestrahlen. Keine Frage, die Tribünen erzählen die Geschichte des BTSV Eintracht und damit auch eine der finanziellen Nöte. Mit der Renovierung der Haupttribüne 1980 etwa lud sich der Verein Schulden auf, die weitere Umbauarbeiten für lange Zeit zum Erliegen brachten. Anfang der Neunziger musste die Südkurve aus Sicherheitsgründen gesperrt werden, erzählt Thilo Götz. Südkurve und Gegengerade wurden erst 13 Jahre später erneuert und überdacht. Es war allerhöchste Zeit, schließlich entwickelte sich schon ein kleines Biotop aus Sträuchern und Bäumen. „Damals standen wir lange auf der Gegengeraden", sagt er, drückt seine Kippe aus und schwingt sich wieder auf den Zaun. Sekunden darauf hallen schon die nächsten Sprechgesänge durch das ehemalige Stadion an der Hamburger Straße. So hieß das Stadion ab 1981, als die Stadt Braunschweig das komplette Vereinsgelände der Eintracht erwarb, um sie vor dem Lizenzentzug zu bewahren. Erst seit 2008 darf sich das Stadion wieder mit dem alten Namen Eintracht-Stadion schmücken. Mehrere Braunschweiger Unternehmen hatten sich um den Stadionnamen beworben. Eine Sparkassen-Autohaus-Schnellimbiss-Arena wollte aber keiner der Geldgeber. Deshalb kamen sie auf die Idee, gemeinsam für den Namen Eintracht-Stadion zu bezahlen – bundesweit ein einmaliger Vorgang. Und sicherlich auch ein Fingerzeig in die Nachbarschaft, ins verhasste Hannover wie ins ignorierte Wolfsburg, wo der Fußball zwar ansehnlich, aber eher Werbeträger denn Sport ist. Fußball als Event? Nein, damit können sie in Braunschweig nicht viel anfangen. Dass aber Tradition und Fußballromantik im harten Profigeschäft nur noch zu einer netten Randerscheinung verkommen sind, können auch sie nicht leugnen. Und nicht zuletzt haben sie in Braunschweig ihren Teil zur Totalvermarktung des Fußballs beigetragen. Waren es doch Eintracht-Kicker, die 1973 als erste in Deutschland mit Trikotwerbung aufgelaufen sind und dem DFB eine Grundsatzentscheidung abnötigten. Kurz darauf war der Damm gebrochen.

Mit der Erneuerung ihres Stadions hingegen war die Eintracht relativ spät dran. Längst schon waren in allen Teilen der Republik etliche Prachtbauten eröffnet, als sie sich auch in Braunschweig ihrer Problemzonen annahmen. Der Nordkurve etwa, dem lange Zeit einzigen unüberdachten Bereich im Stadion. Seit 2010 aber bleibt man auch dort trocken. Obendrein wurde die Lücke zur Osttribüne geschlossen. Nun wirkt auch die Nordkurve wie ein vollwertiger Teil des Stadions. Zuvor erinnerte sie doch eher an einen buckligen Verwandten, den man nur ungern zu Familienfeiern einlädt. Im Herbst 2011 begann schließlich der Umbau der Haupttribüne. Die Braunschweiger Bürger hatten sich im Rahmen einer Befragung mehrheitlich dafür ausgesprochen. Nicht, dass das rechtlich in irgendeiner Form bindend gewesen wäre, aber Volkes Segen machte der Stadt die rund 15 Millionen Euro teure Entscheidung umso leichter. Leidtragende war die markante Rampe, die einst ins Stadion geführt hat. Sie kann den Eintracht-Spielen nur noch vom Betonhimmel aus zusehen. Stattdessen ziert den Rücken der Haupttribüne jetzt eine ansprechende Glasfassade. Ein weiteres wichtiges Anliegen war den Planern, die Marathon-Tore links und rechts der Haupttribüne zu überbauen. Die Folge: Das Eintracht-Stadion ist nun ein geschlossenes Rund und nicht mehr nur ein Flickenteppich verschiedener Bauphasen. Aber auch auf dem Vorplatz wurde fleißig geschuftet. Ein schicker Kubus dient dort als neue Heimat für Geschäftsstelle, Fan-Shop und Eintracht-Museum. Ein guter Ort, um in Erinnerungen zu schwelgen. Nicht nur für Thilo Götz.

Max-Jacob Ost & Mathias Ehlers

Braunschweig
Eintracht-Stadion

Anschrift
Hamburger Straße 210
38112 Braunschweig

Einweihung
17. Juli 1923

Plätze
Fassungsvermögen: 23 325
Sitzplätze: 12 650
Stehplätze: 10 675

Eröffnungsspiel
Eintracht Braunschweig – 1. FC Nürnberg [1:10]

Größte dokumentierte Zuschauerzahl
34 800 | 3. Juni 1967
beim Eröffnungsspiel

www.eintracht-stadion.com

▶ Eintracht Braunschweig – SV Werder Bremen [0:1] | 10. August 2013 | 23 000 Zuschauer

Bremen
Weserstadion

Anschrift
Franz-Böhmert-Straße 1c
28205 Bremen

Einweihung
17. Oktober 1926

Plätze
Fassungsvermögen: 42 500
Sitzplätze: 32 400
Stehplätze: 10 100

Eröffnungsspiel
Allgemeiner Bremer Turn- und Sportverein –
Werder Bremen [5:6]

Größte dokumentierte Zuschauerzahl
45 000 | 16. Oktober 1965
SV Werder Bremen – TSV 1860 München [0:2]

www.weserstadion.de

Der 6. August 2004. Die Bundesliga geht an diesem Abend in ihre 42. Spielzeit. Der amtierende Deutsche Meister Werder Bremen empfängt Schalke 04. Alles ist angerichtet: Traumhaftes Wetter, das Stadion, das an diesem Abend seine neue Nordtribüne einweiht, ist ausverkauft, die ARD live dazugeschaltet und unten auf dem Rasen steht Schiedsrichter Stefan Trautmann – bereit, das Spiel anzupfeifen. Drei Minuten verbleiben, bis die Bundesligasaison 2004/05 eröffnet werden soll, als plötzlich das Licht ausfällt und der gesamte Stromkreislauf rund ums Stadion zusammenbricht. Lediglich die Flutlichtmasten des Weserstadions leuchten noch tapfer bis 21.15 Uhr. Spätestens da wird das gesamte Stadion in ein schummriges Büchsenlicht gehüllt. Die Zuschauer zu

Das Weserstadion vor der Absenkung des Spielfelds (1998)

Hause sitzen vor einem schwarzen Bildschirm, während die Besucher im Stadion das Kinderlied „Laterne, Laterne" anstimmen und sich mit Fanliedern duellieren. Die vielfach in den Bremer Abendhimmel gereckten Feuerzeuge erinnern mehr an die balladesken Momente eines der Rock-Konzerte im Weserstadion als an ein Fußballspiel. Einer defekten Kabelmuffe ist es zu verdanken, dass nach dem Torfall im Bernabéu und dem Pfostenbruch am Bökelberg ein weiteres Stadion wegen technischer Unzulänglichkeiten in die Fußballgeschichte eingeht. Erst zermürbende 66 Minuten später kann die Partie begonnen werden.

Der Stromausfall von Bremen fügt sich gut in die Geschichte der Spielstätte ein, die seit mehr als 80 Jahren idyllisch in einer Biegung der Weser liegt. Schon der Bau erwies sich als schwierig: In der Weimarer Republik, in der Fußball nur Randsportart und Turnvereine tonangebend waren, brauchte es den Zusammenschluss von drei Bremer Vereinen, um die Stadtväter zu überzeugen, eine Spielstätte am Osterdeich zu errichten. Bereits 1893 war hier ein Sportgelände entstanden, 1909 wurde auch ein Fußballplatz daraus. Am 17. Oktober 1926 wurde die 13 000 Zuschauer fassende ABTS-Kampfbahn (Allgemeiner Bremer Turn- und Sportverein) eröffnet. Nur wenige Jahre später wurde das Stadion durch die Nazis zweckentfremdet. Propagandaauftritte und Flakgeschütze verdrängten den Sport aus dem Rund. Als der Krieg vorbei war, erhielt das Stadion für zwei Jahre den Vornamen von US-Präsident Eisenhower, Ike – schließlich lag es in der amerikanisch besetzten Zone. Zur gleichen Zeit fand sich ein starker Partner für das Stadion: Der SV Werder Bremen bestritt ab 1947 alle Heimspiele hier. Erster Tiefpunkt dieser Beziehung: Das Premieren-Tor der Bundesligageschichte fiel 1963 schon in der ersten Minute. Blöd nur, dass es ausgerechnet der Dortmunder Timo Konietzka für sein Team erzielte. Zwei Jahre später, als Werder seinen Meistertitel an die Weser holte, wurden dann die Kurventribünen mit einem Oberrang fertiggestellt. Zu wahrem Glanz verhalf dem Stadion aber erst die Ära Rehhagel. Mit dem Trainer wurde der Osterdeich Ende der Achtziger zum Schauplatz regelmäßiger Europapokalschlachten. Dem Weserstadion eilte über die Grenzen Deutschlands hinweg der Ruf einer Festung voraus. Spartak Moskau, BFC Dynamo oder der RSC Anderlecht gingen hier trotz blendender Ausgangslage unter. Bis heute ist das Weserstadion eine Macht, wenn es gegen die ganz Großen Europas geht. Hier stand schon der FC Barcelona am Rand einer Niederlage, der FC Chelsea wurde sogar mit 1:0 besiegt. Die Voraussetzungen für große Fußball-Momente existieren immer noch im Weserbogen. Und mit den sportlichen Erfolgen wächst auch die Infrastruktur: 2004 erhielt das Stadion neben der neuen Nordtribüne sein eigenes Museum, das sogenannte Wuseum.

Ende 2008 begann der Umbau des Weserstadions hin zu einer reinen Fußballarena, die allen Anforderungen des Geschäfts entspricht. Vorgesehen war die Errichtung eines dritten Zuschauerranges, die legendären Flutlichtmasten wären dabei abgerissen worden. Rund 50 000 Zuschauer sollten in der neuen Arena Platz finden. Allein die massiv gestiegenen Stahlpreise und die Bedenken der Anwohner von der Pauliner Marsch führten zu einer abgespeckten Neuversion des Weserstadions. Etwa 75 Millionen Euro kostete die aufwendige Sanierung. Die Leichtathletiklaufbahn verschwand, der gesamte Innenraum wurde um mehr als zwei Meter abgesenkt. Die generalüberholte West- und Ostkurve rückten dadurch näher ans Spielfeld und ließen die Kapazität des Stadions leicht auf 42 500 steigen. Dank des neuen und verlängerten Stadiondaches muss niemand mehr im Regen stehen. Dabei schützt es nicht nur vor Nässe, sondern leistet auch seinen Beitrag zum Umweltschutz. Sowohl im Dach als auch in der schmucken neuen Stahl-Glas-Fassade des Stadions ist eine hochmoderne Photovoltaik-Anlage installiert, die etwa eine Million Kilowattstunden Energie pro Jahr liefert. Die Anlage ist die größte gebäudeintegrierte ihrer Art in Deutschland und wird dafür Sorge tragen, dass hier nie wieder jemand im Dunkeln stehen muss.

Tobias Börner

◀ SV Werder Bremen – 1. FC Kaiserslautern [2:0] | 6. August 2011 | 41 100 Zuschauer
◀◀ SV Werder Bremen – FC Bayern München [1:1] | 6. Dezember 2003 | 43 000 Zuschauer

Die Geschichte des deutschen Fußballs ist reich an hervorragenden Stürmern. Erinnert sei an Legenden wie Gerd Müller oder Uwe Seeler, Joachim Streich oder Jürgen Klinsmann, Karl-Heinz Rummenigge oder Erwin Helmchen. Erwin Helmchen? In Chemnitz stellt sich die Frage nach jenem Erwin Helmchen nicht. Dort wissen sie etwas mit diesem Namen anzufangen. Schließlich war er über Jahre das Aushängeschild des Fußballs im „sächsischen Manchester".

In den dreißiger Jahren erzielte Helmchen Tor um Tor für den Polizei SV Chemnitz und war die große Attraktion im 1933/34 erbauten Stadion. Selbst der beste Torwart jener Zeit, der Spanier Ricardo Zamora, hatte kein Mittel gegen den wuchtigen Stürmer. Als Zamora in Diensten des Real-Vorläufers FC Madrid in Chemnitz gastierte, machte ihm Helmchen die Bude voll. 5:2 gewann der PSV, dreimal traf Helmchen, die 20 000 Besucher an der Gellertstraße standen Kopf. Helmchen fühlte sich so sehr mit Chemnitz und dem Stadion an der Gellertstraße verbunden, dass er den Wunsch äußerte, nach seinem Tod unter der Erde des Stadions begraben zu werden. Allerdings lebte Helmchen nach seiner Karriere bis zu seinem Tod 1981 in Kiel, so dass sein Wunsch angesichts der damaligen deutsch-deutschen Situation nicht erfüllt werden konnte.

Den zweiten Weltkrieg überstand das enge Stadion nur mit großen Schäden, wurde aber zügig wieder hergerichtet und der SG Nord zur Verfügung gestellt. Obendrein wurde ein neuer Name spendiert. Zu Ehren Dr. Kuno Fischers, ein 1950 verstorbener Vorzeigekommunist, wurde das stimmungsvolle Rechteck nach eben jenem benannt. Allerdings stand das nur auf dem Papier, der Volksmund beließ es bei „Fischerwiese". Während das Stadion seinen Namen gefunden hatte und bis 1996 trug, wechselte der des gastgebenden Vereins munter durch. Aus der SG Chemnitz-Nord wurde die SG Fewa Chemnitz, daraus die BSG Chemie Chemnitz, daraus der SC Motor Karl-Marx-Stadt, daraus der SC Karl-Marx-Stadt und schließlich der FC Karl-Marx-Stadt.

Bis zu 22 000 Menschen fanden an der Fischerwiese Platz. Zu wenig angesichts der Begeisterung um den Verein, als dieser seinem größten Erfolg entgegen strebte. Auf der Zielgeraden zum Meistertitel 1967 wich der FCK deswegen ins größere, aber ungeliebte Ernst-Thälmann-Stadion aus. 45 000 Zuschauer sahen dort das vorentscheidende Spiel gegen Lok Leipzig. Am Ende wurde dem FCK ebenda und nicht in seiner eigentlichen Heimat die Meistertrophäe überreicht. Zwar war und ist das Sportforum, wie das Thälmann-Stadion inzwischen heißt, mit seinem Komplex aus Stadion, Leichtathletik-Anlagen, Radrennbahn, Schwimmbad oder Kampfsporthalle das sportliche Herz der Stadt, doch wohnte die Seele des Chemnitzer Fußballs stets an der Gellertstraße. Umso bitterer, dass der FCK auch all seine Europapokalspiele im leblosen Thälmann-Stadion austragen musste.

In den Siebzigern zog der FCK vollends ins Sportforum. Zu antiquiert erwies sich die Fischerwiese, auf der es keinerlei Überdachung oder gar Flutlicht, sondern lediglich lebensgefährliche Traversen gab. Doch das sollte nicht so bleiben, die Karl-Marx-Städter wollten ihren Verein eben auf der Fischerwiese sehen und nirgendwo sonst. Weil in der DDR Probleme nicht mit Geld, sondern mit Kontakten gelöst wurden, halfen einflussreiche FCK-Fans nach. Sie zweigten andernorts knappe Baumaterialien ab, um ab 1980 für eine Renovierung der Fischerwiese zu sorgen. So zog der Verein wieder in sein geliebtes Stadion zurück und konnte ab 1989 sogar stolz auf die ersten überdachten Stehplätze der DDR-Oberliga verweisen. Vielleicht auch ein Grund für den erneuten sportlichen Höhenflug, der den FCK 1990 zur Vizemeisterschaft der DDR führte. Doch als sich der nun in Chemnitzer FC umbenannte Klub 1991 für den gesamtdeutschen Profifußball qualifizierte und in der 2. Liga spielte, zeigt der DFB der Fischerwiese die rote Karte. Der Verband forderte Flutlicht, Spielertunnel und einen neuen Sanitärtrakt. Finanzierbar war das seinerzeit nicht. Fans und Verein hatten keine Wahl: Es ging wieder zurück ins Sportforum, das die Stadt für fünf Millionen Euro aufgehübscht hatte.

Fünf Jahre am Stück spielte der CFC in der 2. Liga, doch die Einheimischen juckte das wenig. Im Schnitt nur 2500 Menschen ließen sich in die biedere Betonwüste locken, während die Fischerwiese vor sich hin rottete. So wurde der Abstieg 1996 zu einem Neubeginn. Der CFC beschloss, als Regionalligist auf die Fischerwiese zurückzukehren. In seinen Reihen stand zu jener Zeit übrigens ein talentierter Jüngling, der seine ersten Erfahrungen im Herrenfußball machte: Michael Ballack. Die Stadt kam dem CFC entgegen und erteilte ihm für das Gelände Erbbaurecht. Fans packten bei der Instandsetzung mit an, und zu guter Letzt einigte man sich auf den historischen Namen „Stadion an der Gellertstraße". Was aber nichts daran ändert, dass die Chemnitzer noch immer von der Fischerwiese sprechen.

Nach drei Jahren in der Regionalliga schaffte der CFC 1999 den Sprung zurück in die 2. Liga und stand vor dem alten Problem: Die Fischerwiese war nicht zweitligatauglich. Nun aber waren alle Seiten – Verein, Stadt und Fans – gewillt, die Fischerwiese so herauszuputzen, dass der DFB beruhigt seinen Segen erteilen konnte. Als dessen Forderungen für insgesamt 3,5 Millionen Mark erfüllt waren, gab es nichts mehr zu mäkeln. Kurz darauf wurde erstmals sogar eine Flutlichtanlage in Betrieb genommen. Die Gegenwart hatte die Gellertstraße erreicht.

Doch mittlerweile sind auch all diese Maßnahmen überholt, so dass der CFC seine Gäste nur mit einer Ausnahmegenehmigung empfangen darf. Ein bisschen müssen die Chemnitzer noch ausharren. 2015 soll ein 25 Millionen Euro teurer Neubau seine Pforten öffnen. Und Erwin Helmchen? Der hat seinen Frieden gefunden, als der Fanklub „Clubsurfer" anlässlich das CFC-Gastspiels in Kiel 2001 ein Stück Rasen der Fischerwiese auf seinem Grab niederlegte.

Mathias Ehlers

Chemnitz
Stadion an der Gellertstraße

Anschrift
Gellertstraße
09130 Chemnitz

Einweihung
3. Mai 1934

Plätze
Fassungsvermögen: 18 700
Sitzplätze: 1050
Stehplätze: 17 650

Eröffnungsspiel
Polizei SV Chemnitz – SpVgg Fürth [5:1]

Größte dokumentierte Zuschauerzahl
30 000 | 4. Juni 1955
Jugendländerspiel DDR – BR Deutschland [1:2]

www.chemnitzerfc.de

▶ Chemnitzer FC – SC Preußen Münster [1:2] | 2. August 2011 | 5334 Zuschauer

Cottbus
Stadion der Freundschaft

Anschrift
Am Eliaspark 1
03042 Cottbus

Einweihung
21. September 1930

Plätze
Fassungsvermögen: 22 528
Sitzplätze: 10 949
Stehplätze: 11 579

Eröffnungsspiel
Jugendspiel FV Cottbus 1898 – Brandenburg [1:2]

Größte dokumentierte Zuschauerzahl
22 700 | erstmals am 15. März 2008
FC Energie Cottbus – FC Bayern München [2:0]

www.fcenergie.de

Als Energie Cottbus im Jahr 2000 den Sprung in die 1. Bundesliga schaffte, verdienten sich die Ticket-Schwarzhändler eine goldene Nase. Schließlich wurden in der Lausitz nun die Schalker, Bayern und Hamburger vorstellig und das Stadion der Freundschaft platzte aus allen Nähten. Die Kapazitäten der altehrwürdigen Spielstätte an der Spree waren erschöpft. Doch durch die neue Aufmerksamkeit und die Gelder aus dem Spielbetrieb in der höchsten deutschen Spielklasse konnte sich das mittlerweile antiquierte Stadion nach und nach zu einer der modernsten Spielstätten in Ostdeutschland mausern. Die Wurzeln des Cottbuser Stadions gehen dabei zurück ins Jahr 1925, als Erwerbslose mit den Arbeiten an einem neuen Stadion begannen. Eröffnet wurde es 1930 unter dem überaus einfallslosen Namen Städtisches Stadion und war Teil eines großen Sportkomplexes. Die BSG Energie Cottbus, die zuvor im Stadion der Eisenbahner und im Max-Reimann-Stadion spielte, übernahm Ende der Siebziger das Zepter in der damals 15 000 Zuschauer fassenden und mittlerweile auf den Namen Stadion der Freundschaft hörenden Arena. Drei Spielzeiten konnten sich die Cottbuser damals in der DDR-Oberliga behaupten, wovon das Stadion profitieren sollte. Anfang der achtziger Jahre begann der Umbau der Stehtraversen, das Fassungsvermögen wuchs auf 18 000 Plätze an. Noch vor dem Fall der Mauer wurde 1988 die neue Haupttribüne eingeweiht. Da Energie Cottbus in der abschließenden Oberligasaison 1990/91 lediglich Vorletzter wurde, war eine Teilnahme am gesamtdeutschen Profifußball nicht drin. Verein und Stadion verschwanden für einige Jahre von der großen Fußballlandkarte.

Erst durch den Aufstieg in die 2. Liga 1997 geriet der Verein wieder in den Fokus der Öffentlichkeit und musste nach Forderungen des DFB sein Stadion ein wenig aufmotzen. War zuvor bereits eine neue Flutlichtanlage eingeweiht worden, so wurden nun die Traversen befestigt, die Zäune erneuert und ein Teleskoptunnel für die Mannschaften installiert. Dies waren natürlich alles nur Eingriffe kosmetischer Natur und bloß ein kleiner Vorgeschmack für die Arbeiten im neuen Jahrtausend.

Dazu gehörte zum Beispiel der Bau der zweistöckigen Osttribüne, die 2003 eröffnet wurde, allerdings auch für reichlich Ärger mit der Europäischen Union sorgte. Die zwölf Millionen Euro teure Tribüne wurde nämlich zu drei Vierteln mit EU-Geldern finanziert. Dafür zapfte die Stadt Cottbus als damaliger Stadionbesitzer das EU-Programm Interreg III an, mit dem grenzüberschreitende Aktivitäten unterstützt werden sollen. Im Fördermittel-Antrag argumentierte die klamme Kommune, dass jährlich bis zu 90 000 Polen zu Veranstaltungen ins Stadion der Freundschaft kommen würden. Die Zahl war allerdings völlig aus der Luft gegriffen. Das merkten schließlich auch die Hüter der Fördermittel in Brüssel und forderten den Großteil des längst verbauten Geldes zurück. Umso geräuschloser verliefen die weiteren Umbauten. Etwa im Sommer 2007, als Hand an das emotionale Zentrum der Arena gelegt wurde und der harte Kern der Cottbuser Fans hinter dem Nord-Tor ein neues Zuhause bekam. Auf der 5322 Quadratmeter großen Stahlrohrtribüne mit ihren insgesamt 50 Stehplatzreihen finden 8000 Zuschauer Platz. Ebenfalls wurde der Spielertunnel in die Nordwand integriert, was für einen zusätzlichen Motivationsschub bei den Energie-Kickern sorgen sollte. Dass dieser Plan aufging, kann Torwart-Ikone Tomislav Piplica bestätigen: „Wenn man von dieser Wand aus Menschen angefeuert wird, gibt jeder automatisch noch mal zehn Prozent mehr Gas."

Eine runde Sache entstand durch das vorerst letzte Bauvorhaben in der Sommerpause 2008. Durch den Ausbau der Südtribüne wurde die letzte Kurve im Stadion der Freundschaft geschlossen, das mittlerweile über 22 500 Zuschauern Platz für ausgelassene Stimmung bietet. Sportlich kann Energie da nicht ganz mithalten. Nach dem Abstieg 2009 aus der 1. Bundesliga wurde der angepeilte Wiederaufstieg immer wieder verpasst. Große und kuriose Fußballabende erlebte das Stadion dennoch. Unvergessen der Sieg im Ostderby gegen Erzgebirge Aue in der Saison 2010/11. Mit 6:0, dem höchsten Sieg von Energie im Profifußball, verabschiedete man die Veilchen Richtung Heimat.

Auch wenn das Stadionrund mittlerweile geschlossen wurde, die Abwehr der Truppe des damaligen Coaches Claus-Dieter Wollitz war es oftmals nicht. Mit einer gewissen morbiden Faszination erinnern sich die Energie-Fans an den 3. Spieltag derselben Saison. Cottbus lag nach 55 Minuten 2:5 gegen den Karlsruher SC zurück, ehe die knapp 9000 Zuschauer Zeugen eines Fußballwunders wurden. Innerhalb von sieben Minuten erzielte Energie drei Tore zum nicht alltäglichen Endstand von 5:5. So bemerkenswert solche Momente auch sein mögen, auf Dauer möchte man es sich nicht in der 2. Liga bequem machen. Allein schon, weil das Stadion der Freundschaft dort nur mäßig ausgelastet ist. Kamen in der Bundesliga im Durchschnitt 16 000 Zuschauer zu den Spielen von Energie, sind es in der 2. Liga deutlich weniger.

Die insgesamt sechs Cottbuser Bundesligajahre haben viele Fußballfreunde in der Lausitz offenbar anspruchsvoll werden lassen. Ingolstadt und Paderborn sind eben nicht der FC Bayern und Borussia Dortmund. Dafür können sich all jene, die Energie trotzdem treu geblieben sind, seit 2011 über eine zweite Anzeigetafel zwischen Nordwand und Osttribüne freuen. Doch statt des optischen Service würden die Cottbuser viel lieber wieder die ganz großen Teams des deutschen Fußballs begrüßen und ihnen tief im Osten das Fürchten lehren.

Tobias Börner

◀ FC Energie Cottbus – FC Augsburg [3:1] | 9. August 2009 | 13 600 Zuschauer
◀◀ FC Energie Cottbus – FC Erzgebirge Aue [2:1] | 10. November 2003 | 13 300 Zuschauer

Eine „Uralt-Immobilie" nennt Jochen Partsch das Stadion am Böllenfalltor. Damit hat der Darmstädter Oberbürgermeister nicht ganz Unrecht. Schließlich ist seit den siebziger Jahren nicht viel passiert in der Arena des SV Darmstadt 98. Die Romantiker unter den Fußballfreunden wissen das zu schätzen, strahlt das Rund doch eine charmante Urigkeit aus, die selten geworden ist in der deutschen Stadionlandschaft. Wer allerdings Komfort sucht, sollte besser gleich die Weiterreise ins nicht weit entfernte Frankfurt antreten. In den Katakomben sieht es noch immer so aus wie in der Zeit, als Kicker Schnauzbärte trugen und stolz auf ihren Opel Manta waren. Das stiftet Identität und auch SV-Trainer Dirk Schuster genießt die Arbeit im Relikt: „Hier ist Fußball noch zum Anfassen, deshalb passt das Böllenfalltor sehr gut zur Philosophie des Vereins. Bodenständig, hemdsärmelig."

Der Zukunft können sich aber auch die Darmstädter nicht verschließen. Allein schon aus pragmatischen Gründen. Die Instandhaltungskosten der maroden Bude sind nämlich kein Pappenstiel und die wachsenden Auflagen des DFB schlagen eine immer tiefere Schneise in die städtischen Finanzen. Der politische Wille zur Sanierung ist längst bekundet. Eine Machbarkeitsstudie veranschlagt dafür knapp 28 Millionen Euro. Komplett stemmen kann die klamme Kommune diesen Umbau allerdings nicht, sie hofft auf die Hilfe von Investoren und vor allem vom Land Hessen. Kein Wunder, dass Oberbürgermeister Partsch mit warmen Worten für das Projekt wirbt und gerne betont, dass es „um die Identität dieser Stadt und auch um Wirtschafts- und Standortpolitik" geht. Stichwort Standort: Zur Diskussion stand auch die Errichtung einer komplett neuen Arena an anderer Stelle. Das ist mittlerweile vom Tisch, die Sanierung des „Bölle" ist dann doch die günstigere Variante. Die Fans des SV Darmstadt wird es freuen, schließlich ist ihr Herzensklub bereits seit über 90 Jahren dort zuhause.

Als das Stadion 1921 mit einer sogenannten Sportwoche eröffnet wird, soll es vom Aufschwung des Darmstädter Fußball künden. Kurz zuvor ging aus der Fusion zweier Klubs der SV Darmstadt 98 hervor und dieser will nun weit über die Stadtgrenzen hinaus berühmt werden. Seinen Namen hat das 8000 Menschen fassende Rund schnell weg. Das Falltor war einst ein Stadttor in der Nähe, Bölle wiederum ist südhessische Mundart für eine Pappel. Und von denen gibt es rund um das Stadion ein paar, der Verein ist ihr Pate. Überhaupt spielt die Botanik eine große Rolle in Darmstadt. Die Mannschaften des SV 98 firmieren seit jeher als die Lilien, weil eine solche das Vereinswappen ziert. Die sportlichen Ambitionen aber welken zunächst dahin. Wirklichen Eindruck schinden können die Lilien nicht, sie bleiben zunächst nur eine regionale Größe. Erst nach dem Zweiten Weltkrieg wird es besser. Ein Jahr lang spielen sie sogar in der Oberliga, seinerzeit die höchste deutsche Spielklasse. Die Darmstädter haben jetzt richtig Bock auf ihren besten Fußballklub. Grund genug, das Stadion am Böllenfalltor auszubauen. Nachdem es die amerikanischen Alliierten 1950 wieder an den Verein übergeben, entstehen neue und größere Ränge. Nun passen 25 000 Menschen hinein. Doch der Hype um die Lilien ist schnell verflogen. Sie steigen ein paar Mal auf, ein paar Mal ab, gewinnen manche hessische Meisterschaft und errichten 1975 eine neue Haupttribüne, auf der sie von erneutem Erstligafußball träumen. Sie träumen nicht lange.

1978 steigen sie tatsächlich in die Bundesliga auf. Ein Team aus Halbprofis mischt sich unter die Elite und geht als „Feierabendfußballer vom Böllenfalltor" in die Folklore des deutschen Fußballs ein. Der Triumph der kickenden Lehrer, Metzger und Versicherungskaufmänner stellt Darmstadt auf den Kopf, bis der DFB die Party crasht. Die Herren vom Verband präsentieren einen Katalog an Forderungen, so denn am Böllenfalltor Bundesligafußball gespielt werden soll. Natürlich soll es und die Darmstädter tun wie befohlen. Die Erd- und Rasenwälle hinter den Toren werden mit Betonstufen versehen, die Gegengerade um ein Drittel erweitert. Ein prickelnder Anblick, selbst heute noch. Zwar steigen die Lilien umgehend wieder ab, aber das Aroma der Bundesliga ist einfach zu süß, um es nicht noch einmal schmecken zu wollen.

Das Vollprofitum wird nun auch in Südhessen eingeführt und so stehen sie 1981 wieder für ein Jahr auf der Matte. Nun will der DFB eine Flutlichtanlage sehen. Das wird teuer. 1,8 Millionen D-Mark später verzerrt sich das Gesicht der Vereinskasse zu einer fiesen Fratze. Nach all den Investitionen ins Stadion sitzen die Lilien auf einem Schuldenberg und finden den Weg ins Tal nicht. Ganz im Gegenteil. Der Wunsch nach einer dritten Bundesligaepisode ist so groß, dass eine Handvoll nicht ganz billiger Spieler geholt werden. Es bleibt beim Wunsch. 1988 ist der Schuldendruck so groß, dass das Stadion für einen symbolischen Betrag an die Stadt verscherbelt wird. Trotz dieser Entlastung geht sportlich nicht mehr viel. 1993 steigen die Lilien aus der 2. Liga ab und pendeln danach zwischen Regional- und Oberliga. Gleichzeitig siecht das Stadion. So sehr, dass der DFB wegen diverser Sicherheitsmängel zwei Verwarnungen aussprechen muss. Die Kapazität wird drastisch heruntergeschraubt, statt wie einst 30 000 Menschen ist jetzt schon bei 19 000 Feierabend. Eine Sanierung ist immer wieder im Gespräch, relativ konkrete Pläne gibt es erstmals 2006. In zwei Bauphasen soll eine zeitgemäße Arena entstehen, doch nach dem erneuten Abstieg in die Oberliga werden diese Gedanken auf Eis gelegt. Ein paar Jahre später sieht die Welt wieder anders aus. Die Lilien haben mittlerweile erneut Anschluss an den Profifußball gefunden. Eine Zukunft haben sie dort aber nur ohne ihre „Uralt-Immobilie".

Mathias Ehlers

Darmstadt
Stadion am Böllenfalltor

Anschrift
Böllenfalltorweg
64287 Darmstadt

Einweihung
24. Juli 1921

Plätze
Fassungsvermögen: 19 000
Sitzplätze: 4000
Stehplätze: 15 000

Eröffnungsspiel
SV Darmstadt 98 – Freiburger FC [4:1]

Größte dokumentierte Zuschauerzahl
32 000 | 5. August 1981
SV Darmstadt 98 – FC Bayern München [1:2]

www.sv98.de

▶ SV Darmstadt 98 – FC Bayern München (A) [3:1] | 4. August 1998 | 4206 Zuschauer

Dortmund
Signal Iduna Park

Anschrift
Strobelallee 50
44139 Dortmund

Einweihung
2. April 1974

Plätze
Fassungsvermögen: 80 720
Sitzplätze: 55 720
Stehplätze: 25 000

Eröffnungsspiel
Borussia Dortmund – FC Schalke 04 [0:3]

Größte dokumentierte Zuschauerzahl
83 000 | erstmals am 30. Januar 2004
Borussia Dortmund – FC Schalke 04 [0:1]

www.signal-iduna-park.de

Als langjähriger Bundestrainer hat Helmut Schön viel von der Welt gesehen. Entsprechend profund ist sein Urteil, wenn er sagt: „Dieses Stadion wird nur durch das Aztekenstadion übertroffen." Er war und ist mit seiner Einschätzung nicht allein. Ob nun „Fußball-Oper" oder „das schönste Stadion in Deutschland": Der Signal Iduna Park in Dortmund, Älteren noch als Westfalenstadion bekannt, begeisterte schon immer Zuschauer wie Aktive und regte zu kühnen Vergleichen an. Dabei steht es eigentlich nur, weil Köln seinerzeit darauf verzichtete, als Spielort für die Weltmeisterschaft 1974 zu dienen. Dortmund rückte nach und gönnte sich und der Borussia eine neue Arena. Der Startschuss für den Bau erfolgte 1970. Nur 32 Millionen D-Mark sollte das Westfa-

Das Westfalenstadion vor seinem Ausbau beim Derby gegen Schalke 04 (1998)

lenstadion kosten. Damit war es deutlich billiger als andernorts alleine die Stadionsanierung. Der Grund war eine neuartige Plattenbauweise, bei der die Tribünenelemente einzeln aneinander gesetzt wurden. Nach knapp dreijähriger Bauzeit wurde das Stadion schließlich am 2. April 1974 eingeweiht – mit einer 0:3-Niederlage gegen den Erzrivalen Schalke 04. Schlimmer geht es eigentlich nicht. Als mildernder Umstand sollte aber erwähnt werden, dass die Borussia damals in der 2. Liga spielte.

Vielleicht würde sie ohne die imposante Arena auch heute noch dort spielen. Denn ohne das Stadion gäbe es die Borussia nicht, wie wir sie heute kennen. Das sagt zumindest Gerd Kolbe, langjähriger Pressesprecher des BVB und der Stadt Dortmund. Der Grund dafür liegt auf der Hand: Aus dem Stand verdoppelten sich die Zuschauerzahlen. Mit den hohen Einnahmen legte der BVB die Basis für den wirtschaftlichen Aufschwung. Andererseits wurde so fleißig geprasst, das zwischendurch die Lichter auszugehen drohten.

Der sportliche Höhenflug ließ daher bis in die Neunziger hinein auf sich warten. Dann begann der Verein auch mit den verschiedenen Umbaumaßnahmen: Zunächst wurden die zahlreichen Steh- in Sitzplätze umgewandelt, dann der Oberrang angebaut. Damit war das Westfalenstadion mit einem Fassungsvermögen von 68 000 Zuschauern eine der größten Arenen der Republik. Ein Manko aber blieb: Es zog wie Hechtsuppe. Diesem Problem wurde pünktlich zur Saison 2003/04 beigekommen, als die Ecken in Deutschlands nun größtem Fußballstadion mittels beeindruckender Betontreppen geschlossen wurden. Positiver Nebeneffekt: Seitdem passen über 80 000 Menschen hinein. Überwiegend glückliche Menschen. Mit Ausnahme der Gästefans. Diese nämlich werden nicht müde, über die doch reichlich lieblose Verwahrung von Auswärtsfans im Signal Iduna Park zu mosern. Auch in der Abteilung Rasenpflege dürften die Umbauten nur mäßige Begeisterung ausgelöst haben. Kommt doch seither neben keinem Licht aus Norden, Süden, Osten und Westen auch noch der Kernschatten aus allen vier Ecken dazu. Die ohnehin schon holprige Wiese wächst kaum noch.

Auch im Fundus entbehrlicher Phänomene der Fußballmoderne bedient sich die Borussia fleißig. „Family-Corner", Kinderbetreuung unter den Tribünen und brüllend laute Musik vor dem Anpfiff: All das ist nicht erst seit dem Umbau fester Bestandteil samstäglicher Freizeitgestaltung im Ruhrgebiet. Man setzt in Dortmund eben auf die Rundumversorgung und inszeniert noch ein bisschen perfekter als anderswo die große Unterhaltung. Unbeeindruckt von diesen Kirmes-Anwandlungen erscheinen die Fans von der Südtribüne noch immer eine reichliche halbe Stunde vor Anpfiff. Irgendjemand muss ja tapfer gegen die Rummelbeschallung aus den knapp 1000 verbauten Lautsprechern ansingen. An der größten Stehtribüne Europas wurde bei der finalen Ausbaustufe nicht gerüttelt und so beeindruckt die gelbe Wand nach wie vor Gegner und Fans. Doch neben ewiger Treue hat sich bei den Westfalen auch an der kritischen Haltung gegenüber dem Tun der eigenen Mannschaft nichts geändert. Immerhin wurden hier die donnernden „Scheiß Millionäre"-Rufe erfunden.

Gegenüber, in der Nordostecke des Stadions, befindet sich seit Dezember 2008 das Borusseum, ein komplett aus Spendengeldern finanziertes Museum über die Geschichte des Vereins und seines prächtigen Stadions. Eine Pracht ist indes auch der Zuschauerschnitt. Und das nicht nur in den Augen des Schatzmeisters. Kein Verein in Europa kann mehr bieten als die durchschnittlich 80 000 Besucher der Borussia. Die, die regelmäßig mit dem Auto kommen, wissen um die Tücken: Frühzeitiges Erscheinen ist Garantie für eine stadionnahe Fahrzeugaufbewahrung. Denn ordentliche Stellplätze sind Mangelware rund ums Stadion. Ebenfalls der eher mühsamen Verkehrssituation ist eine nach wie vor weit verbreitete Unsitte des Dortmunder Publikums geschuldet: Das Verlassen der Plätze schon Minuten vor dem Abpfiff. Doch vielleicht wollen sie auch nur den Moment nutzen, um die an den Aufgängen angebrachten Portraits der alten Recken Held, Konietzka oder Emmerich einmal in Ruhe zu bewundern.

Katrin Freiburghaus & Mathias Ehlers

◂ Borussia Dortmund – Hamburger SV [3:1] | 5. August 2011 | 80 720 Zuschauer

Fast vierzig Jahre gehörten die „Giraffen" zum Dresdner Stadtbild. Sie bestrahlten legendäre Dynamo-Spiele gegen den FC Bayern, den FC Liverpool oder Juventus Turin. Weithin sichtbar markierten diese Flutlichtmasten das Stadion, in dem Dynamo Dresden zahlreiche Titel hamsterte und unvergessliche Europapokalabende erlebte. Sie waren der Inbegriff Dresdner Fußballfolklore. Im Herbst 2008 mussten sie dran glauben. Sie wurden abmontiert und spätestens da war allen klar: Eine neue Epoche bricht an. Endlich.

Denn bei allen Sentimentalitäten, die im alten Rudolf-Harbig-Stadion steckten: Es bröselte an allen Ecken, es war gnadenlos veraltet und zunehmend ein Klotz am Bein Dynamos. Während landesweit neue Arenen errichtet wurden, ging im fußballbegeisterten Dresden nichts. Im Verein gaben sich Geschäftsführer, Manager und Trainer die Klinke in die Hand, verschleuderten nicht vorhandenes Geld und ergötzten sich an der Meinung Außenstehender, dass ein Klub wie Dynamo doch in die Bundesliga gehöre. Der aber kickte überwiegend drittklassig in seinem 1951 auf den Trümmern der Ilgen-Kampfbahn errichteten Stadion vor sich hin. Letztmals wurde dort Anfang der Neunziger Hand angelegt. Da wurde das Harbig-Stadion, zwischen 1971 und 1990 Dynamo-Stadion heißend, halbwegs fit für die Bundesliga gemacht. Knapp zwei Millionen D-Mark kostete es, die gravierendsten Mängel auszubessern. Nun gab es wenigstens Schalensitze statt morscher Holzbänke.

1995 endete die Dresdner Bundesliga-Episode mit sportlichem wie finanziellem Totalschaden. Damit war auch der endgültige Verfall des ehrwürdigen Runds besiegelt. Das Fassungsvermögen musste drastisch heruntergeschraubt werden. Dort, wo einst über 30 000 Menschen Platz fanden, durften nur noch knapp 19 000 hineingelassen werden. Doch nach bösen Jahren, in denen Dynamo gar in einer Liga mit Leichtgewichten wie dem VfB Zittau oder Eintracht Sondershausen strandete, ging es wieder aufwärts. Mit dem Aufstieg in die 2. Liga kam 2004 auch endlich Schwung in die Stadionfrage. Der damalige Oberbürgermeister, Ingolf Roßberg, ließ es sich nicht nehmen, ein neues Stadion zu versprechen. Allerdings floss während des Feilschens um den Standort noch viel Wasser die Elbe hinunter.

Letztendlich einigte sich der Stadtrat im Mai 2006 auf einen Neubau an alter Stelle. Nur die leidige Finanzierungsfrage war da noch lange nicht gelöst. Der gebeutelte Verein hatte keinerlei Mittel, sich am Bau zu beteiligen. Es war daher an der Stadt, das Millionenprojekt zu schultern. Im Februar 2007, fast ein Jahr nach Fassung des Beschlusses zum Neubau, wurde die kommunale Finanzierung der Kosten von 45 Millionen abgesegnet. Nach dem Spiel gegen den Wuppertaler SV im November 2007 rollten die Bagger an und die Fans demontierten gegen einen symbolischen Obolus die nun nicht mehr benötigten Sitzschalen, um sich ein Stück Dynamo-Geschichte mit nach Hause zu nehmen. Zwei Jahre gingen ins Land, bis der Bau planmäßig vollendet war.

Nun steht an der Lennéstraße statt eines verrotteten Relikts eine moderne Arena. Gespickt mit allerlei Schnickschnack, den die Gegenwart von einem Fußballstadion erwartet. Komplett überdacht, steile Tribünen nah am Spielfeld und Schalensitze in Vereinsfarben. Gespielt wird – wie es in einer Publikation der „Dresdner Neueste Nachrichten" tatsächlich heißt – auf „feinstem Gras aus Holland". Bislang wurde aber kein bekiffter Platzwart gesichtet.

Schalke 04 war das Privileg vorbehalten, zum Eröffnungsspiel im September 2009 vorbeischauen zu dürfen. Die Gäste aus dem Ruhrgebiet siegten 2:1. Den Dresdnern aber war das herzlich egal. Sie hatten nun endlich ihr neues Stadion und wollten mit diesem im Rücken sportlich durchstarten. Aber schon zur Eröffnung waren erste Risse erkennbar. Nicht im Bauwerk, da ist alles picobello, der Nutzungsvertrag zwischen Dynamo und der Betreibergesellschaft lag wie ein Grauschleier auf der Euphorie um das neue Heim. Den Deal hatten die Stadt Dresden und die Betreiber des Stadions ausgehandelt. Demnach verpflichtete sich Dynamo für zwölf Jahre, 2,5 Millionen Euro per anno für Miete und Unterhalt zu berappen. Eine horrende Summe für einen klammen Verein wie Dynamo. So viel, dass Ralf Minge von seinem Posten als Geschäftsführer zurücktrat, weil er durch diese Hypothek die Konkurrenzfähigkeit des Klubs gefährdet sah. Nun ist es aber so, dass dieses Stadion ohne Dynamo keinen Sinn hätte und dann mehr oder weniger leer stünde. Eine gute Verhandlungsposition für den Klub, der sich daher von der Stadt finanzielle Zuwendungen erhoffte, die ihn bei den Mietzahlungen entlasten. Zudem verweist Dynamo immer wieder auf die nicht zu leugnende Tatsache, dass die vereinbarte Summe im Vergleich mit Ligakonkurrenten unverhältnismäßig hoch ist. Letzten Endes kam die Kommune nicht umhin, in Anbetracht der Bedeutung Dynamos für die Stadt Zuschüsse zu gewähren.

Weiteren Ärger brachte die Umbenennung des Stadions mit sich. Aus dem Rudolf-Harbig- ist nämlich das Glücksgas Stadion geworden. Neben den üblichen Vorbehalten gegen den Verkauf von Stadionnamen an Unternehmen enthält dieser Vorgang in Dresden eine äußerst pikante Note. In direkter Nachbarschaft des Stadions befindet sich nämlich das von einem jüdischen Pazifisten gestiftete und nach diesem benannte Georg-Arnhold-Bad. Der Name „Glücksgas" wirkt in diesem Zusammenhang doch alles andere als passend und lässt sehr viel Raum für zynische Interpretationen. Aber eigentlich wird der neue Name gar nicht in den Mund genommen, für die Dresdner ist es nach wie vor das Rudolf-Harbig-Stadion. Sportlich läuft es nach all den Tiefflügen wieder ganz gut. Dynamo hat den erneuten Sprung in die 2. Liga geschafft und ist auf einem guten Weg, sich dort zu etablieren. Ganz ohne Giraffen.

Mathias Ehlers

Dresden
Glücksgas Stadion
Rudolf-Harbig-Stadion

Anschrift
Lennéstraße 12
01069 Dresden

Einweihung
15. September 2009
23. September 1951

Plätze
Fassungsvermögen: 30 557 | *23 958*
Sitzplätze: 19 502 | *10 377*
Stehplätze: 11 055 | *13 581*

Eröffnungsspiel
Dynamo Dresden – FC Schalke 04 [1:2]
Dynamo Dresden – VfB Stuttgart [1:1]

Größte dokumentierte Zuschauerzahl
32 066 | 15. September 2009
Beim Eröffnungsspiel
44 000 | 24. September 1979
Dynamo Dresden – VfB Stuttgart

www.gluecksgas-stadion.de

▶ Dynamo Dresden – FC Schalke 04 [1:3] | 15. September 2009 | 32 066 Zuschauer
▶▶ *Dynamo Dresden – Rot-Weiss Essen [0:0] | 3. April 2004 | 14 200 Zuschauer*

Duisburg
Schauinsland-Reisen-Arena

Anschrift
Margaretenstraße 5–7
47055 Duisburg

Einweihung
8. November 2004

Plätze
Fassungsvermögen: 31 500
Sitzplätze: 24 500
Stehplätze: 7000

Eröffnungsspiel
MSV Duisburg – Alemannia Aachen [1:0]

Größte dokumentierte Zuschauerzahl
50 000 | 24. April 1932
Meidericher SV – FC Schalke 04 [1:5]

www.schauinslandreisenarena.de

„Eine gute Nachricht…" beginnt Günter Stork seine Durchsage. Er macht eine Pause. Auf den Rängen wird aufmerksam gelauscht, die abstiegsbedrohten Duisburger hoffen auf frohe Kunde von anderen Plätzen, ehe Stork wieder einsetzt: „…vom Teppichriesen Knott." Mit hysterischem Gelächter quittieren die MSV-Fans den gelungenen Spaß. Der 2008 verstorbene Stork war die Stimme von der Wedau. Seine Scherze und seine hohe Stimme machten ihn zu einem der größten Sympathen des Duisburger Fußballs. Storks zuweilen eigenwillige Durchsagen werden noch heute gerne zitiert, wenn sich ältere Semester gut abgehangene MSV-Anekdoten um die Ohren hauen. Etwa, als es der legendäre Stadionsprecher auch in fünf Versuchen nicht schaffte, unfallfrei Fuerteventura auszusprechen.

Als Stork 1963 seine Arbeit in Duisburg beginnt, beginnt auch für den MSV eine neue Zeitrechnung. Er darf in der neugegründeten Bundesliga mittun und zieht zu diesem Zweck ins Wedaustadion ein. Die alte Heimat, das Stadion an der Westender Straße, ist für die Bedürfnisse der neuen Liga nicht wirklich geeignet. Das Wedaustadion dafür umso mehr. Nicht zuletzt, weil die Stadt kräftig nachhilft. Eine neue Haupttribüne wird ebenso errichtet wie eine Flutlichtanlage. 10 000 Menschen finden auf den Holzbänken Platz. Ein Quantensprung. Nicht nur für Duisburger Verhältnisse. Eine solch schmucke Tribüne haben sie sich in Duisburg immer gewünscht. Schließlich ist die Arena riesig, aber nichts fürs Auge, als sie 1922 mit den Meisterschaften der deutschen Leichtathleten eröffnet wird. Obwohl, Eröffnung wollen es die Duisburger damals nicht nennen. Das Wedaustadion ist ja noch gar nicht fertig, während die Inflation das nötige Geld auffrisst. Aber ist es nicht sowieso ein Talent der Menschen im Ruhrgebiet, solchen Engpässen noch das Positive abzuringen? Duisburgs damaliger Oberbürgermeister Karl Jarres jedenfalls tut das: „Ich glaube, es liegt auch mehr Kunst darin, etwas zäh sich zu erarbeiten und langsam zu erringen, unter sparsamsten und einfachsten Mitteln." 1926 wird dann mit einem Spiel gegen den FC Chelsea ganz offiziell Einweihung gefeiert. Ohne repräsentativen Tribünenbau. Das Geld dafür hatten sie noch immer nicht auftreiben können. Das rächt sich in den Folgejahren. Einen gewisser Komfort wird auch schon in der Zwischenkriegszeit erwartet. Weil ihn das Wedaustadion nicht bieten kann, greifen eben andere Städte die lukrativen Veranstaltungen ab. Und wenn dann doch mal Alarm in Duisburg ist, wird die große Chance vergeigt. Ein Redakteur des „Kölner Stadt-Anzeigers" jedenfalls scheint 1930 arg frustriert nach dem Besuch eines Fußballspiels im Wedaustadion: „Verehrte Duisburger, verkauft nicht mehr Karten wie eine polizeilich festzustellende Ziffer gestattet. Sorgt aber endlich auch für eine Tribüne, denn Spiele mit einem repräsentativen Charakter kann man wirklich nicht mehr nach Duisburg legen." Zwei Jahre später werden Wellenbrecher eingebaut und das Stadion in Blöcke unterteilt, am schlechten Ruf jedoch kann das nichts ändern. Immerhin die Leichtathleten kommen gerne zum einstigen Weideland auf der Wedau und loben die Qualität der Laufbahn.

Doch zurück zum Meidericher SV, der sich erst ab 1967 im Vereinsnamen zu Duisburg bekennt. Die werden gleich in der allerersten Bundesligasaison Vizemeister. Von so weit oben kann es ja nur bergab gehen. Trotzdem hält der MSV 19 Jahre durch. 19 Jahre, in den sich Bernhard „Ennatz" Dietz in die Herzen der Duisburger grätscht, der FC Bayern mal mit 6:3 verprügelt wird und die nicht allzu beliebten Schalker vom MSV in die 2. Liga geschossen werden. Dort landet 1982 aber auch der MSV Duisburg und kurz darauf sogar in der drittklassigen Oberliga.

Die Rolle des städtischen Aushängeschildes übernimmt derweil Götz George mit seine Paraderolle als Kommissar Schimanski. In einer „Tatort"-Folge kommt Schimanski sogar zerschunden auf dem Rasen des Wedaustadions zu sich, verprügelt von Schauspielkollegen, die MSV-Hooligans mimen. Mittlerweile ist eine Stadionsanierung nötig. Als dann die Universiade 1989 die weltbesten Studentensportler nach Duisburg führt, wird endlich im Wedaustadion gewerkelt. Die Stadt spendiert unter anderem eine neue Gegengerade, eine elektronische Anzeigetafel und Schalensitze für die Haupttribüne. Das reicht erstmal aus, bis in Deutschland zur Jahrtausendwende der Bauboom ausbricht.

Überall entstehen neue Stadien und auch in Duisburg fassen sie den Mut, endlich der Zukunft ins Gesicht zu sehen. 43 Millionen Euro teuer ist das Erfüllen dieses Traums, 1,7 Millionen stammen dabei aus der Privatschatulle des damalige Präsidenten Walter Hellmich. Er kann es verschmerzen, schließlich landet der lukrative Auftrag für die Errichtung des Stadions auf dem Schreibtisch seines Bauunternehmens. So entsteht ab 2003 die MSV-Arena, 2004 kann sie eröffnet werden. Mit Platz für 31 500 Menschen und all dem Komfort, den die Stadien der Gegenwart nun einmal bieten können. Dazu gehört aber auch, dass das Rechteck seit 2010 auf den seltsamen Namen Schauinsland-Reisen-Arena hört. Auch die Himmelsrichtungen sind längst umgetauft. Der Norden heißt in Duisburg König Pilsener, der Westen Sparkasse und der Osten wie das Stadion an sich Schauinsland-Reisen. Immerhin ist der Text des legendären Zebra-Twists („Zebrastreifen weiss und blau, ein jeder weiß genau: Das ist der M-S-V!") nicht unter den Hammer gekommen. Doch von all diesen schauderlichen Bezeichnungen abgesehen, ist die Arena ein Hingucker geworden. Und seien wir realistisch: Der echte Duisburger geht ohnehin nicht in die Schauinsland-Reisen-Arena. Er trifft sich immer noch im alten Biergarten auf ein Pils und geht wie eh und je „anne Wedau". Mit einem Bonmot von Günter Stork auf den Lippen.

Mathias Ehlers

Den zwei Signaltönen folgte ein lauter Knall, die Rauchwolke verzog sich nur langsam. Zahlreiche TV-Teams und Fotografen standen dicht gedrängt am Absperrzaun, um dem Ereignis an diesem sonnigen Tag im Spätsommer 2002 beizuwohnen. Sie fingen spektakuläre Bilder ein und auch Sprengmeister Helmut Roller zeigte sich nach der Sprengung zufrieden. Planmäßig fielen die Ost- und Westtribüne und Europas modernste Multifunktionsarena ersetzt seitdem, etwas nordöstlich versetzt, das alte Rheinstadion. „Das neue Stadion wird den guten Ruf sicher noch übertreffen", war Helmut Roller damals überzeugt.

Und so war es kein Wunder, dass die durch den Abriss des Rheinstadions erzwungene Rückkehr an die Traditionsstätte am Flinger Broich von den Anhängern begrüßt wurde. Hier, im später nach Paul Janes benannten Stadion, hatte die Fortuna bereits zwischen 1930 und 1972 ihre Heimspiele ausgetragen. Nun kehrte der Klub zurück und gewann, trotz zunächst mäßiger sportlicher Erfolge, ein wenig von dem Profil zurück, das die Anhänger im zugigen Rheinstadion so vermisst hatten. Als der Umzug in die neu errichtete Arena anstand, wurden nicht wenige Anhänger wehmütig, ob der gerade erst wieder gewonnenen und bereits wieder zerronnenen Nähe zu ihrem Klub.

Es ist eine merkwürdige Beziehung zwischen Verein und Stadion. War doch das Rheinstadion, als es 1972 zur offiziellen Spielstätte der Fortuna wurde, eines der architektonisch reizvollsten Stadien der Bundesrepublik. Elegant und mit beeindruckender Leichtigkeit kamen die Tribünen des Düsseldorfer Bauwerks daher. Und zumindest in den Bundesliga-Zeiten taugte das Stadion auch für große Spiele und unvergessliche Momente. Etwa im Länderspiel 1972 gegen die Schweiz, Deutschland gewann 5:1, Gerd Müller schoss vier Tore und Düsseldorfs Lokalmatador Reiner Geye gab sein Länderspieldebüt. Oder die Weltmeisterschaft 1974. Das Spiel der deutschen Mannschaft gegen Jugoslawien geriet zum diplomatischen Drahtseilakt. Der Stadionsprecher und damalige Düsseldorfer WM-Beauftragte Dieter Bierbaum erinnerte sich später mit Schaudern: „Staatschef Tito wollte ins Stadion. Aber es gab eine Bombendrohung und wir mussten dem das auf diplomatischem Weg ausreden." Es ging alles gut.

Später war es dann Fortuna, die dem Rheinstadion sportliche Glanzlichter bescherte. Vor allem die legendären Spiele gegen die Bayern sind in der kollektiven Fortuna-Seele untrennbar mit dem alten Rheinstadion verbunden. 1975 rang die Fortuna den FC Bayern nach schier aussichtslosem 2:4-Rückstand noch 6:5 nieder, vier Jahre später bezwangen die Düsseldorfer die Münchner gar mit 7:1. Von solchen sportlichen Rauschzuständen war man Anfang des neuen Jahrhunderts weit entfernt. Weil überall in Deutschland neue Stadien entstanden, wirkte die angejahrte Schüssel an der Messe umso antiquierter. Im Kielwasser der WM-Bewerbung 2006 rang sich die Stadt Düsseldorf zu einem kompletten Neubau durch. Dass weder die damaligen Footballer von Rhein Fire, noch die schwächelnde Fortuna Garanten für eine 100-prozentige Auslastung wären, fiel dabei nicht entscheidend ins Gewicht. Gebaut wurde und vorher weggesprengt. Zuvor hatte man sich am 3. März 2002 vor einer Kulisse von 21000 Zuschauern mit einem 1:1 gegen Rot-Weiss Essen für immer aus dem alten Rheinstadion verabschiedet. Und obwohl sich die Fortuna und ihre Fans in der Zwischenzeit sehr gemütlich am zurecht gemachten Flinger Broich eingerichtet hatten, wurde vor allem von Vereinsseite die Fertigstellung der neuen Arena mit einiger Ungeduld erwartet. Erstmals rollte der Ball beim Spiel Fortuna Düsseldorf gegen Union Berlin über den Rasen des neuen Rheinstadions. Und en passant stellten die 38123 Zuschauer gleich einmal einen neuen Besucherrekord für die Regionalliga Nord auf. Die Zuschauerbestmarke hält die Fortuna ebenso in Liga 3, kamen zum Spiel um den Aufstieg in die 2. Liga gegen Werder Bremen II im Mai 2009 unglaubliche 50095 Besucher.

Die Multifunktionsarena, die mittlerweile auf den Namen ESPRIT arena hört, soll nicht nur Sportveranstaltungen Platz bieten. Bauwerke solcher Dimension finanzieren sich durch den Mix aus vielerlei Veranstaltungen. Mit ihrer besonderen Konzeption bei Architektur und Infrastruktur bietet die ESPRIT arena modernste Standards. Die Tragwerkskonstruktion des Daches etwa garantiert beste Sicht für die Besucher auf allen Plätzen, die unmittelbare Nachbarschaft zum Messegelände und das Drei-Sterne-Hotel machen die Arena zudem auch zu einem optimalen Standort für große Kongresse oder Messen. Neben zahlreichen Konzerten, den Spielen von Bayer Leverkusen, das seine Heimspiele in der Rückrunde 2008/09 auf Grund von Umbauarbeiten am eigenen Stadion hier austrug, fand im Mai 2011 hier der Eurovision Song Contest statt. Die Fortuna hatte das Nachsehen und musste für drei Heimspiele in ein eigens für diesen Zeitraum errichtetes Ersatzstadion weichen.

So sehr sich das neue Stadion etabliert hat, so präsent ist das alte Rheinstadion noch immer. Nicht wenige Anhänger denken dabei an die Abschiedszeremonie der Fans kurz vor der Sprengung zurück. Rund 800 Fortuna-Supporter hatten sich im Stadion versammelt, angemessen zum tristen Anlass hatte es geregnet. Dazu stimmte das Jolly Jazz Orchester das passende Requiem für das siechende Stadion an, „When the Saints go Marching in" dröhnte es über den Platz. Anschließend hatte der ehemalige Karnevalsprinz Hermann Schmitz, stilecht im Pastorenornat und mit weihevoller Klobürste bewaffnet, das Abschiedsritual von einem LKW aus geleitet. Eine Prozession, die im Anstoßkreis ihren Höhepunkt fand: „Die Eckfahnen hängen jetzt schlaff und stumm, irgendwo im Keller rum." Die Fans buddelten derweil Rasenstücke als Souvenirs aus und schleppten die erdigen Trophäen nach Hause. Ein Stück Rheinstadion wird also in diversen Vorgärten überlebt haben, gekickt wird allerdings künftig nur noch in der neuen ESPRIT arena.

Robert Mucha

Düsseldorf
ESPRIT arena
Rheinstadion

Anschrift
Arenastraße 1
40476 Düsseldorf

Einweihung
18. Januar 2005
15. November 1972

Plätze
Fassungsvermögen: 54500 | *56000*
Sitzplätze: 44583 | *43590*
Stehplätze: 9917 | *12410*

Eröffnungsspiel
Fortuna Düsseldorf – Union Berlin [2:0]
Fortuna Düsseldorf – Chelsea FC [0:0]

Größte dokumentierte Zuschauerzahl
52000 | 9. Februar 2005
Deutschland – Argentinien [2:2]
70000 | 15. November 1972
Deutschland – Schweiz [5:1]

www.espritarena.de

▶ Fortuna Düsseldorf – Eintracht Braunschweig [1:1] | 24. März 2012 | 35247 Zuschauer
▶▶ *Fortuna Düsseldorf – Stuttgarter Kickers [0:1] | 3. Mai 1998 | 6000 Zuschauer*

Erkenschwick
Stimberg-Stadion

Anschrift
Stimbergstraße 175
45739 Oer-Erkenschwick

Einweihung
1934

Plätze
Fassungsvermögen: 14380
Sitzplätze: 880
Stehplätze: 13500

Eröffnungsspiel

Größte dokumentierte Zuschauerzahl
22000 | 26. März 1950
SpVgg Erkenschwick – FC Schalke 04 [3:3]

www.spvgg-erkenschwick.de

Es gab eine Zeit im Ruhrgebiet, da herrschte die Dreieinigkeit aus Kohle, Fußball und Bier. Die Kumpel, die tagein, tagaus in den Zechen des Reviers malochten, suchten und fanden Zerstreuung beim Bierchen auf den Traversen ihres Klubs. Lange bevor es Fußballer als Beruf gab, waren Bergwerke und Fußballvereine eng miteinander verbunden und nicht selten speiste sich das kickende Personal aus den Kumpeln der Zechen. Die Bedeutung des Fußball für den Pott ist kaum hoch genug einzuschätzen oder um es mit den Worten von Schriftstellerin Elke Heidenreich – aufgewachsen in Essen – zu sagen: „Fußball ist aus meiner Erinnerung ebenso wenig wegzudenken wie Gummibärchen, Onkel Dagobert, Sonntagskino, Eisdiele und Reibekuchen anne Bude."

Während in Dortmund oder Gelsenkirchen die Traditionen einer scheinbar längst vergessenen Zeit verzweifelt künstlich am Leben gehalten werden und mehr und mehr den Charakter einer PR-Legende besitzen, reicht allein ein Schritt in das Oer-Erkenschwicker Stimberg-Stadion um sogleich den Geruch von Schweiß, Koks und abgestandenem Bier aus den Synapsen heraus zu kitzeln. Die SpVgg Erkenschwick und die nahegelegene Zeche Ewald-Fortsetzung verband über Jahrzehnte eine fast schon als symbiotisch zu bezeichnende Beziehung. Ging es dem einen gut, so spürte das der andere und umgekehrt leider auch. Die Zeche ist mittlerweile Geschichte und mit ihr die ruhmreichen Spieltage im Stimberg-Stadion.

Ein Blick zurück. 1929. Weltwirtschaftskrise. Nahe der Zeche Ewald-Fortsetzung erfolgt der erste Spatenstich für die Fußballspielstätte mit Laufbahn, deren Name damals noch Hindenburg-Kampfbahn war. Die Aufbauarbeiten wurden überwiegend von Arbeitslosen übernommen, die ihrem tristen Alltag in den folgenden fünf Jahren einen Sinn geben konnten. Im Jahr 1934 erfolgte die Einweihung des Stadions, das insgesamt 25000 Zuschauern Platz bot. Heimmannschaft war von Anfang an die SpVgg Erkenschwick, die in den folgenden Jahren weit über die Grenzen des Ruhrgebietes hinaus auf sich aufmerksam machen sollte. Es war Ernst Kuzorra, der, als sich der Schalker Kreisel langsam ausgedreht hatte, 1942 als Trainer in Erkenschwick anheuerte. Unter der Schalker Legende stieg Erkenschwick 1943 in die Gauliga Westfalen auf, damals höchste deutsche Spielklasse. Da sich das Team größtenteils aus Kumpeln der nahegelegenen Zeche zusammensetzte, profitierte man in den Kriegsjahren von der wehrwirtschaftlichen Bedeutung des Bergbaus, da die Arbeiter als unabkömmlich galten und damit vom Gang an die Front befreit waren. Am Ende der ersten und letzten Gauliga-Saison belegten die Erkenschwicker den vierten Rang. Nach Kriegsende gelang ihnen in der neugegründeten Landesliga Westfalen sogar der Staffelsieg – allein das Finale gegen Schalke 04 blieb den Rot-Schwarzen auf Befehl der britischen Militärregierung hin verwehrt. Durch einen fulminanten 5:0-Erfolg im ersten Saisonspiel 1947/48 über Alemannia Aachen sicherte sich Erkenschwick die erste Tabellenführung in der neugegründeten Oberliga West, und fügte kurze Zeit später in Gelsenkirchen dem FC Schalke 04 seine erste Niederlage nach Kriegsende zu. Übrigens stand da der nunmehr ehemalige Trainer Kuzorra nicht nur auf der anderen Seite, sondern spielte sogar wieder für Königsblau. Die Mannschaft der damaligen Zeit ging unter dem Namen „Himmelsstürmer" in die Fußballgeschichtsbücher ein, nachdem ein verzückter Ordnungshüter der Truppe auf der Heimfahrt von Aachen voller Ehrfurcht mit den Worten begegnete: „Ihr seid die Erkenschwicker? Ich hab euch in Aachen spielen sehen – Jungens, euch gehört der Himmel!"

Anekdoten wie diese hat Buchautor Hans Dieter Baroth in seiner 1988 erschienen Geschichte der Oberliga West festgehalten. Baroth ist die alten Fußballrouten des Reviers abgelaufen und hat Zeitzeugen befragt. Über das Stimberg-Stadion, das seinen heutigen Namen nach Kriegsende erhielt, weiß er noch folgenden Schwank zu berichten: Beim Spiel Erkenschwick gegen Schalke kam es am 18. Februar 1951 vor 15000 Zuschauern zu einem skurrilen Zwischenfall. Nachdem Erkenschwicks „Kalli" Matejka den nassen, schweren Lederball von Schalkes Paul Matzkowski in den Rücken geschossen bekam und zu Boden ging, stürmte Matejkas Ehefrau den Platz und übte mittels eines Regenschirmes Selbstjustiz. Mehre Male attackierte sie damit Matzkowski. Das Spiel konnte erst nach einer minutenlangen Unterbrechung fortgesetzt werden und endete mit einem friedlichen 1:1-Unentschieden.

Um die Bergarbeiterromantik zu schließen, sei noch erwähnt, dass der letzte große Kicker aus dem Kohlemilieu, Horst Szymaniak, 1953 am Stimberg seinen ersten Auftritt in einer Herrenmannschaft hatte, bevor er Erkenschwick verließ und die Fußballwelt eroberte.

In den Jahren der fußballerischen Glückseligkeit mauserte sich das Stimberg-Stadion zur wahren Festung. Der Höhepunkt: In der Saison 1972/73, Erkenschwick spielte mittlerweile in der Regionalliga, ging einzig eine Partie am Stimberg verloren und mit 30:4 Punkten, bei 56:20 Toren waren die Rot-Schwarzen die heimstärkste Elf aller damaligen Regionalligisten. Eine Stärke, die zwei Jahre später auch die Qualifikation zur neuen 2. Bundesliga Nord sicherstellte. Das Stimberg-Stadion erhielt im Zuge des Aufstiegs durch die überdachte Tribüne mit ihren 1500 Sitz- und 4000 Stehplätzen ein neues Gesicht. Doch mit dem siechenden Tod der Zeche Ewald Fortsetzung, der Mitte der 1980er-Jahre begann und Ende der 90er mit der kompletten Schließung seinen Abschluss fand, verließ der sportliche Erfolg die Erkenschwicker Elf. Am Ende stand 2008 eine Insolvenz und der Gang in die sechste Spielklasse. Auch wenn diese 2012 wieder verlassen werden konnte, großer Fußball ist am Stimberg, ebenso wie Kohleabbau Geschichte.

Tobias Börner

Die Welt scheint 1925 in Ordnung. Zwar steht die erste deutsche Demokratie auf wackligen Beinen, doch das Lebensgefühl der Goldenen Zwanziger vermittelt Sorglosigkeit und Optimismus. Auch unter den Thüringern. Als deren Metropole versteht sich Erfurt. Um diesem Anspruch gerecht zu werden, sehnen sie sich ein Stadion herbei. Es soll das Herzstück einer florierenden Großstadt sein und Erfurt alle Ehre machen. Und so beschließen die Stadtverordneten 1925, sich diesen Wunsch zu erfüllen.

Doch nicht allen geht es damals so gut. Arbeitslosigkeit ist ein ständiger Begleiter der Weimarer Republik. Viele dieser Erwerbslosen werden mit schlecht bezahlten Notstandsarbeiten beschäftigt, eine frühe Form der Arbeitsbeschaffungsmaßnahme. Auch die Bauherren des Erfurter Stadions greifen darauf zurück und so beginnen Notstandsarbeiter 1927 mit der Schufterei für einen Tagessatz von maximal 2,50 Reichsmark. Zum Leben zu wenig, zum Sterben zu viel. Vier Jahre später ist der Bau fertig, aber längst nicht vollendet. Wegen der inzwischen grassierenden Weltwirtschaftskrise fehlt das Geld für eine Haupttribüne. Aber schon 1934 können die Erfurter auch in dieser Hinsicht Vollzug melden. Doch auch ohne die zunächst fehlende Tribüne platzen die Erfurter vor Stolz auf ihre Arena. Daberstädter Schanze heißt sie anfangs und kurz darauf schon Mitteldeutsche Kampfbahn. „Eine vorbildliche Kampfstätte, eingebettet in eine reizvolle Umgebung, ausgezeichnet in ihrer äußeren Gestaltung und sportgerecht in ihren Ausmaßen", drechselt die Thüringer Allgemeine Zeitung.

Mit Fußball ist es anfangs nicht weit her, kein Erfurter Verein nutzt die Anlage als Heimstätte. Dafür kommt die deutsche Nationalmannschaft 1935 vorbei. Den 4:2-Sieg über Rumänien sehen 35 000 Menschen. Ausverkauft. Ansonsten aber stehen Leichtathleten und Pferdesportler im Mittelpunkt. Schließlich verfügt die Mitteldeutsche Kampfbahn über eine acht Meter breite Rasenbahn für Reitturniere. Viel weiter lässt sich der Begriff Mehrzweckstadion wohl nicht fassen. Eine Zeitlang dient der Rasen sogar als Kartoffelacker. Der Hintergrund ist kein schöner: Nach dem Krieg sind die Lebensmittel knapp. Aber kurz darauf entspannt sich die Situation, ein neuer Rasen wird angelegt und das Stadion erfüllt wieder seinen eigentlichen Zweck. Es heißt nun nach einem bulgarischen Kommunisten Georgi-Dimitroff-Stadion und beherbergt erstmals auch einen Fußballverein. Ausnehmend erfolgreich sind die Erfurter Kicker in der Nachkriegszeit, auch wenn sie ihren Namen fast öfter wechseln, als sie Tore erzielen. Aus Fortuna Erfurt wird die BSG KWU (Kommunales Wirtschaftsunternehmen), daraus die BSG Turbine und 1966 schließlich der FC Rot-Weiß Erfurt. Die Fünfziger sind die besten Jahre des Erfurter Fußballs. Zwei Meisterschaften (1954, 1955) wandern nach Thüringen, danach geht nicht mehr viel. Bis zum Mauerfall spielen sie zwar meist in der DDR-Oberliga mit, obere Plätze können sie aber bestenfalls mit einem Fernglas erspähen. Auch nach der Wende ist Rot-Weiß Erfurt nicht unbedingt ein Synonym für grenzenlose Erfolge. Bis auf zwei Jahre in der 2. Liga verdingen sich die Thüringer ausschließlich in der Drittklassigkeit. Dafür laufen sie seit 1991 im Steigerwaldstadion auf. Eine Abstimmung unter den Erfurtern sorgt für den neuen Namen, der sich auf ein nahe gelegenes Waldgebiet bezieht.

Bei allem sportlichen Mittelmaß: Mit ihrem Stadion können die Erfurter zwischenzeitlich durchaus prahlen. 1970 wird den Leichtathleten eine neue Tartanbahn spendiert. Die Fußballer wiederum freuen sich über eine elektronische Anzeigetafel und eine Flutlichtanlage. 29 Jahre lang beleuchten die Masten die rot-weißen Darbietungen, bis sie 1999 ausgetauscht werden. Die neuen Masten aber halten nicht so lange durch, sie erleben nicht einmal ihre Premiere. Wenige Tage vor der geplanten Einweihung der neuen Flutlichtanlage knickt einer der Masten ab. Aus Sicherheitsgründen werden daraufhin auch die anderen abmontiert. Es gehen zwölf Jahre ins Land, bis 2011 die Schuldfrage geklärt ist. Erst dann werden in letzter Instanz der Architekt und die ausführende Baufirma zu Schadensersatz verurteilt. Leidtragender ist vor allem RWE. Zwischen 1999 und 2003 sind keine Abendspiele möglich, erst dann finanziert die Stadt neues Flutlicht. Der Klub ist so stolz auf das Ende der Beleuchtungs-Posse, dass er kurzerhand eine streng limitierte Flutlicht-Tasse auf den Markt bringt. Stolz sind die Erfurter auch auf ihre 1994 errichtete Haupttribüne. Ein durchaus futuristisches Exemplar mit einem schmucken Zeltdach. Aber auch die ausgefallene Tribüne kann nicht verdecken, dass das Steigerwaldstadion keine Zukunft hat. „Wir werden ausgelacht für unsere Bedingungen", sagt RWE-Präsident Rolf Rombach, engagierter Vorkämpfer für ein neues Stadion in Erfurt. Auch der Stadtrat sieht das so und beschließt 2009 den Bau einer neuen Arena. Nur die nötigen 34 Millionen Euro hat die klamme Kommune nicht. Deswegen baggert sie fleißig beim Land Thüringen, ob man dort nicht Fördermittel der EU weiterreichen könne. Dafür braucht es den Segen der EU-Kommission.

Der lässt etwas auf sich warten, aber Anfang 2013 kommt endlich die ersehnte Zusage aus Brüssel. Daran geknüpft ist allerdings eine weitreichende „sportfremde" Nutzung. Die EU-Gelder sind nämlich für die Tourismusentwicklung in Thüringen gedacht, nicht für den Leistungssport. Also basteln die Stadionplaner ein ambitioniertes Konzept, demnach die neue Arena an 120 Tagen im Jahr ausgelastet sein wird. Mit anderen Worten: Durchschnittlich jeden dritten Tag müsste es eine Veranstaltung geben, ein Konzert, einen Kongress oder eine Messe. Und zwischendurch soll Fußball gespielt werden. Ob das tatsächlich klappt, wissen wir frühestens 2015. Da ist die Eröffnung des 22 000 Besucher fassenden Kastens angedacht.

Mathias Ehlers

Erfurt
Steigerwaldstadion

Anschrift
Arnstädter Straße 55
99096 Erfurt

Einweihung
17. Mai 1931

Plätze
Fassungsvermögen: 19 439
Sitzplätze: 6 000
Stehplätze: 13 439

Eröffnungsspiel
Bezirk Erfurt – Wien [1:4]

Größte dokumentierte Zuschauerzahl
47 390 | 1. April 1951
Turbine Erfurt – Chemie Leipzig [1:2]

www.rot-weiss-erfurt.de

▶ FC Rot-Weiß Erfurt – FC Hansa Rostock [0:1] | 1. August 2010 | 12 519 Zuschauer

Essen
Stadion Essen
Georg-Melches-Stadion

Anschrift
Hafenstraße 97
45356 Essen
Hafenstraße 97a
45356 Essen

Einweihung
6. August 2013
13. August 1939

Plätze
Fassungsvermögen: 20 650 | *15 000*
Stehplätze: 11 320 | *4 000*
Sitzplätze: 9 040 | *11 000*

Eröffnungsspiel
RW Essen – Werder Bremen [0:2]
RW Essen – FC Schalke 04 [1:5]

Größte dokumentierte Zuschauerzahl
11 600 | 23. August 2013
Rot-Weiss Essen – Alemannia Aachen [2:0]
40 000 | 21. Mai 1969
Deutschland – Zypern [12:0]

www.rot-weiss-essen.de

Ein gewisser Größenwahn, wenn es um das Stadion geht, ist in Essen ein wiederkehrendes Phänomen. So verfügte das „Stadion Rot-Weiss", wie das Georg-Melches-Stadion bis zur Umbenennung 1963 hieß, als erstes in Deutschland über eine Flutlichtanlage. Zur gleichen Zeit wurde Mitte der fünfziger Jahre eine neue Haupttribüne fertig gestellt. Damals zeigte sich die Presse begeistert über das moderne Stadion und verglich es mit den großen Arenen Europas („Bergeborbeck ein deutsches Highbury"). Doch bereits in den Sechzigern war Rot-Weiss Essen mit dem Unterhalt des „Vorzeigestadions" überfordert. Erst recht, nachdem weitere Ausbaumaßnahmen die letzten Reserven des Vereins verschlungen hatten. „Das Stadion hat uns in jedem Jahr fünf gute Spieler gekostet", sagt der frühere Geschäftsstellenleiter Paul Nikelski. „Da hat der alte Melches einen auf Größenwahn gemacht."

Der „alte Melches" war einer der Gründer von RWE und machte den Verein zu dem, was er war und ist. Im Guten wie im Schlechten: Es scheint fast schon zynisch, dass das „Stadion Rot-Weiss" nach dem Tod von Georg Melches im März 1963 fortan seinen Namen trug, denn mit seinem ehrgeizigen Ziel, stets auf dem neuesten Stand der Stadiontechnik zu sein, hatte er in hohem Maße Verantwortung für den sportlichen Niedergang des Deutschen Meisters von 1955. Als man Melches 1975 posthum auch noch den Traum von der überdachten Stehplatztribüne erfüllte, hatte sich der Verein endgültig finanziell übernommen. Eine Fehlinvestition, von der er sich nie wirklich erholte. In der Folge wurden das Stadion und die gesamte Anlage an die Stadt Essen verkauft, zur Schuldendeckung mussten Talente wie Horst Hrubesch, Manfred Burgsmüller oder Frank Mill verscherbelt werden.

Rein atmosphärisch betrachtet gehörte das Georg-Melches-Stadion seit Menschengedenken zum Wertvollsten, was Deutschland zu bieten hatte. RWE hat ein bemerkenswert treues und leidensfähiges Stammpublikum, auf das sich der Verein jederzeit verlassen kann. Zur Saison 2005 hatten Heim- und Gästefans den Stehplatz-Block getauscht; der Essener Anhang feuerte seine Mannschaft seit dem von der Osttribüne aus an. Die Stimmung wurde so von zwei Seiten angeheizt: Ein Block auf der Haupttribüne, wo die „älteren Essener" ihre Dauerkarten hatten, sorgte zusammen mit den Stehplatz-Fans für eine eindrucksvolle Dauerbeschallung und damit für eine ganz besondere Heimspiel-Atmosphäre, die gerne auch als „englisch" bezeichnet wurde.

Der Zahn der Zeit nagte am alten „Melches" gar allzu stark. Die berühmt berüchtigte Westkurve wurde Anfang 1994 wegen Baufälligkeit abgerissen und damit die Stadionarchitektur aufgesprengt. Die Pläne, aus dem „U" wieder ein „O" und damit eine vollwertige Spielstätte zu machen, lagen seit langem in der Schublade. Aus dem Vorhaben, mit den Bauarbeiten Ende 2004 zu beginnen, wurde indes nichts, ganz zu schweigen von dem Traum, die neue Arena, in der 32 000 Zuschauer Platz finden sollten, passend zum 100-jährigen Vereinsjubiläum Anfang 2007 einweihen zu können. RWE fehlten schlicht die Mittel, um das rund 36 Millionen teure Projekt umsetzen zu können. Fast das Dreifache hätte die Multifunktionsarena gekostet, die sich die Essener Ende der Neunziger in den Kopf gesetzt hatten. Über deren Finanzierung hatte man sich freilich nur wenig Gedanken gemacht. Anfang 2009 nahm dann die Stadt Essen das Heft in die Hand und beschloss einen Stadionneubau nordwestlich der alten Spielstätte. Mit dem symbolischen ersten Spatenstich im August desselben Jahres sollte es tatsächlich losgehen. Doch ohne Drama geht es in Essen eben nicht. RWE, mittlerweile in der Regionalliga West angekommen, meldete im Juni 2010 Insolvenz an; die drohende Überschuldung Essens und der politische Machtwechsel zur Kommunalwahl im selben Jahr steuerten ihren Teil dazu bei. Doch manchmal haben solch Geschichten auch ein Happy End.

RWE ist seit Juli 2011 wieder schuldenfrei und hat seine wirtschaftlichen Geschicke selbst in der Hand. Bereits wenige Monate zuvor, im April 2011 rückten die Bagger auf der Baustelle an, was zugleich das Ende für das Georg-Melches-Stadion bedeutete. Mit kompletter Fertigstellung des neuen, auf den recht fantasielosen Namen hörende „Stadion Essen", zur Saison 2013/14 begann der vollständige Rückbau der alten Traditionsspielstätte an der Hafenstraße. Der Grund des ehemaligen Stadions wird zum Parkplatz für das neue werden. Das Stadion Essen bietet als klassisches Einrangstadion den bis zu 20 000 Zuschauern – übrigens problemlos erweiterbar auf 35 000 – alle Annehmlichkeiten, die man von einem modernen Fußballtempel erwarten kann: Überdachte Sitz- und Stehplätze, unzählige Businessseats, zehn VIP-Logen, transluzente Tribünendächer, die beste Sicht auf das Geschehen sicherstellen. Wie die Atmosphäre sein wird, kann an dieser Stelle nur vermutet werden und man darf gespannt sein, ob und in welcher Art das neue Stadion an der Hafenstraße sich zur Legendenbildung eignet.

Das „alte Melches" war bis zu seinem Abriss ein charmanter alter Kasten, mit dem sich in Essen unzählige Erinnerungen und Anekdoten verbanden. Wie die um Spieler Heinz Kufen. Als 1957 der neue Stadiontrakt fertig gestellt war, gewährte Melches einem Gast eine Führung. Dabei wollte er ihm auch die in die Tribüne integrierten Appartementzimmer zeigen, die RWE für Spieler ohne Familienanschluss eingerichtet hatte. Wie es Melches' Art war, klopfte er nicht an, sondern riss sofort die Tür auf. Kufen hatte gerade Damenbesuch und dieser stand splitterfasernackt hinter der Tür, was den sonst wortgewandten Hausherrn doch ein wenig sprachlos zurückließ.

Marcus Uhlig & Tobias Börner

Selbst ist der Mann. Das ist im Rest der Welt nicht anders als in Essen-Stadtwald, einem der besseren Viertel in der zweitgrößten Stadt des Ruhrgebiets. Vor allem Max Ring hat sich diese Maßgabe zu Herzen genommen. Ring ist Funktionär im Essener Turnerbund Schwarz-Weiß und nicht sehr glücklich, als 1921 die Pacht für den Sportplatz an der Meisenburg ausläuft und nicht verlängert wird. Was nun, fragt sich Ring? Kurz darauf findet er ein Gelände und ringt mit sich: „Ja, ich weiß nicht, acht volle Tage bin ich darauf herumgelaufen, zaghaft und doch verlangend, erwägend und überschlagend, verwerfend und doch die Flächen abschreitend und messend. Nachts schlief ich nicht mehr.", wird er später in der Vereinschronik niederschreiben. Der Besitzer des Grundstücks, ein Herr Hasenbring ist durchaus offen, sein Gelände dem ETB zu Verfügung zu stellen. Aber, und das ist bekanntlich oft der entscheidende Haken, da ist ja noch die Geldfrage. 750 000 Mark soll das Areal kosten, Ring zieht alle Register: „Wir hatten uns bei der Stadt um ein Darlehen beworben und hatten auch Aussicht, dies zu erhalten. Unsere Mitglieder wollten Anteilscheine zeichnen, wir machten uns stark, eine Million zu verzinsen." Doch die Stadt lässt den ETB im Stich und verweigert das Darlehen. Sie schielt selbst auf das Gelände, das mächtige Unternehmen Krupp ebenfalls. Beide machen Hasenbring Angebote. So lächerlich niedrig, dass dieser böse wird. Aus Trotz verpachtet Hasenbring sein Gelände an den ETB. Für zehn Jahre, mit einem Vorkaufsrecht und, viel wichtiger, kostenlos. Ring gilt fortan als der Vater des Uhlenkrugstadions.

Mit Spenden, einem Sparkassen-Darlehen und vielen, vielen Arbeitsstunden der ETB-Mitglieder wird das platte Land zu einem Stadion hergerichtet. 30 000 Menschen finden zunächst darin Platz, nach einem zaghaften Ausbau wenige Jahre später sogar 35 000. Es gilt als modernste Arena Westdeutschlands, das gesamte Areal als größte Vereinsanlage des Landes. Nebenan entstehen gleichzeitig zwei Nebenplätze und eine Tennisanlage. Die Bauintervalle werden von der Kassenlage diktiert. Ist Geld da, passiert etwas. Wenn nicht, dann eben nicht. Unter diesen nicht ganz optimalen Umständen will der ETB eine beindruckende Tribüne an den Spielfeldrand seiner neuen Heimat zaubern. Eine Konstruktion aus Eisen und Beton, ihrer Zeit weit voraus. Anderswo wird seinerzeit noch Holz verbaut. Doch die Hyperinflation wird so langsam Herr über die Deutschen, der Bau muss wegen akuten Geldmangels stillgelegt werden. Erst eine Tour nach Spanien wird zum Retter der Tribüne. Ein ETB-Mitglied vermittelt den Trip nach Südeuropa, wo die ETB-Kicker gegen Devisen Freundschaftsspiele austragen. Die wertvollen Peseten werden sofort investiert und die Tribüne doch noch fertig. Mittlerweile ist der ETB sogar Besitzer seiner Heimstätte. Die Inflation macht den zuvor ausgehandelten Kaufpreis zu einem Taschengeld. Nur in der Namensfrage herrscht Uneinigkeit. Während die Presse von der Max-Ring-Kampfbahn schreibt, reden die Essener Fußballfreunde vom Stadion am Uhlenkrug. Der Verein macht die Verwirrung komplett. In einem Beschluss von 1926 findet sich die nur mäßig inspirierte Bezeichnung Stadion Schwarz-Weiß. 1937 wird es aber doch noch offiziell etwas mit der Max-Ring-Kampfbahn. Der Verein kommt damit den Nazis zuvor. Diese hegen den Wunsch, das Stadion nach Hitler zu benennen. Als Zeichen ihrer Macht tauschen die übertölpelten Nazis daraufhin den ETB-„Vereinsführer" aus. Nach dem Krieg firmiert das Rund erneut als Stadion Schwarz-Weiß, kurze Zeit später einigt man sich endgültig auf den noch heute geltenden Namen Uhlenkrug-Stadion. Die Bezeichnung bezieht sich auf eine nahe gelegene und seit 1911 bestehende Gaststätte.

Sportlich entwickelt sich der ETB durchaus prächtig in seiner überaus vorzeigbaren Arena und zählt zu den besten Teams im Ruhrgebiet. Das bleibt auch dem Essener Publikum nicht verborgen. Sie pilgern in solchen Scharen zum Uhlenkrug, dass 1939 eine Vergrößerung des Stadions nötig ist. 10 000 zusätzliche Plätze werden geschaffen, insgesamt 45 000 Menschen können nun hinein. Aber das bewahrt die fesche Arena natürlich nicht vor ihrem Schicksal. Wie so viele andere Stadien auch, übersteht sie den Krieg nicht unbeschadet. Doch die Essener fackeln nicht lang und kriegen ihr Stadion bis 1947 wieder hin. Den nötigen Trümmerschutt gibt es leider zuhauf. Als Lohn für diese Mühen kommt die deutsche Nationalmannschaft vorbei. Nach einem 4:1-Sieg gegen Luxemburg gehen 45 000 Menschen zufrieden nach Hause. Nie werden mehr Besucher im Uhlenkrug-Stadion gezählt.

Mit dem ETB geht es trotzdem beharrlich bergab. Viel schlimmer noch: Die lokale Konkurrenz von Rot-Weiss wird immer stärker und empfiehlt sich als führender Klub der Stadt. Aber einen hauen die Schwarz-Weißen noch raus. Nichts Geringeres als den größten Erfolg der Vereinsgeschichte. 1959 holen sie tatsächlich den DFB-Pokal an den Uhlenkrug. Genug Motivation, noch einmal am Stadion zu werkeln. Nach der Aufstockung der Stehgerade stehen ab 1963 gar 52 000 Plätze zur Verfügung. So viele Menschen werden jedoch nie kommen, die sportlichen Highlights sind einfach zu rar. 1973 muss der ETB sein Stadion schließlich an die Stadt verkaufen. Es ist mittlerweile in einem erbarmungswürdigem Zustand und nicht einmal mehr gut genug für die 2. Liga. Dort spielt der ETB zwischen 1974 und 1978 und weicht ins Gruga-Stadion aus, bis er seine Lizenz freiwillig zurückgibt. Mäzen Wolfgang Schmitz hat nach seiner Scheidung kein Geld mehr für Schwarz-Weiß übrig. Seitdem dämmert der stolze Klub im Amateurfußball vor sich hin. Große Teile des Uhlenkrug-Stadions sind längst der Natur übereignet worden. Nicht einmal 10 000 Besucher dürfen noch hinein. Aber es lassen sich sowieso nur ein paar Hundert Unentwegte bei den ETB-Spielen sehen. Vielleicht ist unter ihnen ja auch ein neuer Max Ring.

Mathias Ehlers

Essen
Stadion Uhlenkrug

Anschrift
Am Uhlenkrug 40
45133 Essen

Einweihung
1922

Plätze
Fassungsvermögen: 9 950
Sitzplätze: 1500
Stehplätze: 8450

Eröffnungsspiel

Größte dokumentierte Zuschauerzahl
45 000 | 23. Dezember 1951
Deutschland – Luxemburg [4:1]

www.etb.de

Frankfurt am Main
Commerzbank-Arena
Waldstadion

Anschrift
Mörfelder Landstraße 362
60528 Frankfurt am Main

Einweihung
15. Juni 2005
21. Mai 1925

Plätze
Fassungsvermögen: 51 500 | *61 146*
Sitzplätze: 42 200 | *30 546*
Stehplätze: 9300 | *30 600*

Eröffnungsspiel
Deutschland – Australien [4:3]
FSV Frankfurt – 1. FC Nürnberg [0:1]

Größte dokumentierte Zuschauerzahl
51 500 | erstmals am 9. September 2006
Eintracht Frankfurt – Hamburger SV [2:2]
81 000 | 23. Mai 1959
Eintracht Frankfurt – FK Pirmasens [3:2]

www.commerzbank-arena.de

In Sachen legendärer Fußballspiele ist es um das einstige Frankfurter Waldstadion durchaus gut bestellt. Erinnert sei stellvertretend an das dramatische Finale der Bundesligasaison 1998/99, als der norwegische Stürmer Jan-Åge Fjørtoft kurz vor Abpfiff zum 5:1 gegen den 1. FC Kaiserslautern einschob. Letztlich war es dieser Treffer, um den die Eintracht den 1. FC Nürnberg in der Tabelle überflügelte und ihn damit in die 2. Liga schickte.

Eine andere Episode trug sich bereits ein Vierteljahrhundert zuvor zu. Nachdem in dem eigens für das Großereignis modernisierten Rund bereits das Eröffnungsspiel der WM 1974 zwischen Brasilien und Jugoslawien stattgefunden hatte, standen sich am 3. Juli Polen und Deutschland gegenüber. Es war das entscheidende Spiel der zweiten Finalrunde. Der Sieger, das war klar, würde ins Finale einziehen. Den Deutschen hätte aufgrund des besseren Torverhältnisses auch ein Remis gereicht. Doch bevor die über 60 000 Zuschauer so etwas ähnliches wie Fußball sehen konnten, mussten erst einmal unzählige freiwillige Helfer und die Feuerwehr ran. Mit Wasserpumpen und altmodischen Wasserwalzen wurde versucht, den Platz von jenen Wassermassen zu befreien, die ein kurz vor Spielbeginn niedergehender Wolkenbruch von alttestamentarischer Dimension verursacht hatte. Mit 45 Minuten Verspätung startete dann jenes Glücksspiel, das später als „Wasserschlacht von Frankfurt" in die Fußballgeschichtsbücher Einzug halten sollte. Und nachdem der Ball immer und immer wieder in Pfützen zum Halten gekommen war, gewann am Ende Deutschland mit 1:0 durch ein Tor von Gerd Müller. Wegen der nicht ganz regulären Bedingungen fühlen sich die Polen noch heute um das WM-Finale betrogen.

Wasser spielte auch im Jahr 2005 wieder eine große Rolle in der Commerzbank-Arena, wie das Waldstadion inzwischen hieß. Beim Härtetest für die WM 2006, dem Confederations Cup, fegte während des Finales zwischen Brasilien und Argentinien ein Sturm über die Arena hinweg, und es sammelte sich in einem Dachfeld eine bedrohlich große Wasserblase. Als sich das Ventil wie geplant an einer Sollbruchstelle öffnete, stürzte das Wasser knapp neben einer Eckfahne zu Boden. Dazu peitschte der Wind den Regen zwischen Dach und Steilwand hindurch auf die Haupttribüne und vertrieb die VIPs unter dem Spott der übrigen Zuschauer. Wozu ein solches Dach, wenn es im Ernstfall nicht seinen Sinn erfüllt? Und wenn es, obwohl 20 Millionen Euro teuer, im Winter nicht geschlossen werden kann, weil es die Schneelasten nicht trägt? Dabei wurde vergessen, dass die Landesregierung ein Dach zur Bedingung für Zuschüsse gemacht hatte, weil das Stadion nur dann nutzbar ist für sportferne Veranstaltungen. Doch das vom Hamburger Architektenbüro gmp entworfene Dach ist nicht einfach nur ein Dach. Wer die Commerzbank-Arena das erste Mal betritt, dem reißt es förmlich den Kopf nach oben. Denn dieses kühne, gewaltige Gewölbe gibt dem Stadion eine unverkennbare Note, einen eigenen Charakter. Es spannt sich – die schmale Außenringfelge, die mittleren Membranen und den rechteckigen Innenraum zusammengerechnet – über eine Fläche von sage und schreibe 25 000 Quadratmetern. Die Konstruktion mit 44 Stützen aus Stahl bringt 2000 Tonnen auf die Waage. Die 88 Seile, die vom oberen Rand des Stadions wie spindeldürre Speichen konzentrisch auf den Zentralknoten zulaufen, wiegen noch einmal 500 Tonnen, der klotzige Videowürfel in der Mitte zusätzlich 30 Tonnen. Doch trotzdem vermitteln die welligen Membranfelder keine Schwere, keine drückende Last, sondern eine unerwartete Leichtigkeit.

Das Prinzip dieser Konstruktion ist zu Beginn der neunziger Jahre erstmals in einem Amphitheater Saragossas getestet worden. Ein paar Jahre später hat es das Stuttgarter Büro Schlaich, Bergermann und Partner für das dortige Gottlieb-Daimler-Stadion aufgegriffen. Nirgendwo aber ist der Entwurf so radikal ausgereizt wie in Frankfurt.

Wer den steinigen Weg hin zu diesem beeindruckenden Stadion auf dem wunderschönen Areal des historischen Sportparks aus den zwanziger Jahren verfolgt hatte, rechnete aber ohnehin nicht mit Perfektion auf der Zielgeraden. Bereits im Dezember 1998 hatte die Frankfurter Stadtverordnetenversammlung den Umbau des maroden Waldstadions beschlossen. Was folgte, war eine „Dekade Pleiten, Pech, Hoffen und Bangen" (Frankfurter Rundschau). Man träumte von einem futuristischen „Skydome" amerikanischer Machart inklusive einer ausfahrbaren Rasenfläche wie auf Schalke. Armeen von Architekten, Projektentwicklern, Vermarktern und Bauunternehmern strömten in dieser Zeit in den Frankfurter Römer, dem Rathaus der Main-Metropole. Doch die Vision von einem privat finanzierten Stadion blieb unverwirklicht. Erst mit dem WM-Zuschlag an Deutschland ging die Stadt ins Risiko. Sie gründete die „Waldstadion Frankfurt Gesellschaft für Projektentwicklung" und kalkulierte mit Bau- und Erschließungskosten in Höhe von rund 156 Millionen Euro. Das Land sagte 20 Millionen zu, den Rest verantwortete die Kommune. Am Ende kostete das Prestigeobjekt 188 Millionen Euro. Dabei zieht nicht nur das Dach, das sich wahlweise als „größtes Cabrio der Welt" (Oberbürgermeisterin Petra Roth) oder als „ästhetische Stola" (Frankfurter Allgemeine Zeitung) darstellt, die Fans wie Magneten in dieses fantastische Stadion. Die Attraktivität der Arena liegt auch darin begründet, dass die Ränge sehr nah am Geschehen liegen. Der Widerhall der Emotionen wird damit lauter, direkter die Interaktionen zwischen Zuschauern und Sportlern.

Ganz besonders angenehme Erinnerungen weckt die Arena seit 2011 auch in Fernost. Schließlich konnten die japanischen Damen in Frankfurt nach einem packenden Spiel gegen die USA ihren allerersten WM-Titel einsacken. Ein weiteres Kapitel in der Sammlung legendärer Fußballspiele am Main.

Erik Eggers & Mathias Ehlers

◂ Eintracht Frankfurt – TSV München 1860 [0:2] | 29. April 2012 | 50 800 Zuschauer
◂◂ *Eintracht Frankfurt – FC Schalke 04 [0:2] | 22. Oktober 1999 | 34 000 Zuschauer*

Der FSV Frankfurt hat es nicht leicht. Weder in der deutschen Fußballszene im Allgemeinen noch in der Main-Metropole im Besonderen. Zu lange war der Verein von der Landkarte verschwunden. Frankfurt und Fußball, damit assoziieren eben die meisten Anhänger des Ballsports die Eintracht. Doch drehen wir die Uhren mal um ein Jahrhundert zurück. Da hieß die Eintracht noch nicht Eintracht und war fußballerisch bedeutungslos. Der bereits 1899 gegründete Fußballsportverein Frankfurt war zu dieser Zeit das Nonplusultra der Stadt und hatte für einige Monate sogar einen deutschen Nationalspieler: Der Leipziger Camillo Ugi war in der Frühzeit des Fußballs der vielleicht beste Kicker des Landes. Er hatte 1911 den heißen Tipp bekommen, dass er in Marseille gutes Geld als Fußballer verdienen könne. Angekommen in Marseille, wurde er jedoch enttäuscht. Nichts war dort mit lukrativem Profifußball. Geknickt begab sich Ugi wieder auf Heimreise. Der Weg war lang, der Geldbeutel leer und seine Lust auf das Fußballspiel wohl groß. Und so machte er für kurze Zeit Station beim FSV Frankfurt.

Doch zu einem überregionalen Spitzenteam mauserte sich der FSV erst nach der Ugi-Episode. Zwischen 1922 und 1927 qualifizierte sich das Team regelmäßig für die Endrunden um die süddeutsche Meisterschaft. 1925 standen die Bornheimer gar im Finalspiel um die Deutsche Fußballmeisterschaft im Frankfurter Waldstadion. Vor 40 000 Zuschauern wurde das Spiel gegen den seinerzeit übermächtigen 1. FC Nürnberg erst in der Verlängerung mit 0:1 verloren. Ein weiteres Highlight der Vereinshistorie war die letztlich erfolglose Teilnahme am Pokalendspiel von 1939 gegen Rapid Wien. Große Zeiten für den FSV. Kein Wunder, dass der Sportplatz Bornheim, die Heimspielstätte der „Bernemer", mit seinem Platz für 10 000 Menschen längst zu klein geraten war. Die Erfolge begünstigten die Entscheidung zum Bau eines neuen Stadions. Präsident Alfred J. Meyers brachte das Wunder fertig, in der Zeit der Weltwirtschaftskrise das nötige Geld aufzutreiben. Im Mai 1931 wurde der Grundstein gelegt und bereits am 31. Oktober konnte der Bornheimer Hang feierlich mit einem 3:0 gegen Germania 94 Frankfurt eingeweiht werden. Mit einer überdachten Sitztribüne und die durch aufgeschüttete Wälle entstandenen Stehplatzränge war das Stadion groß genug, um 15 000 Menschen empfangen zu können. Bei besonders großem Andrang wurde zusätzlich die Laufbahn für die Fans freigegeben und so konnten 17 000 Zuschauer das Derby gegen die Eintracht im Oktober 1936 verfolgen.

Das auf einer Anhöhe gelegene Stadion galt vor dem Zweiten Weltkrieg als eines der schönsten und modernsten in ganz Deutschland. Heftige Bombentreffer zerstörten im März 1944 die Tribüne wie auch das Spielfeld. Notdürftige Flickarbeiten stellten den Spielbetrieb ab 1946 sicher, aufgeschüttete Stehwälle schafften Platz für 25 000 Besucher. Dieses Provisorium hielt bis 1953, dann wurde ein neuer Bornheimer Hang gebaut. Beton-Stehterrassen und eine überdachte Haupttribüne gaben dem traditionsreichen Ort ein frisches Gesicht. Insgesamt fanden nun 29 000 Zuschauer Platz. Das war aber nicht alles: Am 8. Mai 1957 wurde gegen Lok Zagreb auch eine der modernsten Flutlichtanlagen Europas eingeweiht.

Wirklich profitieren konnte der FSV nicht von seiner umfassenden Stadionsanierung. Sportlich und finanziell ging es in den folgenden Jahrzehnten bergab. Gleichzeitig verloren die Bornheimer in diesen Jahren ihre lokale Vormachtstellung an die Frankfurter Eintracht, die man im März 1957 zum bislang letzten Mal in einem Pflichtspiel besiegen sollte. 1963 musste der Verein das Erbbaurecht am Stadion an die Stadt veräußern. Das prächtige Flutlicht ging gleich mit und wurde an die Randrennbahn am Waldstadion verkauft. Der wirtschaftliche Exitus konnte dadurch immerhin vermieden werden, eine rosige Zukunft war aber auch nicht in Aussicht. Für Jahrzehnte verschwand der FSV im Amateurfußball. Doch vor einigen Jahren kämpften sie sich zurück. Allein der Bornheimer Hang war da nicht mehr ganz auf der Höhe und eine Generalüberholung für den Spielbetrieb unumgänglich. In einer ersten Umbauphase von 2007 bis 2009 wurde die mittlerweile auf den Namen Frankfurter Volksbank Stadion hörende Stätte in eine reine Fußballarena verwandelt. Nord-, Süd- und Gegentribüne wurden neu errichtet, während die alte Haupttribüne zunächst unangetastet blieb. Nach knapp 50 Jahren konnte endlich auch wieder das Flutlicht angeknipst werden. Völlig ausreichend für die Bedürfnisse eines Drittligisten.

Doch der Planung kam der Erfolg dazwischen. Im Nu war der FSV bis in die 2. Liga durchgerauscht und hatte plötzlich ein ungeahntes Problem mit seinem Stadion: Es war zu klein. Zumindest in den Augen der DFL, die von einem Zweitligisten ein Stadion für 15 000 Zuschauer erwartet. Eine Ausnahmegenehmigung musste her. Verbunden war damit die Auflage, sich um die Haupttribüne zu kümmern. Inzwischen wurde auch diese durch einen schicken Neubau ersetzt. Ein Problem aber bleibt: Mit nun 12 500 Plätzen ist das Stadion noch immer nicht groß genug. So wollen es nun einmal die Statuten der DFL. Diese Statuten sehen aber auch Ausnahmen vor. Im Falle das FSV ist das durchaus sinnvoll, schließlich wird es nur selten voll am Bornheimer Hang. Es fehlen ganze Generationen von Fans, die ihr Herz der stets präsenten Eintracht schenkten. Die hatten wohl auch nie geglaubt, dass sich Eintracht und FSV noch einmal in einer Liga begegnen würden. Doch im August 2011 war es an der Zeit. Der FSV empfing die Eintracht tatsächlich zu einem Derby um Punkte. Das Volksbank-Stadion indes blieb an diesem Tag leer. Der FSV zog um ins Stadion des großen Nachbarn und verlor dort mit 0:4. Vor 100 Jahren noch undenkbar.

Tobias Börner & Mathias Ehlers

Frankfurt am Main
Frankfurter Volksbank Stadion

Anschrift
Richard-Herrmann-Platz 1
60386 Frankfurt

Einweihung
31. Oktober 1931

Plätze
Fassungsvermögen: 12 542
Sitzplätze: 4139
Stehplätze: 8403

Eröffnungsspiel
FSV Frankfurt – 1. FFC Germania 1894 [3:0]

Größte dokumentierte Zuschauerzahl
30 000 | 15. Oktober 1950
FSV Frankfurt – Eintracht Frankfurt [1:2]

www.fsv-frankfurt.de

▸ FSV Frankfurt – Hertha BSC Berlin [0:1] | 16. Oktober 2010 | 7467 Zuschauer

Freiburg
Mage Solar Stadion

Anschrift
Schwarzwaldstraße 193
79117 Freiburg

Einweihung
4. September 1954

Plätze
Fassungsvermögen: 24 000
Sitzplätze: 14 000
Stehplätze: 10 000

Eröffnungsspiel

Größte dokumentierte Zuschauerzahl
25 000 | erstmals am 21. August 1999
SC Freiburg – Eintracht Frankfurt [2:3]

www.scfreiburg.com

Über die neuen Großraumarenen ist schon viel geschrieben und noch mehr gelästert worden. Doch egal, ob man nun zu den Bratwurst-und-Achselschweiß-des-Nachbarn-Stehplatzenthusiasten gehört oder einen wohltemperierten Perlwein aus Hostessenhand bevorzugt: Fußballromantik werden die hypermodernen Nordparks und Schalke-Arenen dieser Welt niemals ausstrahlen. Worte wie „Investor", „Cash-Reflow" und „Multifunktion" taugen dazu nicht.

Das ist in Freiburg anders, denn die Basis für das heutige Prachtstück wurde von den Mitgliedern des Sport-Clubs selbst gelegt. Sie hoben im Sommer 1953 nicht nur eine Hand, sondern gleich beide Arme und bauten die künftige Heimstätte ihres Vereins, der bis dahin recht rastlos in der Stadt umhergewandert war. Am 4. September 1954 konnte dann die Einweihung des Dreisamstadions gefeiert werden. Doch damit nicht genug des ehrenamtlichen Fleißes: Auch das 1961 eröffnete Klubheim entstand in Eigenarbeit. Noch heute heißt die Vereinsgaststätte „Dreisamblick", obwohl der Blick auf den Fluss mittlerweile durch die imposanten Aufbauten der Haupttribüne versperrt ist. 1970 wurde dann auf der Südseite die erste Sitzplatztribüne für 480 Menschen fertiggestellt. Zehn Jahre später kamen 1800 Sitzplätze auf der neuen Haupttribüne hinzu. 1978 gelang der Aufstieg in die 2. Liga und der SC leitete den Wachwechsel im Freiburger Fußball ein. Bis dahin war der Freiburger FC tonangebend, der dann mit der Entwicklung des Lokalrivalen nicht mehr Schritt halten konnte. Trotzdem ließen sich im Dreisamstadion, das mittlerweile immerhin 15 000 Zuschauern Platz bot, seinerzeit selten mehr als 1500 Fans blicken. Doch mit zunehmenden Erfolg kamen auch die Besucher.

Mit dem Bundesliga-Aufstieg 1993 wurde in atemberaubendem Tempo weitergewerkelt. Flutlichtmasten und eine Anzeigetafel wurden errichtet, die Tribünen sukzessive erweitert und der Anteil an Sitzplätzen stetig erhöht. Das stehende Publikum, einst auf der Gegengerade zuhause, zog hinter das Tor. Inzwischen fasst das nun komplett überdachte Stadion 24 000 Zuschauer. Und vielleicht ist darunter noch einer, der erzählen kann, wie er damals Spaten und Schaufel schwang. Wie bei so vielen anderen Traditionsstätten des Fußballs auch, wird der offizielle Name das Stadions geflissentlich ignoriert. Wer will sich schon merken, ob der SC nun im Badenova-Stadion (2004–2011) oder im Mage Solar Stadion (seit 2012) spielt? Aber unter welchem Namen auch immer, es gehört zu den schönsten der Liga. Sieht man einmal von den unwürdigen Sichtverhältnissen im Gästeblock ab, ist der Blick von allen Plätzen gut bis hervorragend.

Die Nordkurve, wo der engagiertere (und geduldigere) Teil der Fans seinem Hobby nachgeht, schüttelt an guten Tagen einen beeindruckenden Geräuschpegel aus dem Ärmel. Dort, wo sich die meisten der unzähligen Fanklubs gruppieren, wird der Takt vorgegeben. Kritische Stimmen aus der Ü40-Generation behaupten jedoch, zu seligen Zeiten der Gegengerade sei die Unterstützung weitaus kreativer ausgefallen. Dabei gehören die mäkelnden Veteranen heute selbst zu den Stillern im charmanten Rechteck. Sie stehen heute links vom eigentlichen Fanblock und freuen sich doch merklich leiser als einst über die gar nicht einmal so seltenen Glanzlichter. „Wir sind aus Baden und nicht aus Bayern, wir sind die Fans, die immer wieder feiern", wird aber trotzdem gerne mal angestimmt, wenn es Grund zur Ausgelassenheit gibt.

Auch die weitverbreitete Spezies des gemeinen Sitzplatzmeckerers hat in Freiburg ein besonders gedeihliches Biotop gefunden. So gebärden sich die Besucher auf der Haupttribüne zuweilen als ausgesprochen übellaunige Gesellen. Es reicht eine in ihren Augen falsche Auswechslung, und ein ganzes Arsenal an Nichtzitierfähigem ergießt sich über dem bemitleidenswerten Trainer. Die gelegentliche Ausflüge in den Europapokal haben eben Begehrlichkeiten geweckt, seien sie noch so unrealistisch. Weitaus weniger Schimpftiraden müssen die Fans der Gästeteams über sich ergehen lassen. Sie bleiben an der Dreisam selbst dann unversehrt, wenn sie aus Stuttgart kommen.

Nach dem Spiel ist dann selbst der größte Sitzplatzcholeriker gerne bereit, Anhängern der gegnerischen Mannschaft den Weg zu den Sehenswürdigkeiten des Studentenstädtchens zu weisen. Voll und ganz beneidenswert ist die kulinarische Situation im Stadion. Das Bier stammt zwar vom lokalen Monopolisten, rinnt aber unzensiert durch die Kehlen, auch Weinschorle ist an jedem Getränkestand zu haben. Hinter der Haupttribüne werden lokale Spezialitäten vom Fleischkäse bis zum Flammkuchen feilgeboten, während Freunde des Multikulturellen in der Halbzeit Döner und Hähnchentaschen zusprechen. Besonders empfohlen sei auch die Stadionwurst hinter der Nordkurve, die der heimatverbundene Kneipenwirt Chico Spieltag für Spieltag frisch aus dem benachbarten Kinzigtal importiert. Auf die norddeutsche Unsitte, neben die Wurst statt eines frischen Brötchens eine diagonal durchgeschnittene Toastbrotscheibe zu legen, käme hier niemand. Und das ist nicht der einzige Vorteil in Deutschlands südlichstem Stadion: Wohl nirgendwo sonst kommt man in den Genuss eines so malerischen Tannenpanoramas. Aber auch dieser prächtige Anblick bewahrt den SC Freiburg nicht davor, dass er über kurz oder lang ein neues Stadion benötigt. Das Spielfeld ist ein paar Meter zu kurz, so dass immer wieder eine Ausnahmegenehmigung der DFL nötig ist.

Viel handfester sind allerdings die infrastrukturellen Probleme. Das Stadion grenzt an ein Wohngebiet, bietet kaum Parkplätze und ist nur unzureichend an das Verkehrsnetz angebunden. Zudem ist ein weiterer Ausbau von juristischer Seite auf maximal 25 000 Plätze begrenzt und würde sich daher kaum lohnen. Die Suche nach einem neuen Standort läuft.

Christof Ruf & Mathias Ehlers

Zugegeben, Stadionnamen können knackiger klingen als Sportplatz am Ronhofer Weg gegenüber dem Zentral-Friedhof. Doch als die Heimat der SpVgg Fürth mit einem Spiel gegen den Karlsruher FV im September 1910 eröffnet wurde, musste sie zunächst mit diesen Namen leben. Aber wohl kaum einer der 8000 Premierenbesucher hätte sich träumen lassen, dass 100 Jahre später ein Fruchtgummi-Hersteller Namensgeber für das Stadion sein würde. Der Trolli, ein feistes Männchen im Blaumann, ist nur ein Symbol für die Fürther Zerrissenheit zwischen Tradition und Moderne. Ein weiteres ist die Selbstauflösung der Ultras Fürth im Januar 2007. Sie wollten nicht länger „Greuther" Fürth unterstützen und die Geißeln des modernen Fußballs ertragen. In ihren Auge legte der Verein zu wenig wert auf die Tradition und das Erbe der SpVgg Fürth.

Ein großer Verein, der klein anfing. Sehr klein. Denn als die SpVgg 1903 gegründet wurde, war dies der lokalen Presse noch keine Zeile wert. Bei gerade einmal 28 Mitgliedern verständlich. Doch nach der Gründung weiterer Abteilungen wie Leichtathletik und Gesang, war die SpVgg mit 3000 Mitgliedern bald der größte deutsche Sportverein. Einher mit der Mitgliederexplosion ging die finanzielle Entwicklung. Schon 1911 konnte der Karlsruher Meistertrainer William Townley verpflichtet werden. Der Engländer brachte Ordnung in das spielerische Chaos der Fürther und legte damit den Grundstein für die erste Meisterschaft 1914. Zwei weitere folgten 1926 und 1929. Das Stadion wurde weiter ausgebaut und bot nun 25 000 Zuschauern Platz. Diese konnten nach dem Bau einer Rennbahn ab 1921 auch Radrennen im Ronhof verfolgen. Zur Legende aber wurden die Derbys gegen die Kicker aus der großen Nachbarstadt Nürnberg in den zwanziger Jahren. Die beiden fränkischen Teams beherrschten damals den deutschen Fußball. So bestand beim Spiel gegen Holland 1924 die Nationalmannschaft ausschließlich aus Fürther und Nürnberger Spielern.

In den Dreißigern jedoch begann der Fürther Stern zu sinken. Der Zweite Weltkrieg tat sein Übriges. Viele Fürther Spieler kamen ums Leben, die Haupttribüne wurde kurz vor Kriegsende zerbombt. Bis 1951 entstand eine neue, die in ihrem Kern auch noch heute ihren Dienst leistet. Doch die sportlichen Highlights wurden rar. In der 1963 gegründeten Bundesliga fehlten die Fürther. Es begann das lange Welken des Kleeblatts. Im Schatten des großen 1. FC Nürnberg war kaum Platz und die Sponsorensuche alles andere als ein Selbstläufer. Schlagzeilen machten nun nur noch die immer selteneren Spiele gegen den FCN. Es ist trotzdem das bis zum heutigen Tag am häufigsten ausgetragene Derby Deutschlands.

1983 konnte nur noch der Verkauf des Ronhofs an den Spielwarenfabrikanten Horst Brandstätter den Ruin abwenden. Die sportliche Bankrotterklärung verhinderte das aber nicht, 1987 ging es sogar bis in die damals viertklassige Landesliga hinab. Kein adäquates Umfeld, um finanziell zu genesen. Es musste also etwas passieren. Die Rettung kam aus der Nachbarschaft. Helmut Hack, Präsident der TSV Vestenbergsgreuth, wollte hoch hinaus. Nur war ihm sein Dorfverein dafür zu klein geworden. Deshalb schlug er den Fürthern eine Fusion vor. Geschichte traf auf Geld, vereint seit 1996 in der SpVgg Greuther Fürth. Ein Jahr später war man schon in der 2. Liga.

Auch der Ronhof wurde von 1997 bis 1999 rundum erneuert. Er bekam Flutlicht, Anzeigetafel und einen separaten Gästeblock. Horst Brandstätter durfte als Dankeschön für seine langjährige finanzielle Unterstützung seine Firma im Stadionnamen verewigen. Müßig zu erwähnen, dass der Name Playmobil-Stadion nicht auf ungeteilte Freude stieß. Für Traditions-Enthusiasten war dies nach der Fusion ein weiterer schwerer Schlag. So lavierte der zwischenzeitlich dienstälteste Zweitligist weiterhin zwischen Vergangenheit und Zukunft. Zum 100. Vereinsgeburtstag wurde immerhin das Wappen aus den goldenen Zeiten wiedereingeführt, ergänzt um einen Holzschuh. Der stammt aus der Tradition der Greuther. Teil des neuen Wappens waren auch drei Sterne, die die gewonnenen Meisterschaften symbolisieren sollten. Nur leider sind diese auf den Trikots nicht zu sehen. Laut DFL-Geheiß gibt es die Sterne nur für Meisterschaften seit Bundesligagründung. Da müssen die Fürther bekanntlich passen.

Auch wenn das Stadion seit 2010 Trolli ARENA heißt, besteht nach wie vor eine Verbindung zum einstigen Namensgeber Playmobil. Denn der Boden, auf dem die Stätte steht, gehört Conny Brandstätter, einem Spross der Spielzeug-Dynastie. Das bekam die Spielvereinigung auch zu spüren, als sie sich 2008 an großzügige Umbaupläne wagte. Dafür hatte der Verein staatliche Fördermittel beantragt. Diese konnten jedoch nicht fließen, weil der Pachtvertrag nur noch bis 2029 lief. Nicht lang genug, um öffentliches Geld zu verbauen. Von einer vorzeitigen Verlängerung wollte Brandstätter nichts wissen. Vielleicht, so sein Gedanke, wäre das Areal ja bald mit einer anderen Nutzung profitabler. Die Fürther beließen es schließlich bei ein paar kosmetischen Korrekturen. Ein Dach für den Fan-Block und ein VIP-Gebäude. Viel mehr war nicht drin. Was blieb der Spielvereinigung da anderes übrig, als sich perspektivisch nach einer Alternative umzusehen. Zumal sich Brandstätter mit dem Verein einen Gerichtsstreit um die Einnahmen aus der Namensvermarktung des Stadions lieferte. Seiner Meinung nach stünden ihm als Eigentümer des Geländes diese Gelder zu. 2012 dann der große Sinneswandel: Vom Jubel um den Fürther Aufstieg in die Bundesliga ließ sich auch Brandstätter mitreißen. Mittlerweile hat er den Pachtvertrag bis 2040 verlängert und damit den Weg frei gemacht für einen modernisierten Ronhof. Die Zukunft kann also kommen.

Mathias Ehlers

Fürth
Trolli ARENA

Anschrift
Laubenweg 60
90765 Fürth

Einweihung
11. September 1910

Plätze
Fassungsvermögen: 18 000
Sitzplätze: 9500
Stehplätze: 8500

Eröffnungsspiel
SpVgg Fürth – Karlsruher FV [2:2]

Größte dokumentierte Zuschauerzahl
32 000 | 3. Februar 1952
SpVgg. Fürth – 1. FC Nürnberg [3:3]

www.greuther-fuerth.de

▶ SpVgg Greuther Fürth – FC St. Pauli [5:2] | 22. August 2008 | 9500 Zuschauer

Gelsenkirchen
Veltins-Arena
Parkstadion

Anschrift
Ernst-Kuzorra-Weg 1
45891 Gelsenkirchen
Kurt-Schumacher-Straße 284a
45891 Gelsenkirchen

Einweihung
13. August 2001
4. August 1973

Plätze
Fassungsvermögen: 61 673 | *62 004*
Sitzplätze: 45 364 | *44 962*
Stehplätze: 16 309 | *17 042*

Eröffnungsspiel
FC Schalke 04 – Borussia Dortmund [0:0]
FC Schalke 04 – Feyenoord Rotterdam [1:2]

Größte dokumentierte Zuschauerzahl
77 803 | 7. Mai 2010
Eishockey: Deutschland – USA [2:1 n.V]
72 000 | Saison 1966/67
bei diversen BL-Spielen

www.veltins-arena.de

Aus der Vogelperspektive scheint es, als sei ein riesiges Ufo auf dem Berger Feld in Gelsenkirchen-Erle gelandet. Aus der Nähe betrachtet ist es dann aber doch nur ein Stadion, das seit 2001 auf dieser kleinen Anhöhe im Ruhrgebiet thront. Das grelle Weiß des Daches lässt die Schalker Spielstätte kilometerweit aus der Tristesse seiner Umgebung herausstechen. Die einstige Kohlehochburg Gelsenkirchen leidet noch immer unter dem Wegbruch der Montanindustrie. Die Arbeitslosenquote hat sich in den letzten Jahren stabil bei 16 Prozent eingependelt.

Der FC Schalke 04, traditionell mit dem Malocher-Image ausgestattet, ist das Aushängeschild der Stadt, das Stadion ein Wallfahrtsort. Natürlich war die Veltins-Arena eine der zwölf WM-Bühnen von 2006. Wie sollten die Organisatoren des Turniers auch an diesem Prachtstück vorbeikommen? Und nicht zuletzt ist Gelsenkirchen doch einer der dicksten Punkte auf der deutschen Fußballlandkarte. Das ist auch der UEFA nicht entgangen, die das Champions-League-Finale von 2004 an Gelsenkirchen vergab. Der FC Porto machte seinerzeit kurzen Prozess mit dem AS Monaco. Viel lieber ist es den Schalker Fans aber doch, wenn ihr Verein in Europa Alarm macht. Etwa so wie 2011, als das Team durchaus überraschend das Halbfinale der Champions League erreichte.

Der Palast fußt auf 616 Pfählen. Die sind nötig, weil der Großteil des Erdreiches durch Zechen unterhöhlt ist. Die Pfähle, sowie zwei Flöze in 800 Metern Tiefe sorgen für den nötigen Spielraum der Statik. Elegant wirkt der Bau von Außen nicht, eher robust. Und natürlich fehlt ihr der Charme der „Glückauf-Kampfbahn", wo Schalke all seine Meisterschaften feiern konnte und bis 1973 zuhause war. Andererseits bietet das Innenleben eine Eleganz, die das Parkstadion nie bieten konnte. Dort, in Sichtweite der Veltins-Arena, hat der FC Schalke zwischen 1973 und 2001 seine Heimspiele ausgetragen. 2001? Da war doch was. Ja, da war etwas, auch wenn sie auf Schalke nur ungern daran erinnert werden. Während Schalkes letztes Bundesligaspiel im Parkstadion (5:3 gegen Unterhaching) schon abgepfiffen ist, liegen die parallel in Hamburg noch spielenden Bayern 0:1 hinten. Damit wären die Königsblauen Meister, erstmals seit 1958. Um den historischen Triumph voll auskosten zu können, wird das Fernsehlivebild aus Hamburg auf die große Videoleinwand gelegt. So werden alle Besucher Zeugen der Schlussphase in Hamburg. Sie müssen mitansehen, wie Bayerns Patrik Andersson per Freistoß zum 1:1 trifft. Die Münchner werden damit doch noch Meister und Schalke bleibt nur die Meisterschaft der Herzen. Ein „Titel", angesiedelt irgendwo zwischen Hohn und Trost. Die Tribünen des Parkstadions sind mittlerweile weitgehend abgerissen. Der Rasen dient allerdings noch als Trainingsplatz und konfrontiert den Verein somit noch immer tagtäglich mit seiner ungewollten Herzensmeisterschaft.

So tragisch der letzte große Auftritt im Parkstadion auch war, so futuristisch kommt die inzwischen gar nicht mehr so neue Arena daher. Konstruktionen wie diese werden deshalb auch nicht einfach als Fußballstadion bezeichnet. Der postmoderne Terminus „Multifunktionsarena" trifft es besser. Hier wird geklotzt, nicht gekleckert: Das Dach besteht aus einer 3700 Tonnen schweren Stahlfachwerkkonstruktion, bespannt mit einem lichtdurchlässigen Glasfasergewebe. Das 560 Tonnen schwere Innenfeld der Überdachung kann innerhalb einer halben Stunde geöffnet oder geschlossen werden – aus der Freiluftarena wird so in Kürze eine Mehrzweck-Halle. Der Rasen ist in einem 11 400 Tonnen schweren Betontrog gelagert. Nach jedem Spiel wird dieser mittels vier Hydraulik-Aggregaten unterhalb der Südtribüne in den Außenbereich verschoben. Jede Bewegung kostet den Verein 15 000 Euro. Da der Rasen aber so unter natürlichen Bedingungen gedeihen kann, ist die Variante deutlich günstiger, als ständig neue Rasenflächen auszulegen. Die so gewonnene Freifläche im Innenraum gestattet eine ganze Reihe fußballferner Events: Neben Konzerten finden hier immer wieder Motorsportrennen und Biathlon-Veranstaltungen statt. Darüber hinaus hält das Stadion Besucherrekorde für Handball- und Eishockeyspiele. Die Handballpartie zwischen Lemgo und Kiel wurde hier 2004 vor über 30 000 Zuschauern ausgetragen. Beim Eröffnungsspiel der Eishockeyweltmeisterschaft 2010, Deutschland nahm es mit der Auswahl der USA auf, kamen sogar fast 78 000 Zuschauer in die Veltins-Arena.

Rund 30 Veranstaltungen werden jährlich benötigt, um die Kosten für den 191 Millionen teuren Bau zu decken. Die Heimspiele des FC Schalke 04 bilden dabei den Löwenanteil. Mehr als eine Million Menschen sehen sich in jeder Saison allein die Bundesligaspiele der Königsblauen an. Die regelmäßigen DFB- und Europapokalspiele kommen noch hinzu. Der Run auf Schalke-Tickets ist ungebrochen. Für den Kauf von Dauerkarten existiert eine lange Warteliste. Die aber ist so lang, dass sie geschlossen werden musste. Angeblich würde es bis zu 20 Jahre dauern, die bestehende Liste abzuarbeiten. Kein Wunder, schließlich haben sich die Fans umgehend mit ihrer neuen Heimat angefreundet. Entsprechend laut geht es zu. Selbst bei geöffnetem Dach pegelt sich die Lautstärke innerhalb der Arena auf dem Niveau eines Düsenjägers ein. Bei Spielen, die nach 20 Uhr angepfiffen werden, muss daher aus Lärmschutzgründen das Dach geschlossen werden. Doch es ist nicht alles eitel Sonnenschein in Gelsenkirchen. Fangruppen bemängeln, dass zunehmend Modefans in die Arena kommen und die legendäre Stimmung im Block schmälern. Auch die VIP-Logen sorgen wie überall für Verstimmungen. Doch der Fan-Mehrheit ist durchaus bewusst, dass diese zahlungskräftigen VIPs nicht unwesentlich zum Abstottern des Ufos beitragen.

Tobias Börner & Mathias Ehlers

◄ FC Schalke 04 – 1. FC Nürnberg [1:0] | 5. Mai 2007 | 61 482 Zuschauer
◄◄ *FC Schalke 04 – DSC Arminia Bielefeld [2:1] | 9. Mai 1998 | 62 000 Zuschauer*

Als die Stadt Halle 1921 beschließt, ein neues Stadion zu bauen, ist der Optimismus groß. Modern soll es werden, 35 000 Plätze soll es bieten und den lokalen Sport soll es beflügeln. Doch als die sogenannte Kampfbahn der Stadt Halle 1923 eröffnet wird, kehrt Ernüchterung ein. „Ein mit Brettern eingezäunter Spielplatz, für größere Veranstaltung ungeeignet" fasst die Saale-Zeitung das misslungene Konstrukt zusammen. Schuld ist die Wirtschaftskrise mit ihrer Hyperinflation, die aus dem geplanten Stadion nur einen lausigen Sportplatz werden lässt.

Erst im Fahrwasser der Vorbereitungen für die Olympischen Spiele 1936 in Berlin kommt wieder Schwung in die ursprünglichen Pläne. Schließlich wollen die nun regierenden Nazis beweisen, wozu sie imstande sind. Der öffentlichkeitswirksame Bau von Sportstätten kommt ihnen dabei sehr gelegen und so machen sie sich ans Werk. Es werden die Kurven ausgebaut, eine Tribüne errichtet und eine markante Außenmauer aus rötlichem Porphyrstein gestaltet. Im August 1936 kann Halle schließlich sein Stadion einweihen. Es heißt nun Mitteldeutsche Kampfbahn. Weil es eine solche aber auch in Erfurt gibt, firmiert die Arena in Halle zwischen 1939 und 1945 als Horst-Wessel-Kampfbahn. Nach Kriegsende ist das natürlich nicht mehr opportun. Stattdessen wird der in einem Konzentrationslager ums Leben gekommene KPD-Politiker Kurt Wabbel zum neuen Namenspaten erwählt. Auch nach Gründung der DDR bleibt der Name genehm. Schließlich gilt Wabbel als NS-Widerständler und passt damit perfekt zum Selbstverständnis des ostdeutschen Staates. Ein paar delikate Einzelheiten aus Wabbels Biographie behalten die neuen Mächtigen daher lieber für sich. Etwa, dass Wabbel mit der SS paktiert hat, um sich an jungen KZ-Inhaftierten vergehen zu können. Nichts soll den Glauben an den Edelmut des Namensgebers erschüttern. Nachsicht lassen die Kommunisten auch an anderer Stelle walten. Sechs eigens für die Nazis angefertigte Statuen werden 1951 am Marathontor aufgestellt. Man findet sie einfach zu gelungen, um sie zu entsorgen. Zuvor schmückten Arbeiter, Bauer, Forscher, Bergmann, Schmied und Hüttenarbeiter den Thingplatz Halles, den ersten seiner Art in Nazi-Deutschland.

Nach dem Krieg sind die Fußballer zunächst sehr erfolgreich. Unter wechselnden Namen erringen die Vorläufer des Halleschen FC zwei Meisterschaften (1949, 1952) und zwei Pokalsiege (1956, 1962). Danach verschwinden sie im Niemandsland der DDR-Oberliga und steigen sogar mehrmals ab. Für die großen Ereignisse im Kurt-Wabbel-Stadion (kurz: KWS) sind nun andere zuständig. Etwa die Radfahrer der Friedensfahrt, dem Tour-de-France-Ersatz des Ostblocks. Mehrfach dient das Stadion als Etappenziel. Dreimal wird das FDGB-Pokalfinale in Halle ausgetragen, bevor es ab 1975 dauerhaft in Berlin stattfindet.

Als 1969 eine Flutlichtanlage im KWS installiert wird, ist es auch reif für Länderspiele. Die DDR-Auswahl gibt fünf Gastspiele an der Saale. Ansonsten geht nicht viel in Sachen internationaler Fußball. Bei ihren drei Teilnahmen am Europapokal kommen die Hallenser nie über die erste Runde hinaus. 1971 jedoch nur, weil der HFC das Rückspiel bei der PSV Eindhoven absagt. In der Nacht vor der Partie brennt es im Mannschaftshotel, der junge Spieler Wolfgang Hoffmann kommt dabei ums Leben. 35 Jahre später treten die Niederländer zu einem Gedenkspiel im Kurt-Wabbel-Stadion an.

Nach der Wende qualifiziert sich der HFC für die 2. Bundesliga. Nach nur einem Jahr ist dort Feierabend und es beginnt eine Tour durch den Fußballsumpf. Regionalliga, Oberliga, Verbandsliga: dem HFC bleibt wenig erspart. Nicht einmal, dass der Lokalrivale VFL Halle 96 zwischenzeitlich das sportliche Sagen in der Stadt hat. Das Derby im September 1997 soll ein Highlight werden. Als besondere Attraktion soll ein Fallschirmspringer den Spielball ins KWS bringen. Doch sein Schirm öffnet sich nicht und er stürzt ungebremst in einen Pulk von HFC-Fans, die am Kassenhäuschen anstehen. Drei Fans und der Springer sterben, sieben Menschen werden verletzt. Eine Gedenktafel erinnert an diese Tragödie. Ursprünglich war sie am Unglücksort in den Boden eingearbeitet, seit dem Umbau ist sie ins Marathontor eingelassen.

Unter der langen HFC-Krise leidet auch das Stadion. Der Putz bröckelt, Teile der Tribüne sind gesperrt und das Flutlicht ist defekt. Selbst der damalige DFB-Präsident Theo Zwanziger kommt bei einer Visite nicht umhin, den Hallensern zuzurufen: „Ihr braucht ein neues Stadion!" Letztlich kommt man zum Schluss, dass ein Neubau billiger ist als eine Sanierung und so gibt der Stadtrat im November 2008 seinen Segen für eine neue Arena auf dem Boden der alten. Zwischen Juli 2010 und September 2011 wird für 17,5 Millionen Euro das neue HFC-Heim hochgezogen und mit einem Spiel gegen den Hamburger SV eingeweiht. Der Name ist branchenüblich an einen Sponsor verliehen, Erdgas-Sportpark prangt in großen Lettern über dem Eingang zur Haupttribüne. Es ist keine High-End-Schnickschnack-Bude geworden, sondern ein sachliches Fußballstadion. Kein Gipfel der Architektenkunst, aber allemal ein Quantensprung für Halle wie den HFC. Die Vergangenheit indes ist nicht gänzlich passé. Historisch relevant wird es nämlich außerhalb des Stadions. Die markante Porphyr-Mauer mitsamt Marathontor und den sechs Statuen aus der NS-Zeit hat den Umbau überstanden und soll an die wechselhafte Geschichte des Standorts erinnern.

Für den Halleschen FC erweist sich das neue Stadion als gewaltiger Schub. Schon in der ersten Saison in neuer Umgebung gelingt 2012 der Aufstieg in die 3. Liga. Ganz ohne Heimniederlage. Endlich wieder Profifußball in Halle, das gab es seit 1992 nicht. Ginge es nach den Stadionplanern, ist auch noch mehr drin. Der Sportpark ist zweitligatauglich und kann problemlos ausgebaut werden.

Mathias Ehlers

Halle an der Saale
Erdgas Sportpark

Anschrift
Kantstraße 1
06110 Halle (Saale)

Einweihung
20. September 2011

Plätze
Fassungsvermögen: 15 057
Sitzplätze: 6207
Stehplätze: 8850

Eröffnungsspiel
Hallescher FC – Hamburger SV 1:4

Größte dokumentierte Zuschauerzahl
15 057 Zuschauer | 20.09.2011
Hallescher FC – Hamburger SV [1:4]

www.hallescherfc.de

Hamburg
Adolf-Jäger-Kampfbahn

Anschrift
Griegstraße 62
22763 Hamburg

Einweihung
30. August 1908

Plätze
Fassungsvermögen: 8000
Sitzplätze: 1400
Stehplätze: 6600

Eröffnungsspiel
Altonaer FC 93 – Lübecker BC [7:1]

Größte dokumentierte Zuschauerzahl
27000 | erstmals am 8. März 1953
Altonaer FC 93 - Hamburger SV [1:4]

www.altona93.de

Ein N und ein A. Viel mehr ist nicht übrig geblieben vom schmiedeeisernen Altona 93-Schriftzug über dem einstigen Haupteingang. Längst ist dieser Zugang geschlossen und dem erbarmungslosen Wirken der Natur übergeben. Als dort noch Tausende die Stadiontore passierten, war der Altonaer FC von 1893 ein Schwergewicht des norddeutschen Fußballs. Doch diese Zeiten sind längst vorbei. Wie für so viele andere traditionsreiche Vereine ist die Einführung der Bundesliga 1963 auch für den AFC der Anfang vom schleichenden Gang in die sportlichen Niederungen. Dabei sind die großen Erfolge der Altonaer schon damals nur noch verblasste Erinnerung, datieren sie doch aus der Zeit vor dem Ersten Weltkrieg. Mehrere Titel in der Hamburg-Altonaer Meisterschaft und die Gründungsmitgliedschaft im DFB machen den Klub zu Beginn des 20. Jahrhunderts zu einem Aushängeschild Altonas, das bis zur Eingemeindung durch Hamburg 1938 eine selbständige Stadt ist.

Schon 1908 bezieht der AFC das Areal, das er noch heute bespielt. Mit einem 7:1-Sieg gegen den Lübecker BC wird die Anlage eingeweiht, die zunächst nur aus einer Rasenfläche, zwei Toren und einem als Umkleide dienenden Bretterverschlag besteht. 1911 ermöglicht ein Spendenpool einige Ausbaumaßnahmen, schließlich hat der AFC „Mitglieder in Hülle in Fülle und Gönner ohne Zahl" wie die Zeitschrift „Spiel und Sport" 1912 mit neidischem Unterton mitteilt. Diese „Gönner ohne Zahl" finanzieren eine dreistufige Gerade sowie befestigte Wege. Beim berüchtigten Hamburger „Schietwedder" eine nicht zu verachtende Annehmlichkeit. Trotzdem sucht der Klub nach einem größeren Gelände. Uneinigkeit, sowohl unter den Mitgliedern als auch mit der Stadt Altona, verzögern die Suche, die letztlich durch den Ausbruch des Ersten Weltkriegs endgültig gestoppt wird. Stattdessen kauft der AFC 1920 seinen bislang nur gepachteten Platz und baut ihn mithilfe von Spenden und Schuldscheinen zu einem prächtigen Stadion aus. Mit 27 000 Plätze ist es seinerzeit die größte Sportanlage Norddeutschlands. Ein Spiel gegen den Hamburger SV (1:1) weiht die Arena im Oktober 1921 ein. Zu jener Zeit heißt sie VfL-Stadion, denn kurz zuvor ging aus der Fusion des AFC mit einem anderen Klub der VfL Altona hervor. Diese Fusion wird kurz darauf rückgängig gemacht und aus dem VfL-Stadion wieder das AFC-Stadion, 1933 dann die AFC-Kampfbahn.

Erst 1944 bekommt das Stadion seinen noch heute währenden Namen. Im Beisein des Namensgebers wird es in Adolf-Jäger-Kampfbahn umbenannt. Adolf Jäger (1889–1944) ist einer der ersten großen Stars des deutschen Fußballs. „Adjes" spielt mehr als 700 Mal für den AFC und 16 Jahre lang für die Nationalmannschaft. Wenige Monate nach der Umbenennung stirbt Jäger beim missglückten Versuch, eine Bombe zu entschärfen. Noch lange Zeit nach seinem Tod firmieren die AFC-Kicker unter dem Spitznamen „Adolf-Jäger-Elf".

Kurz vor der Befreiung durch die Alliierten fallen 1945 Bomben auf die Adolf-Jäger-Kampfbahn. Die Schäden sind überschaubar und das Stadion kann zügig wieder hergerichtet werden. Da zudem die britische Besatzungsmacht frühzeitig wieder die uneingeschränkte Nutzung des Platzes erlaubt, findet sich der AFC schnell wieder im organisierten Liga-Fußball ein. Zunächst in der Stadtliga Hamburg, später in der Oberliga Nord, der bis zur Gründung der Bundesliga höchsten Spielklasse. Eine Drainage, eine neue Rasendecke und ein inzwischen unter Denkmalschutz stehender Haupteingang bringen frischen Glanz in die Hütte. Ein ganz besonderes Geschenk macht sich der AFC an Weihnachten 1958 mit der Einweihung des Dachs über der Haupttribüne. Ferencvaros Budapest, damals noch ein europäischer Spitzenklub, feiert mit und fährt als 4:3-Sieger wieder heim. In Erwartung weiterer Fußballfeste richtet sich der NDR unter dem neuen Dach einen Kamerabalkon ein. Doch dieser Optimismus zahlt sich nicht aus. Nach dem DFB-Pokalhalbfinale von 1964 gegen den späteren Titelträger 1860 München (1:4 n.V.) macht der große Fußball einen weiten Bogen um die Griegstraße.

Im Zuge der Professionalisierung des deutschen Vereinsfußballs kann der AFC nicht mehr mithalten und ist seitdem mit wechselndem Erfolg im Amateurbereich zuhause. Damit einher geht auch der Verfall des Stadions. Den Großteil der einstmals 27000 Plätze haben Bäume, Büsche und Hecken eingenommen, das maximale Fassungsvermögen liegt nun bei 8000 Menschen. Groß genug für die Ambitionen des AFC und auch groß genug für die drei Fan-Gruppen des Klubs. So stehen in der „Meckerecke" die Alteingesessen mit einer Schwäche für den HSV, auf dem „Zeckenhügel" die lokalen Punks und auf der Gegengerade ehemalige St. Pauli-Fans, denen der Kommerz am Millerntor auf die Nerven geht. Sie alle genießen die entschleunigte Welt des Amateurfußballs und preisen das antiquierte Rechteck als Trutzburg gegen manch entbehrliches Phänomen der Moderne.

Entsprechend wenig begeistert sind sie, als ihnen der letzte größere Erfolg des AFC ein Opfer abringt. Nachdem sich die Altonaer 2008 für die Regionalliga qualifizieren können, senkt der DFB seinen Daumen über die Adolf-Jäger-Kampfbahn. Der stolze Klub muss ausweichen und bezieht das Stadion Hoheluft in Hamburg-Eppendorf. Es ist der erste Umzug nach genau 100 Jahren, nur noch die markanten schwarz-weiß-rot gestreiften Trikots erinnern im Exil an die große Tradition des Vereins. Der Spuk dauert zwar nur eine Saison, aber perspektivisch werden sich die Fans ohnehin auf eine neue Heimat einstellen müssen. Denn das Ende der Adolf-Jäger-Kampfbahn ist wohl nicht mehr fern. Die Stadt Hamburg möchte dort neue Wohnhäuser bauen. Der Verkauf des Stadions ist längst beschlossene Sache, hängt aber davon ab, ob der AFC einen brauchbaren Standort für eine neue Spielstätte findet. Seit Jahren sucht der Klub danach. Tief im Herzen wünschen sich nicht nur viele AFC-Fans, dass diese Suche noch lange dauern möge.

Mathias Ehlers

Fragt man zwischen Flensburg und Burghausen, zwischen Görlitz und Aachen nach dem FC St. Pauli, kommt immer wieder dieselbe Antwort: St. Pauli ist Kult. Ein sich längst verselbstständigtes und clever vermarktetes Image, das sich nicht unwesentlich aus dem Millerntor-Stadion speist. Allein schon die Lage: Um die Ecke beginnt die Reeperbahn, jene weltbekannte Rotlichtmagistrale und Herzstück des sündigen Kiezes. Nachvollziehbar, dass sich der FC St. Pauli in der Tradition dieser Lustmeile sieht und gerne mit anzüglichen Wortspielen auf sich aufmerksam macht. Ein Zug, auf den Medienmacher gierig springen und zu jeder noch so unpassenden Gelegenheit vom „Freudenhaus der Liga" sprechen.

Das Millerntor beim Derby gegen den HSV (2010)

Ohne Zweifel, der FC St. Pauli ist einfach anders. In Zeiten, in denen Rechtspopulist Ronald Schill in Hamburg mitregierte, protestierten die Anhänger gegen dessen neue „Sicherheitsmaßnahmen" und zeigten ihre Solidarität mit den Bewohnern der geräumten Bambule-Bauwagensiedlung. Auch die Umbenennung des Wilhelm-Koch-Stadions leiteten sie ein, nachdem sich der frühere Präsident und Namensgeber als mitlaufender Nationalsozialist entpuppt hatte. Heutzutage wird schon mal dazu aufgefordert, einem Klamottenladen mit rechtsextremer Kundschaft den Garaus zu machen. Der Großteil des Publikums besteht eben noch immer aus Leuten, die ihren politischen Standort deutlich links von der Mitte einnehmen. Entwicklungen, die ihren Ursprung in der Hamburger Hausbesetzerszene der achtziger Jahre haben. In Zeiten, als der deutsche Fußball mit Hooligans und Neonazis zu kämpfen hatte, erkoren die Linksalternativen Hamburgs den FC St. Pauli zu ihrem Verein. Sie machten den Totenkopf zum inoffiziellen Symbol des Klubs und kreierten eine Fankultur, wie es sie bis dahin in Deutschland nicht gegeben hatte.

Ein Besuch im Millerntor-Stadion glich lange einer Reise in die Vergangenheit. In eine Zeit, in der man noch nass wurde, wenn es regnete und ein Stadionbesuch kein Familienausflug war. Ein liebenswertes Stadionantiquariat. Aber Bauwerke machen sich nichts aus solchen Sentimentalitäten. Sie verfallen, wenn man sie nicht pflegt. Lange aber war für eine solche Pflege auf St. Pauli kein Geld vorhanden. Man musste sich mit Flickschusterei begnügen, immer wieder das maximale Fassungsvermögen herunterschrauben und hangelte sich so von Sondergenehmigung zu Sondergenehmigung. Pläne zum Um- oder gar Neubau lagen ewig in den Schubladen der Verantwortlichen, blieben finanziell jedoch stets utopisch.

Bis zum Jahre 2006. Denn seitdem die Hamburger Bürgerschaft einen Zuschuss zu den Gesamtkosten von 32 Millionen Euro absegnete, wird am Millerntor geschuftet. Im ersten Schritt entstand eine neue Südtribüne. Auf den Stehplätzen im unteren Bereich singen die Ultras St. Pauli, die Sitzplätze und VIP-Logen darüber bevölkern Besserverdiener. Ausgerechnet beim Kiezverein kommen sich damit Rebellion und Establishment so nahe wie wohl nirgendwo sonst. Im Inneren des Baus residieren Geschäftsstelle, Fan-Shop und Ticketcenter. Mit einem Spiel gegen die Auswahl Kubas wurde die Südtribüne im Juli 2008 offiziell eröffnet. Kurz zuvor hatte man auf der gegenüber liegenden Seite eine zusätzliche provisorische Stahlrohrkonstruktion errichtet, um auch während des Umbaus ausreichend Sitzplätze anbieten zu können. Im zweiten Schritt des Umbaus nahm man sich der Haupttribüne an. Eine Abweichung vom Plan, eigentlich sollte sie erst im vierten und letzten Schritt fällig sein. Doch wegen der unerwartet guten sportlichen und finanziellen Entwicklung zog der Verein diese Umbaustufe vor. Im November 2009 wurde die morsche Haupttribüne komplett abgerissen. Was vor allem die Schüler eines benachbarten Gymnasiums beglückte, die für kurze Zeit einen freien Blick ins Stadion genießen konnten. Pünktlich zum Comeback in der Bundesliga war die neue Haupttribüne 2010 fertig. Nur der Gast aus Hoffenheim spielte nicht mit und feierte nach seinem Auswärtssieg eine eigene Party. Zwischen den beiden neuen Tribünen wurde zudem eine Kindertagesstätte eröffnet, zur Vereinsfolklore passend hört sie auf den Namen „Piraten-Nest".

Von dort können die kleinen Piraten inzwischen auch auf eine flotte neue Gegengerade blicken. Seit 2013 steht diese und bietet Platz für 13 000 Jünger des Totenkopfs. Viele von denen haben ein bisschen Millerntor auch in ihrer Wohnung. Für 20 Euro pro Stück verkaufte der FC St. Pauli nämlich alle Sitzschalen der alten Gegengerade, bevor sie den Baggern zum Fraß vorgeworfen wurde. Und die Nordtribüne? Die wird 2014 im neuen Glanze erstrahlen, und die Bauerei am Millerntor abgeschlossen sein. Dann wird es endlich ein Stadion auf Höhe der Zeit sein, eines, für das keine Sondergenehmigung mehr nötig sein wird. Der Charme einer maroden Bruchbude ist dann zwar dahin, aber das Millerntor wird mit seinen überdurchschnittlich vielen Stehplätzen ein Stadion für Fans bleiben.

Mathias Ehlers

Hamburg
Millerntor-Stadion

Anschrift
Auf dem Heiligengeistfeld
20359 Hamburg

Einweihung
1961

Plätze
Fassungsvermögen: 29 063
Sitzplätze: 12 323
Stehplätze: 16 740

Eröffnungsspiel
FC St. Pauli – CDNA Sofia

Größte dokumentierte Zuschauerzahl
29 063 | erstmals am 18. Februar 2013
FC St. Pauli – 1. FC Köln [0:1]

www.fcstpauli.com

▶ FC St. Pauli – DSC Arminia Bielefeld [0:1] | 11. August 2013 | 28 558 Zuschauer
▶▶ FC St. Pauli – Rot-Weiß Oberhausen [3:1] | 26. August 2005 | 15 481 Zuschauer

Hamburg
Imtech Arena
Volksparkstadion

Anschrift
Sylvesterallee 7
22525 Hamburg

Einweihung
21. August 1999
12. September 1925

Plätze
Fassungsvermögen: 57 000 | *61 234*
Sitzplätze: 47 000 | *28 449*
Stehplätze: 10 000 | *32 785*

Eröffnungsspiel
Altona – VfL Stötteritz

Größte dokumentierte Zuschauerzahl
57 000 | erstmals am 23. September 2006
Hamburger SV – SV Werder Bremen [1:1]
77 500 | 10. Juli 1956
Hamburger SV – Borussia Dortmund [2:1]

www.imtech-arena.de

Offiziell hat das heutige Heimstadion des ewigen Bundesligisten HSV den Namen „Volksparkstadion" nie erhalten. 1925 als „Altonaer Stadion" eingeweiht, gehörte es erst seit dem 1. April 1938 durch die Eingemeindung der bis dahin selbstständigen Stadt zu Hamburg. Und so wurde das Altonaer Stadion dann auch mit einem der damals beliebten Städtespiele Altona gegen Hamburg eingeweiht, allerdings ohne HSV-Beteiligung; man spielte zeitgleich in Berlin bei Tennis Borussia. 1928 waren im Endspiel um die Deutsche Meisterschaft im Volkspark dann allerdings reichlich Rothosen vor Ort: Der HSV spielte gegen Hertha und gewann durch ein 5:2 seine dritte Meisterschaft. Die Hamburger träumten in diesen Jahren von einem englischen Stadion am heimischen Rothenbaum, das allerdings ebenso wenig realisierbar war, wie ein von der Stadt anvisierter Neubau eines reinen Fußballstadions nördlich des Stadtparks.

Abhilfe schaffte letztlich Trümmerschutt aus dem Zweiten Weltkrieg, auf dem im Volkspark Tribünen errichtet wurden. Ab 1951 entstand ein – für die damalige Zeit – wahres Prunkstück mit einem Fassungsvermögen von 75 000 Menschen. Das weite Rund bestach nicht zuletzt durch die erste Doppeltribüne, die es in Deutschland gab. Ab 1954/55 trug der HSV seine Endrundenspiele um die Deutsche Meisterschaft im Volkspark aus. Der Rothenbaumplatz blieb zunächst weiterhin das Heimstadion des HSV. Das Volksparkstadion hingegen galt mehr und mehr als „gute Stube der Weltklasse", in die die Rothosen dann auch komplett umzogen, als 1963 die Bundesliga ihren Spielbetrieb aufnahm. Nicht nur diese neue bundesdeutsche Eliteliga, sondern auch die Einführung des Europapokals machte Flutlicht nötiger denn je und so ragten seit 1961 vier hohe Flutlichtmasten in den Hamburger Himmel.

Nun war der Volkspark endgültig bereit für große Fußballschlachten, deren Mutter das 5:1 gegen Real Madrid im April 1980 werden sollte. In der Bundesliga war seit 1963 oft weniger Alarm. Seine Blütezeit erlebte der Volkspark auch hier Ende der siebziger, Anfang der achtziger Jahre. Man feierte drei HSV-Meisterschaften und besonders bei entscheidenden Spielen vermochte sich das oft kühl wirkende Stadion in einen Hexenkessel zu verwandeln. Zur Eskalation der Massen kam es 1979 am letzten Spieltag gegen die Bayern in der Westkurve, dem damaligen Fanblock, als im Rahmen der Meisterfeierlichkeiten die Zäune niedergerissen und mehr als 100 Fans verletzt wurden. Wie durch ein Wunder gab es keine Toten.

Überhaupt die Bayern. Oft waren allein sie es, die in den folgenden spätachtziger und neunziger Jahren das in der öffentlichen Wahrnehmung zur Betonschüssel verkommene Stadion irgendwo am Rande der Stadt füllten. Treffend kommentierten „Norbert und die Feiglinge" mit ihrem A-Capella-Song „Trotzdem HSV" die tristen neunziger Jahre: „Verlorn stehn wir im Volksparkstadion zwischen einem Zaun und Stahlbeton. Nicht selten sind wir nach dem Spiel so richtig deprimiert, wir freuen uns schon, wenn unser Team zumindest nicht verliert. Es ist schwer, wir sind Fans vom HSV." Seltene Höhepunkte in diesen Jahren waren zudem die – allerdings nicht einmal ausverkauften – Lokalderbys gegen den FC St. Pauli, so der denn einen seiner sporadischer Bundesliga-Ausflüge unternahm.

Der Volkspark und seine Zuschauer standen auch lange Jahre mit der Nationalmannschaft auf Kriegsfuß. Während der WM 1974, zu der sich das Stadion mit einem Südtribünendach, knapp 20 000 überdachten Sitzplätzen und einer Anzeigetafel herausgeputzt hatte, wurden Beckenbauer und Co. beim 0:1 gegen die DDR ausgepfiffen. Auch in späteren Jahren wurde die Nationalelf wenig freundschaftlich empfangen. Negativer Höhepunkt war das Ausscheiden im EM-Halbfinale 1988 gegen die Niederlande. Erst im Jahr 2000 fand das nächste Länderspiel an der Elbe statt – dann jedoch im rundum erneuerten und um 90 Grad gedrehten Volksparkstadion. Dass es überhaupt so weit kam, lag wohl auch daran, dass 1997 selbst die Hamburger Bürgerschaft von soviel Fußball-Tristesse genug zu haben schien. Sie entschied sich für einen Umbau des Volksparkstadions, der letztlich 95 Millionen Euro verschlingen sollte. War der HSV bei den Umbaumaßnahmen anlässlich der WM 1974 noch an den heimischen Rothenbaum umgezogen, so ging der Spielbetrieb ab Sommer 1998 auf der Baustelle Volkspark nahtlos weiter. Die alte Ausweichstätte stand dem HSV sowieso nicht mehr zur Verfügung. Das Stadion Rothenbaum war im Jahr zuvor abgerissen worden.

Nach und nach wurden im Laufe der Spielzeit 1998/99 Ost-, Süd- und Haupttribüne abgerissen und neu wieder aufgebaut, während das Spielfeld schon vor Beginn der Saison gedreht, mit einer Rasenheizung versehen und schließlich mit einem souveränen 1:0 gegen den VfL Bochum eingeweiht worden war. Mit vielen Tränen verbunden war für manchen Fan der Abriss der legendären Westkurve, die im Dezember 1998 einer neuen Tribüne weichen musste. Im weiteren Verlauf der Saison wurden neben dem A-Rang auch weite Teile des B-Rangs fertig gestellt. Als inoffizielles Eröffnungsdatum aller drei Ränge galt das 3:0 gegen den VfB Stuttgart am 1. Spieltag der Folgesaison. Sie wurden seitens des Klubs mit dem treffenden Slogan „Alte Liebe neu erleben" begrüßt. Der Anblick des nun – bis auf das erst ein Jahr später fertiggestellte Dach – kompletten Stadions riss fast jeden Fan von den Sitzen.

Nicht ganz so viel Begeisterung weckt der häufig wechselnde Name der Arena. Die Liste der Namensgeber liest sich mittlerweile wie ein Handelsregister. Erst zahlte AOL, dann die HSH Nordbank und schließlich das Unternehmen Imtech. Im Volksmund aber – und der tut bekanntlich Wahrheit kund –, war, ist und bleibt es ganz einfach das Volksparkstadion. Auch wenn (oder gerade weil?) es diesen Namen nie von offizieller Seite erhalten hat.

Paul Linke

◀ Hamburger SV – Hannover 96 [1:0] | 14. April 2012 | 57 000 Zuschauer
◀◀ *Hamburger SV – DSC Arminia Bielefeld [2:0] | 11. April 1998 | 34 622 Zuschauer*

"Och nee. Hannover." Lange war das unter Fußballfreunden ein typischer Reflex auf das drohende Auswärtsspiel in Niedersachsens Hauptstadt. Dem geneigten Gästefan hatte das Stadion nicht viel mehr zu bieten als eine unüberdachte und betonselige Kurve mit beschränkter Sicht auf das Spielfeld. Auch in puncto Stimmung hatte die riesige Schüssel erheblichen Nachholbedarf. Es musste schon viel passieren, um das Publikum in Wallung zu bringen. So wie 1992 im Halbfinale des DFB-Pokals, als die 96er Werder Bremen im Elfmeterschießen rauskegelten und anschließend sogar den Pott an die Leine holten. Oder zehn Jahre später, als mit einem 6:0 gegen Schweinfurt die Rückkehr in die Bundesliga feststand. Noch heute leuchten die Augen der Hannoveraner, wenn sie an diese Spiele denken. Piotr Guzdek, ein Augenzeuge des Aufstiegsspiels, erinnert sich gar, „dass die Welle für niedersächsische Verhältnisse fast überzogen oft, nämlich sieben Mal, die Runde machte." Es passte einfach alles zusammen: Der Sehnsucht der Fans nach der Bundesliga, das Sonntagswetter, das gefüllte Rund und natürlich das Ergebnis. Erstmals nach 13 quälenden Jahren war Hannover damit wieder erstklassig und ist es bis heute geblieben.

So viel Stabilität ist in Hannover nicht selbstverständlich. Das zwischen 1952 und 1954 aus Trümmerschutt des Zweiten Weltkriegs erbaute Niedersachsenstadion hat viel Auf und Ab erleben müssen. Zunächst jedoch versprach die Liaison zwischen den „Roten" und dem Niedersachsenstadion erfolgreich zu werden. Denn nur wenige Monate vor der Eröffnung der neuen Arena wurde Hannover 96 Deutscher Meister. Zuhause war der Verein damals noch auf der inzwischen abgerissenen Radrennbahn und wich für größere Spiele ins Eilenriedestadion aus. Aber natürlich schielte man nun auf einen Einzug in das deutlich größere Niedersachsenstadion. Es gingen allerdings noch ein paar Jahre ins Land, bis es endlich so weit war. Erst ab 1959 diente die Schüssel als Bühne für die meisten 96-Heimspiele. 1964 löste sie das Eilenriedestadion dann endgültig als Heimat des Klubs ab. Schließlich gelang in jenem Jahr der Aufstieg in die Bundesliga und da wollte man natürlich etwas hermachen. Insgesamt 175 000 Menschen pilgerten zu den drei Heimspielen der Aufstiegsrunde gegen den FK Pirmasens, Alemannia Aachen und Hessen Kassel. Es waren nicht die einzigen Highlights jener Zeit in der noch jungen Arena.

Zwischen 1955 und 1961 wurde viermal das Endspiel um die Deutsche Meisterschaft in Hannover ausgetragen, zwischen 1962 und 1979 achtmal der DFB-Pokalsieger am Maschsee ermittelt. Eines dieser Finals gab es sogar zweimal. 1977 war zwischen dem späteren Sieger 1. FC Köln und Hertha BSC ein Wiederholungsspiel nötig, da auch nach 120 Minuten kein Sieger gefunden und das Elfmeterschießen noch nicht eingeführt war. Längst waren da auch schon Partien unter Flutlicht möglich. Dafür sorgten ab 1965 die „Zahnbürsten", vier etwa 70 Meter hohe Flutlichtmasten. Sie zählten zu den auffälligsten Wahrzeichen Hannovers und sollten fast 40 Jahre den Durchblick sichern, ehe sie im Zuge des Umbaus endgültig fielen. Ein erstes umfangreiches Facelifting bekam das Niedersachsenstadion aber schon im Vorfeld der WM 1974 verpasst. Der Oberrang der Westtribüne wurde überdacht und auf Sitzplätze umgerüstet. Mehr Komfort, aber weniger Kapazität. Doch traten seinerzeit auch kleinere Unwägbarkeiten auf. So zum Beispiel, als ein Kran direkt ins Stadion stürzte. Glücklicherweise blieben die Schäden überschaubar. Dem Verein ging es derweil nicht anders als dem Kran. Nach zehn mehr oder weniger soliden Jahren in der Bundesliga musste 96 absteigen. Es folgten drei unstete Jahrzehnte, in denen 96 nur noch selten unter Deutschlands besten Teams zu finden war. Stattdessen wurde die 2. Liga zum natürlichen Lebensraum der Hannoveraner, „gekrönt" von einem Intermezzo in der Regionalliga zwischen 1996 und 1998. Erst Ralf Rangnick konnte die verträumten Niedersachsen 2001 wieder erwecken und führte sie auf schnellstem Wege zurück in die Bundesliga.

Etwas weniger rasant verlief der Umbau des in die Jahre gekommenen Stadions. Ursprünglich war eine Totalsanierung angedacht, inklusive der Überdachung des Großteils des Stadions. Die Leichtathletikanlagen sollten bleiben. Dumm nur, dass die öffentliche Hand nicht genügend Geld bereitgestellt hat, um all diese Wünsche zu finanzieren. Nur einer der zwei geplanten Bauabschnitte konnte so realisiert werden. Als dann Deutschland den Zuschlag für die WM 2006 erhalten hatte, musste schließlich etwas geschehen. Zumindest, wenn Hannover Spiele des Turniers ausrichten wollte. Natürlich wollte man. Der Erhalt der Leichtathletikanlagen war plötzlich ebenso kein Thema mehr wie eine Sanierung der bestehenden Bauten. Die Parole lautet nun: Umbau! Bei laufendem Spielbetrieb entstanden ab Februar 2003 im Norden, Süden und Osten völlig neue Tribünen. Lediglich im Westen durfte der bestehende Wall bleiben. Zwei Jahre später wurde die Einweihung des nun AWD-Arena heißenden Runds gefeiert. Allerdings ist auch dieser Name schon wieder Geschichte. Seit 2013 ist es die HDI Arena.

Besonders stolz ist man in Hannover auf das frei schwebende Stadiondach, für dessen Entwurf der Braunschweiger Architekt Helmut Schulitz ausgezeichnet wurde. Die lichtdurchlässige Membran im Innenbereich soll ein Absterben des Rasens verhindern und ein gesundes Grün garantieren. Die geschwungene Form mit ihrem Höhenunterschied von bis zu zehn Metern forderte den Bauingenieuren alles ab. Doch die Mühen scheinen sich gelohnt zu haben. Die über 10 000 Quadratmeter große Dachkonstruktion ist ebenso funktional wie anmutig. Ihre Asymmetrie ebenso einzigartig, wie es über Jahre der Anblick der „Zahnbürsten" war. Kurzum: Hannover ist wieder eine Fußballreise wert.

Mathias Ehlers

Hannover
HDI Arena
Niedersachsenstadion

Anschrift
Arthur-Menge-Ufer 5
30819 Hannover

Einweihung
23. Januar 2005
26. September 1954

Plätze
Fassungsvermögen: 49 000 | *52 000*
Sitzplätze: 41 000 | *43 000*
Stehplätze: 8000 | *9000*

Eröffnungsspiel
Hannover 96 – Bayer 04 Leverkusen [0:3]
Hannover 96 – Arminia Hannover [1:0]

Größte dokumentierte Zuschauerzahl
49 800 | 16. April 2005
Hannover 96 – FC Bayern München [0:1]
86 656 | 16. Oktober 1954
Deutschland – Frankreich [1:3]

www.hannover96.de

▶ Hannover 96 – 1. FC Nürnberg [3:1] | 14. Mai 2011 | 49 000 Zuschauer
▶▶ *Hannover 96 – Karlsruher SC [1:1] | 31. Oktober 1999 | 12 936 Zuschauer*

Herne
Stadion am Schloss Strünkede

Anschrift
Westring 260
44629 Herne

Einweihung
9. September 1934

Plätze
Fassungsvermögen: 32 000
Sitzplätze: 4500
Stehplätze: 27 500

Eröffnungsspiel
Westfalia Herne – FC Schalke 04 [0:6]

Größte dokumentierte Zuschauerzahl
35 000 | 28. Mai 1960
Westfalia Herne – Hamburger SV [3:4]

www.westfalia-herne.de

Schon der Name deutet an, dass es sich um keine Multifunktionsarena in einem schmucklosen Großstadt-Vorort handelt. Stadion am Schloss Strünkede – das klingt nach Fußballnostalgie, dem Duft von Bratwurst und Bier an einem sonnigen Tag im Grünen, an dem die Familie statt eines Spaziergangs einen Ausflug zum Fußballplatz unternimmt. Kein anderes Stadion vergleichbarer Größe in Deutschland ist in einem Schlossgarten erbaut worden. Der WDR begann seine Berichte aus dem Stadion in Herne einst mit dem Gruß aus der „Ritterfeste". Entsprechend höfisch ist das Flair, das die Spielstätte versprüht: Die alten Steinstufen mit den zahlreichen Wellenbrechern, unterbrochen von der majestätischen Haupttribüne, wurden auf einem aufgeschütteten Wall angelegt. Auf der Außenseite ist dieser mit Bäumen bepflanzt. So kann der Zuschauer im Verlaufe der Saison den Wechsel der Jahreszeiten von Spiel zu Spiel mitverfolgen, wenn die Bäume im Sommer in voller Blüte stehen und bei Einbruch des Winters ihre letzten Blätter verlieren. Hinter der Gegengeraden verläuft am Fuß des Walls ein Wassergraben. Wenn dieser im Winter vereist ist, muss er von Ordnern bewacht werden, um den kostenlosen Zutritt zum Stadion zu verhindern. Das Spielfeld begrenzt eine abgeranzte Aschenbahn, eine Flutlichtanlage fehlt gänzlich. Der Lizenzierungsabteilung der DFL würden die Haare zu Berge stehen, doch die Fans lieben ihr Stadion so, wie es ist. Denn aus jeder Ritze des alten Gemäuers duftet es nach Herner Fußballgeschichte.

Seit der Einweihung der Haupttribüne 1960 hat sich hier fast nichts mehr getan. Das Vereinsheim ist das einzige Gebäude, das nach dem Bau der Haupttribüne noch aufgestellt wurde. Der Rest ist seit rund 50 Jahren unverändert, von ein bisschen Kosmetik abgesehen. Das Flair der vergangenen Zeit treibt vor allem Groundhopper nach Herne. Leute, die es sich zum Ziel gemacht haben, so viele besondere Stadien wie möglich zu sehen. Und wenn das Stadion am Schloss Strünkede etwas ist, dann ist es etwas Besonderes.

Die unverwüstliche Spielstätte ist die eiserne Konstante in einer bewegten Vereinsgeschichte. Der 1904 gegründete Klub hat seine besten Zeiten lange hinter sich und spielte zuletzt in der fünfklassigen NRW-Liga. Der erste sportliche Höhenflug setzte zeitgleich mit der Einweihung des Stadions 1934 ein, als die Mannschaft zehn Jahre in der Gauliga Westfalen spielte. Nach dem Krieg sperrten zunächst die Briten das Stadion. Sämtliche Sitzgelegenheiten verschwanden in dieser Zeit aus dem Stadion und wurden von den Einwohnern Hernes als Heizmaterial verwendet. Erst durch ein Freundschaftsspiel gegen eine britische Soldatenauswahl wurde der Spielbetrieb wieder aufgenommen. Es dauerte bis 1959, ehe mit dem Gewinn der Westdeutschen Meisterschaft einer der größten Erfolge in der Vereinsgeschichte gefeiert werden konnte. Im Endrundenspiel um die Deutsche Meisterschaft gegen den Hamburger SV peitschten anschließend 35 000 Anhänger die Blau-Weißen um Keeper Hans Tilkowski nach vorne. Mehr Fans als bei der knappen 3:4-Niederlage sollten nie wieder in den Schlosspark pilgern. Als 1963 die Bundesliga eingeführt wurde, war Westfalia Herne nicht dabei – und der schleichende Niedergang des Vereins begann. Die sportliche Tristesse hält bis heute an. Durchschnittlich noch 350 Zuschauer verlieren sich bei den Heimspielen im weitläufigen Rund. Die Treuesten teilen sich auf in die Stimmungsmacher in Block B auf der Haupttribüne, denen das Tribünendach als Resonanzkörper in seiner Wirkung als Lautsprecherersatz entgegenkommt. Die Fahnenschwenker ziehen für ihre Performance die Kurve vor.

Bei aller Fußballromantik ist nicht zu übersehen, dass die Geschichte hier im Schlosspark ihre Spuren hinterlassen hat. Das Tribünendach ist undicht, die Tore sind verrostet und auf den Stehplätzen wuchert Gras und Unkraut. Einige bauliche Maßnahmen müssten dringend in Angriff genommen werden, um die Auflagen des DFB zu erfüllen. Dabei stoßen nicht alle Forderungen des Verbandes auf unumwundene Zustimmung bei den Fans. Dass die charakteristischen Holzbänke auf der Haupttribüne faden Kunststoffsitzen weichen sollen, löst in Herne kollektives Kopfschütteln aus. Die ursprüngliche Fußballatmosphäre, die man abseits von hypermodernen Kommerzarenen in Herne noch schnuppern kann, ist deswegen aber nicht in Gefahr. Denn: Ein neues Stadion wird es am Schloss Strünkede in absehbarer Zeit nicht geben. Warum auch? Westfalia spielt fernab des bezahlten Fußballs. Bis dahin reicht der lange Arm der DFL nicht und so bleibt eine der letzten Festungen der Nostalgie unberührt.

Dass aus dem SC Westfalia 04 Herne nie so richtig etwas geworden ist, liegt laut Schauspieler Joachim Król daran, dass Herne bei der Einführung der Bundesliga nicht berücksichtigt wurde. Król ist in Herne aufgewachsen und ging als Kind immer mit seinem Vater zu den Spielen von Westfalia. Früher zog sich ein ganzer Strom von Menschen durch die Stadt bis hin zum Stadion, die Zuschauerzahlen befanden sich im fünfstelligen Bereich. Weil es momentan so glanzlos um den Verein steht, werden immer und immer wieder Geschichten von früher erzählt. Manche Fans berichten von der Meisterschaft 1959, als seien sie mit dabei gewesen, obwohl sie zu der Zeit noch nicht einmal geboren waren.

Heute treibt auch Joachim Król vor allem die Nostalgie ins Stadion. 2006, nachdem ihm die Ehrenmitgliedschaft des Vereins verliehen wurde, war Król beim letzten großen Spiel von Westfalia im Stadion. Es ging in der ersten Runde des DFB-Pokals gegen Erzgebirge Aue. Das Spiel ging knapp mit 1:2 verloren, aber an diesem Tag im September kamen so viele Zuschauer wie schon seit Jahren nicht mehr in das Stadion am Schloss Strünkede.

Gereon Detmer

Dass im Halbfinale des Europapokals der Pokalsieger im Jahr 1962 zwischen Jena und Atlético Madrid 11 500 Zuschauer mehr ins Ernst-Abbe-Sportfeld strömten als eigentlich hineinpassten, war eine Sensation. Der Rekord für die Ewigkeit war möglich, in dem zusätzliche Sitzbänke auf die Laufbahn gestellt wurden und die Fans – vom Stadionsprecher pausenlos dazu aufgefordert – noch ein Stückchen näher zusammenrückten. Viel näher. Sie hockten praktisch überall: Auf den Dächern, auf der Anzeigetafel und ein paar hingen in den Bäumen hinter der Südkurve. Udo Gräfe, Chronist und Ehrenratsvorsitzender des FC Carl Zeiss Jena, erinnert sich, dass er schon vier Stunden vor Spielbeginn auf seinem Platz stand. „Auf jeder der 50 Zentimeter schmalen Traversen standen mindestens zwei Menschenreihen. Du konntest dich nicht mehr umdrehen, die Zeit bis zum Anpfiff verging quälend langsam." Leider hatte sich das Warten nicht wirklich gelohnt, die überlegenen Spanier und späteren Titelträger besiegten den Verein mit 1:0, der damals noch SC Motor Jena hieß.

Die vielen Namensänderungen des Klubs beeinflussten das altehrwürdige Ernst-Abbe-Sportfeld kaum. Die Kult-Spielstätte hatte zunächst den FC Carl Zeiss, dann den 1. SV, die SG Ernst-Abbe, die SG Stadion, die BSG Carl Zeiss, die BSG Mechanik, die BSG Motor, den SC Motor und seit 1966 wieder den FC Carl Zeiss Jena erlebt. Seinen heutigen Namen erhielt das Stadion, als die Carl-Zeiss-Stiftung das Areal 1939 aufkaufte. Gewürdigt wurde damit Ernst Abbe, der Jenaer Physiker, Sozialreformer und Begründer eben jener Stiftung. Errichtet wurde das Stadion „1. SV Jena", wie es zunächst hieß, aber bereits 1924 von einer privaten Stadionbaugenossenschaft.

Als Ernst-Abbe-Sportfeld wird bis heute das gesamte Stadionareal, inklusive verschiedener Nebenplätze, Leichtathletikanlagen und Nutzgebäude, bezeichnet. Die Anlagen wurden 50 Jahre lang nur sporadisch erweitert, auch weil sie den Zweiten Weltkrieg bis auf zwei Bombenkrater, die den Rasen ruinierten, unbeschadet überstanden. Die ersten großen Umbauarbeiten begannen, als in den siebziger Jahren die 74 Meter hohen Flutlichtmasten aufgestellt wurden. Bis zur Hochwasserkatastrophe 2013 waren die markanten, je neun sprungbrettartigen Betonbühnen aus der Stadt-Silhouette nicht mehr wegzudenken. Doch am 2. Juni 2013 wurde das Ernst-Abbe-Sportfeld komplett überflutet. Das stehende Wasser führte zu Korrosionen, die Flutlichtmasten waren jetzt stark einsturzgefährdet. Mitte Juli begann der Abriss dieser Wahrzeichen und schon wenige Tage später wurden 14 demontierte Strahler als gestohlen gemeldet. Gern erinnert man sich da besserer Zeiten, als zum Beispiel 1978 zwischen den Masten auf der Südseite die erste elektronische Anzeigetafel der DDR in Betrieb genommen wurde. Der Riesenkasten ungarischer Bauart nebst hochmoderner Lochkartenlesemaschine tat seinen Dienst bis 2006, ehe ein Blitzschlag für sein jähes Ende sorgte. In das Gehäuse wurde eine kleinere Videowand eingebaut, die nach Beendigung des WM-Fan-Fests in Nürnberg nicht mehr gebraucht wurde.

Rund zehn Jahre zuvor geschah die bedeutendste Veränderung am Ernst-Abbe-Sportfeld. Die kleine und beinahe antike Holztribüne aus dem Jahr 1924 wurde abgerissen und durch die neue Haupttribüne mit über 4000 Sitzplätzen ersetzt. Dies dürfte vor allem die Raucher unter den Jenaer Fans gefreut haben, schließlich war das Qualmen unter dem alten Bretter-Dach bis dahin verboten, was von einer Feuerwehrkolonne bei jedem Spiel streng überwacht wurde.

2007 hatte der Verein eine Reihe weiterer kostspieliger Umbauarbeiten vorgenommen, überwiegend um DFL-Auflagen zu erfüllen. Seither wird der Umbau der Spielstätte in Jena debattiert. Vorschläge kamen und gingen bis es im Mai 2011 grünes Licht gab. Vorgesehen war eine Überdachung der Gegentribüne inklusive eines großen VIP-Bereichs, der das Stadion auch für Kongresse attraktiv machen sollte. Ebenfalls überdachte Plätze sollten die Kurven erhalten, die auf Luftkissen gelagert, näher ans Spielfeld rücken würden. Erhalten bleiben sollte die Haupttribüne, und als Wahrzeichen einer der vier legendären Lichtmasten. Für dieses Projekt stünden 26 Millionen Euro an Fördergelder zur Verfügung. Deren Ausschüttung an eine Nutzungsbedingung gekoppelt ist: 50 Prozent der Auslastung müssten durch kulturelle Veranstaltungen sichergestellt werden. Die Hochwasserschäden verschärften die Situation zudem. Stand Sommer 2013 wird das Gesamtkonzept neu diskutiert und plötzlich ist auch wieder ein reines Fußballstadion im Gespräch. Außer den Abrissbaggern der Flutlichtmasten rollte auf dem Ernst-Abbe-Sportfeld zunächst nichts mehr zu Beginn der Saison 2013/14 war der FC Carl Zeiss Jena plötzlich heimatlos.

Sinnbildlich für das marode Stadion stehend, verabschiedete sich Jena nach vier Jahren 2012 aus der 3. Liga und trat den Gang in die neu gegründete Regionalliga an, wo nun das Hoffen auf bessere Zeiten den sportlichen Alltag bestimmt. Allein im DFB-Pokal ließ Carl Zeiss Erinnerungen an alte Zeiten im Ernst-Abbe-Sportfeld wieder aufleben. In der Saison 2007/08 schaltete Jena neben Arminia Bielefeld auch den Titelverteidiger 1. FC Nürnberg und den damals amtierenden Meister VfB Stuttgart aus. Im Halbfinale trafen sie dann auf Borussia Dortmund. Die Borussen beendeten jegliche Finalträume und siegten zu Hause mit 3:0. Ein Jahr später erreichte Jena zumindest das Achtelfinale, traf dort auf Schalke und musste wieder als Verlierer vom Platz gehen. Allerdings wurde bei diesem Spiel ein neuer Besucherrekord aufgestellt: Durch das Aufstellen von Zusatztribünen konnten knapp 18 000 Zuschauer das Spiel im Ernst-Abbe-Sportfeld verfolgen. So viele wie nie zuvor seit der Wende.

Christoph Muxfeldt

Jena
Ernst-Abbe-Sportfeld

Anschrift
Oberaue 3
07745 Jena

Einweihung
24. August 1924

Plätze
Fassungsvermögen: 12 990
Sitzplätze: 6540
Stehplätze: 6450

Eröffnungsspiel
1. SV Jena – VfL Halle 96 [1:1]

Größte dokumentierte Zuschauerzahl
27 500 | 28. März 1962
SC Motor Jena – Atlético Madrid [0:1]

www.fc-carlzeiss-jena.de

▸ FC Carl Zeiss Jena – 1. FC Union Berlin [1:2] | 28. September 2008 | 8974 Zuschauer

Kaiserslautern
Fritz-Walter-Stadion

Anschrift
Fritz-Walter-Straße 1
67663 Kaiserslautern

Einweihung
13. Mai 1920

Plätze
Fassungsvermögen: 49 780
Sitzplätze: 34 354
Stehplätze: 15 426

Eröffnungsspiel
1. FC Kaiserslautern – FC Pfalz Ludwigshafen [0:2]

Größte dokumentierte Zuschauerzahl
50 574 | 6. Mai 2006
1. FC Kaiserslautern – FC Bayern München [1:1]

www.fck.de

Es sind vor allem die Abendspiele, die ihren ganz eigenen Reiz im Fritz-Walter-Stadion haben. Dann dürfen die Pfälzer nach Einbruch der Dunkelheit ihre Arena in jenes einzigartige Licht tauchen, das das Fritz-Walter-Stadion zu dem wohl magischsten unter Deutschlands Fußballarenen macht. Das Stadion war nicht nur Schauplatz großer Spiele. Nein, der „Betze" mit seiner einzigartigen Atmosphäre hat Spiele gewonnen, hat Meisterschaften errungen, Wunder vollbracht. Oft unter Flutlicht, wenn man aus jedem Winkel der Stadt am Fuße den Lichtkegel über der höchsten Erhebung sah und das teuflische Geschehen in dem „brodelnden Vulkan" erahnen konnte. Der „Betze" thront in solchen Momenten noch beherrschender – fast bedrohlich – über der Stadt als bei Tageslicht.

Der Betzenberg vor seinem Ausbau (1999)

Ausgerechnet im WM-Jahr 2006 – Kaiserslautern war offizieller Spielort – stieg der Stolz der Region zum zweiten Mal nach 1996 aus der Bundesliga ab. Ende der Neunziger kam der Klub direkt zurück und wurde nach einem unvergleichlichen Durchmarsch postwendend Deutscher Meister. Beim letzten Abstieg dauerte die Rückkehr vier Jahre. Eine lange Zeit für eine fußballverrückte Region wie die Pfalz. Doch immerhin nutzte der FCK die Erstligapause für eine personelle und wirtschaftliche Neuorientierung – auch wenn ab jetzt nur noch kleinere, dafür aber gesunde Brötchen auf dem „Betze" gebacken werden. Die Schuld an der Hoffnungslosigkeit vergangener Tage gaben nicht wenige dem im Stadion verbauten Größenwahn der Vereinsverantwortlichen. Für die Bewerbung als WM-Spielort bauten die Pfälzer ihre traditionsreiche Spielstätte, die seit 1920 vom FCK genutzt wird, munter aus. Die Ausbau-Kosten in Höhe von fast 50 Millionen Euro für ein WM-gerechtes Outfit bedrohten nachhaltig die Existenz des Vereins. Die schwere finanzielle Krise wurde zur Hauptursache des sportlichen Niedergangs. Im Zuge der Konsolidierung musste der Klub das Stadion veräußern. Heute ist der FCK nur noch Mieter in seiner guten Stube. Viele Fans schieben den Bautätigkeiten aber nicht nur in Bezug auf die Kosten die Schuld an der sportlichen Misere zu. Die Zeit der Umbauarbeiten hat dem Stadion nach Meinung vieler Anhänger auch seine Stimmung geraubt. Es heißt, mittlerweile sei das Viereck viel zu groß, das besondere „Betze-Feeling" könne sich gar nicht mehr entwickeln. Die einstige Festung Betzenberg – die Paul Breitner als Bayern-Spieler gar nicht mehr ansteuern wollte, weil er den Versuch, einen Punkt gegen die „Roten Teufel" zu gewinnen, für aussichtslos erachtete – sei quasi mit jedem zusätzlich verbauten Stein geschliffen worden.

Und dennoch gibt es noch immer viel Positives über den Betzenberg zu sagen. Bis heute sorgt allein der Weg hinauf auf die 286 Meter hoch gelegene Erhebung für Gänsehaut. Benannt nach dem 2002 verstorbenen Kapitän der Deutschen Weltmeister-Mannschaft von 1954 ist das Fritz-Walter-Stadion neben dem Berliner Olympiastadion die wohl geschichtsträchtigste deutsche Arena. Es ist das einzige Stadion im deutschen Profi-Fußball, das den Namen des größten Kickers seiner Vereinsgeschichte trägt. Bis heute fährt der Verein genau auf dem Spielfeld seine Punkte ein, wo schon die legendäre „Walter-Elf" ihre Tore erzielte. Trotz des Umbaus ist der Rasen nur um wenige Meter verschoben worden. Nach Kriegsende spielten hier gleich fünf der Weltmeister von 1954 für den FCK und begründeten eine für Deutschland einzigartig enge Verbindung zwischen einer Region und deren Verein. Damals entstand der Mythos der „Roten Teufel", wie man die Mannschaft wegen ihrer markanten Trikotfarbe und ihres temperamentvollen Spielstils respektvoll nannte.

Neben dem Stadionnamen zeugt auch der nach Fritz Walters Bruder Ottmar benannte Zugang zur Haupttribüne vom Geschichtsbewusstsein der Fußballstadt. Denkwürdig in der deutschen Stadiongeschichte ist auch eine Tragödie aus dem Jahr 1964. Damals wurde auf dem Betzenberg ein Fan zu Tode gequetscht. Es waren deutlich zu viele Karten für die Stehränge verkauft worden. Der anschließende Prozess vor dem Landgericht Kaiserslautern hatte Signalwirkung. Das offizielle Fassungsvermögen wurde kurz darauf in fast allen deutschen Fußballarenen gesenkt. Heute ist eine vergleichbare Katastrophe dank der modernen Entwicklung auf dem Betzenberg nahezu undenkbar.

In der Saison 2010/11, der ersten nach dem Wiederaufstieg, erwies sich der Betzenberg nicht mehr als die Festung von einst. Die Punkte für den guten siebten Platz wurden im ausgewogenen Verhältnis sowohl zu Hause als auch in der Fremde eingefahren. Doch bereits ein Jahr später endete das Abenteuer Bundesliga erneut. Nach dem 32. Spieltag stand der FCK als erster Absteiger der Saison 2011/12 fest. Der Betze mutierte zum munteren Punktediscounter, lediglich elf davon blieben in der Pfalz. Doch bereits in der Folgesaison verhinderte allein die Relegation den erneuten Aufstieg wiedererstarkter „Roter Teufel". Trotz einer beeindruckenden Kulisse, die das Flair alter Tage heraufbeschwor, siegte Hoffenheim knapp im Rückspiel in Kaiserslautern und blieb in der 1. Liga. Trotz der verpassten Chance zeigte der Abend, dass der „Betze" noch immer zu gewaltigen Eruptionen in der Lage ist.

Daniel Meuen

Karlsruhe
Wildparkstadion

Das Karlsruher Wildparkstadion ist schon ein wenig in die Jahre gekommen. Während anderswo hochmoderne Tempel aus Glas und Stahl entstehen, ist der Wildpark inmitten eines kurfürstlichen Waldgebietes gelegen. Denn wild wächst das Gras in der zumeist auch bei Spielen verwaisten Ostkurve, Flora und Fauna gedeihen üppig zwischen den angejahrten Schalensitzen, und man wäre nicht wirklich überrascht, siedelte sich irgendwann einmal eine ausgewachsene Wildschweinfamilie zwischen den Reihen an. Die Haupttribüne hingegen wurde vor Jahren bunt koloriert, in allen Farben des Regenbogens und streng nach den Regeln von „Malen nach Zahlen" bepinselt leuchten die Schalen. Die Heimfans haben einen guten Blick auf das farbliche Desaster. Nur wenige von ihnen

Das Wildparkstadion in der Abenddämmerung (1999)

stehen noch in der Kurve, wo sich früher das sangesfreudige Fanvolk versammelte. Größtenteils treffen sie sich nun auf der überdachten Gegengeraden, die in ihrer Mixtur aus Steh- und Sitzplätzen und ihren für deutsche Stadien untypischen Knickdach ein wenig wie das Hauptgebäude einer eleganten englischen Galopprennbahn wirkt, auf der Damen mit Wagenradhüten und Männer mit zerknitterten Wettscheinen in der Hand promenieren.

Doch von solcher Noblesse ist man in Karlsruhe weit entfernt. Was daran liegt, das der KSC in der 2. Liga kickt und nur noch wenig übrig geblieben ist vom kosmopolitischen Flair, das einst die Stadt durchwehte, als unter der Ägide von Winnie Schäfer selbst ein internationaler Titel keine Utopie mehr zu sein schien. Als Oliver Kahn, Mehmet Scholl und Jens Nowotny im Wildpark über den Rasen wieselten. Doch so trist die Zweitliga-Realität auch daherkommt, so lebendig ist inzwischen die Fankultur. Die beweist nämlich, dass es keineswegs immer nur die großen Fanbewegungen sind, die neue Impulse geben. Die erste große Fandemo gegen den Kommerz und für Faninteressen etwa, die vor dem DFB-Pokalfinale 2002 in Berlin stattfand, wäre ohne das Engagement der Karlsruher kaum denkbar gewesen. Und auch der Einsatz der Fans für eine Rückkehr zum angestammten Vereinswappen zeigt den wachen Geist der Anhänger.

Ohnehin ist die Agonie unter Präsident Schmider längst überwunden und die Anfeuerung im Wildpark kräftig wie selten zuvor. Wobei es nie die große Masse ist, die den KSC unterstützt: Auch im Badischen kennt man das Phänomen des Meckeropas, der nur dann befriedigt dem Schlusspfiff entgegenschaut, wenn er zuvor Blinde und Blender im eigenen Team entlarvt hat. Doch zumindest im Fanblock brüllt jeder mit, wenn einer anstimmt: „We love you, Karlsruh', we do!" Das allerdings ist auch nötig, denn die Akustik des Stadions ist nach wie vor nicht optimal. Nur die Gesänge auf der Gegengerade erreichen eine passable Lautstärke und werden von der Haupttribüne zurückgeworfen. Die Gästefans hingegen stehen im toten Winkel, natürlich unüberdacht und mühen sich vergeblich um Unterstützung ihres Teams. Selbst wenn 100 Leute einen Vereinsnamen krakeelen, gelangt das selten über die Tartanbahn hinaus. Und noch zwei Besonderheiten hält das Wildparkstadion für den Gästefan bereit. Zum einen Ordner, die schon mal in der einen Hand einen Döner mit Soße balancieren, um mit der anderen Hand auswärtige Anhänger nach Hieb- und Stichwaffen abzusuchen. Zum anderen das ulkige Zwangspfand mit Marke, die jedem Bierbecher beigefügt wird und ohne die eine Herausgabe des Pfandes verweigert wird.

Ein Umbau zu einem reinen Fußballstadion wird seit Jahren immer wieder thematisiert, aber auch immer wieder verschoben. Die Fans würden es sich wünschen. Nur die Haupttribühne des alten Wildparkstadions soll bleiben, wo sie ist. Der Rest wird ersetzt und soll zu einer modernen Fußballarena werden, mit überdachten Plätzen und wenig Abstand zum Spielfeld. Die neue Arena soll Platz für 40.000 Zuschauer haben, das würde den Fußballstandort Karlsruhe wieder interessant machen. Immerhin, eine Rasenheizung hat der Wildpark 2007 bereits bekommen. Der Rest folgt, jetzt, bald, oder irgendwann – so ganz genau weiß das niemand in Karlsruhe und seit Anfang 2010 liegen die Verhandlungen auf Eis. Im Sommer 2013 wurde die Stadiondebatte wieder dynamisch. Man ist sich jetzt wirklich einig, dass etwas passieren muss, nur wo, ist noch nicht so ganz klar. Entweder ein Neubau an alter Stätte oder etwas völlig Neues draußen an der Autobahn. Immerhin diente dieses illustre Tauziehen bereits als Vorlage für einen Krimi, der auf den bezeichnenden Namen „Totland" hört.

Das ständige Auf und Ab der Badener zwischen der 1. und 2. Bundesliga, mit Abstechern in die 3. Liga, konnte den Fans bis jetzt nicht die Freude an ihrem Karlsruher SC nehmen. Zuletzt schnupperten sie 2009 Bundesligaluft im Wildpark, standen 2008 sogar als bester Aufsteiger auf Platz 11, trotz des kleinsten Budgets der Bundesliga und trotz des stimmungsuntauglichen Stadions. Ein Jahr darauf stiegen die Karlsruher zwar als Tabellenvorletzter ab, aber sie waren nicht abgeschlagen, sondern hatten bis zum letzten Spieltag die Möglichkeit, den Klassenerhalt zu schaffen. Das gibt Hoffnung, zum sechsten Mal den Wiederaufstieg ins Oberhaus zu schaffen.

Christoph Ries

Anschrift
Adenauerring 17
76131 Karlsruhe

Einweihung
17. Juli 1955

Plätze
Fassungsvermögen: 29 699
Sitzplätze: 15 237
Stehplätze: 14 462

Eröffnungsspiel
Karlsruher SC – Rot-Weiss Essen [2:2]

Größte dokumentierte Zuschauerzahl
55 000 | 22. April 1956
Karlsruher SC – VfB Stuttgart [2:2]

www.ksc.de

Kassel
Auestadion

Anschrift
Am Auestadion
34121 Kassel

Einweihung
23. August 1953

Plätze
Fassungsvermögen: 18 737
Sitzplätze: 8637
Stehplätze: 10 100

Eröffnungsspiel
KSV Hessen Kassel – Viktoria Aschaffenburg [1:2]

Größte dokumentierte Zuschauerzahl
37 000 | 6. Juni 1964
Hessen Kassel – Hannover 96 [1:2]

www.ksv-hessen.de

Viele Namen, ein Verein. Gegründet als SG Kassel-Süd im November 1947, umbenannt in VfL Hessen Kassel 1946, fusioniert mit dem KSV Kassel zum KSV Hessen Kassel, bestand der alte KSV bis zum 21. Juli 1993. Nach finanzieller Bruchlandung erfolgte die Auflösung. Unter dem Namen FC Hessen Kassel wagte man einen Neuanfang, doch auch der endete am 24. November 1997. Ein erneuter Konkurs führte zur Löschung aus dem Vereinsregister. Tote leben manchmal eben doch länger und so wurde bereits am 3. Februar 1998 der KSV Hessen Kassel neugegründet.

Die sportliche Geschichte des Kassler Sport-Vereins Hessen Kassel ist nicht minder turbulent wie jenes Namenswirrwarr, dass den Verein seit seiner Gründung begleitet. Erstaunlich ist jedoch der hohe Bekanntheitsgrad der KSV, ohne jedoch jemals in der 1. Bundesliga gespielt zu haben. Als Erklärung dafür kann wohl die beispiellose Geschichte des Scheiterns dienen. Los ging der ganze Jammer in der Saison 1963/64, als der KSV in der Aufstiegsrunde zur Bundesliga vor Rekordkulisse gegen Hannover 96 verlor. Seinen Höhepunkt erreichte die Frustration in den Achtzigern. Ganze drei Mal in Folge verpassten die Hessen damals den Aufstieg in das Fußballoberhaus denkbar knapp. Am spektakulärsten wohl zum Saisonfinale 1984/85. Noch am 34. Spieltag übernahm Kassel die Führung in der 2. Bundesliga. Eigentlich konnte nichts mehr schiefgehen und dann verlor man gegen den Tabellenvorletzten Bürstadt und trennte sich unentschieden von Hertha BSC. Lediglich zwei Punkte für den Aufstieg wären jetzt noch aus den letzten beiden Partien nötig gewesen. Nach einem erneuten Remis gegen Mitaufstiegsaspiranten Hannover am vorletzten Spieltag bekleideten die Kassler immer noch den Platz an der Sonne. Dann der pure Horror gegen den Tabellenzweiten Nürnberg. Ab der 43. Minute spielte Kassel in Unterzahl, kassierte das erste Gegentor in der 61. Minute und bekam den Todesstoß mit Schlusspfiff. Doch trotz der 2:0-Niederlage bestand noch Hoffnung. Erst als die Meldung hereinkam, dass die beiden unmittelbaren Konkurrenten Hannover und Saarbrücken ihre Spiele gewonnen hatten war klar, dass der KSV die Saison, wie bereits in den beiden Jahren zuvor, auf dem undankbaren vierten Platz beenden würde.

Zeuge für die Fehlschläge ist seit 1953 das Auestadion. Errichtet auf einem ehemaligen militärischen Aufmarschgelände aus den Kriegstrümmern Kassels – zumindest die Fundamente der steil ansteigenden Tribünen – war es in den Fünfzigern dank seines frei tragenden Stahlkonstruktionsdaches über der Haupttribüne wegweisend in der deutschen Stadionlandschaft. Kein Stützpfeiler behinderte die Sicht auf das Grün. Zusätzlich verfügte die Haupttribüne über seitlich verglaste Außenwände und bot Sitzplätze für 2200 Zuschauer. Insgesamt fanden in dem mit einer sechsspurigen Laufbahn versehenen Mehrzweckstadion 35 000 Besucher Platz. Passend zu den späteren Schlappen ging gleich das Eröffnungsspiel von Hessen Kassel gegen Viktoria Aschaffenburg, vor versammelter hessischer Politprominenz, mit 1:2 verloren.

Dreißig lange Jahre blieb das Auestadion dann im unveränderten Originalzustand. Erst das wiederholte Rütteln der Löwen an der Tür zum Fußballoberhaus führte zu neuerlichen Modernisierungsarbeiten. Zwischen 1983 und 1993 entstanden zwei Zusatztribünen, die jeweils an beiden Seiten der Haupttribüne errichtet wurden. Ebenfalls erhielt die Gegentribüne ein Facelifting und auch die Laufbahn wurde erneuert. Das Auestadion war nun gewappnet für große Spiele. Doch allein der KSV, damals in der Oberliga Hessens spielend, konnte nicht mithalten und ging 1993 Pleite. Vier Jahre später ereilte das gleiche Schicksal den Nachfolgerverein FC Hessen Kassel. Für ganze vier Jahre verschwand der Fußball beinahe gänzlich aus dem Auestadion. Der neugegründete KSV Hessen Kassel benötigte diese Zeitspanne, um sich aus der Kreisliga wieder in die Oberliga zurückzukämpfen. Seit dem Aufstieg in die Regionalliga im Jahr 2006 herrscht bei dem Verein jedoch Stillstand und die Rückkehr in den bezahlten Fußball wurde – na klar – bereits wiederholt knapp verpasst.

Das Auestadion indes wusste sich auch ohne Fußballhighlights zu schmücken. Grund hierfür ist die Leichtathletikanlage. Während die Laufbahnen in vielen Stadien der Modernisierung zum Opfer fielen, ist Kassel stolz auf sein Mehrzweckstadion und bekam 2010 den Zuschlag als Austragungsort für die deutschen Leichtathletik-Meisterschaften 2011. Warum auch nicht, schließlich wurde das Auestadion seit 2003 erneut modernisiert. Bis zum Event im Juli 2011 wurden 23 Millionen Euro verbaut. Neben der Sanierung der Stehränge in der Nord- und Südkurve und der Errichtung einer Flutlichtanlage, wurde ebenso die alte Haupttribüne niedergerissen und neu aufgebaut. Die Tartanbahn erhielt zwei zusätzliche Spuren und auch der Stadionvorplatz durfte sich neu kleiden. Als Highlight zog eine 72 m² große LED-Anzeigetafel in das Auestadion ein. Vor beinahe ausverkauftem Haus waren die deutschen Leichtathletik-Meisterschaften ein voller Erfolg. Und doch, das Volk dürstet es nach großem Fußball.

Sagenhafte 5520 Zuschauer kamen durchschnittlich in der Regionalliga Süd 2010/11 zu den Spielen von Hessen Kassel in das Auestadion, allein die Hoffnungen nach einem Aufstieg in die 3. Liga konnten nicht erfüllt werden. Lagen die Löwen noch zum Ende der Halbserie mit drei Punkten Vorsprung auf Platz eins, so ging ihnen, wie viele Male zuvor in der Vereinsgeschichte, am Ende schlichtweg die Luft aus. Zwei Jahre später reichte nicht mal mehr der erste Platz, denn in der Relegation der neuen Regionalliga gegen den Meister der Nordstaffel, Holstein Kiel, hatte Kassel mal wieder das Nachsehen. Der Riese schläft weiter, kämpft mit seinem Loser-Image und eine ganze Region wartet sehnsüchtig auf die Erweckung.

Tobias Börner

„Dieses Stadion hat etwas, es atmet Tradition und Geschichte. Es vereint die Menschen der Region." Milan Sasic muss wissen, wovon er redet. Fünf Jahre lang, zwischen 2002 und 2007, trainierte er die TuS Koblenz und führte sie in dieser Zeit von der Ober- in die 2. Bundesliga. Eine rasend schnelle Entwicklung machte die TuS unter Sasic durch, fast zu schnell, als dass das Stadion Oberwerth mithalten konnte und sich deswegen mit Behelfslösungen begnügen musste. Zwei mobile Tribünen wurden angemietet, eine für die Gegengerade und eine für die Südkurve. Ergebnis: Eine Optik, die beinahe sinnbildlich für die Rasanz des sportlichen Aufschwungs stand. Auf der einen Seite die charmante wie urige Haupttribüne und die historischen Stehtraversen als Zeichen dafür, wo die TuS herkam, auf der anderen Seite die mobilen, angemieteten Stahlrohrtribünen als Symbol für die Höhen, welche die TuS zwischenzeitlich erreicht hatte.

Schon früh wurde begonnen, auf der Insel Oberwerth Sport zu treiben, 1895 entstanden dort Reitanlagen, im ersten Jahrzehnt des 20. Jahrhunderts siedelten sich ein paar Fußballklubs an. Ein wirkliches Stadion war aber noch nicht auszumachen. Ein solches entstand erst durch den Druck amerikanischer Soldaten. Nach Ende des Ersten Weltkriegs waren tausende von ihnen infolge der Besetzung des Rheinlands in Koblenz stationiert. Die Soldaten waren sportbegeistert, spielten Baseball in den Straßen der Stadt und stellten Boxringe auf dem Schlossplatz auf. Alles war arg improvisiert, was den Männern der Army zunehmend auf die Nerven ging, sodass sie mit Nachdruck einen Sportplatz forderten. 150 000 Mark kostete die Stadt dieses „Amerikaner-Stadion", finanziert durch Spenden aus der Bevölkerung. Deutsche hatten zunächst wenig von dieser Anlage, bis 1929 gehörte sie den Besatzungstruppen, die dort ihrer Liebe zum Sport frönten.

Als die Amerikaner abzogen und ihr Stadion, das eigentlich nur ein Sportplatz war, nicht mehr benötigten, nahm sich die TuS Neuendorf, die 1982 zur TuS Koblenz wurde, des frei gewordenen Areals an. Der Grundstein für die Fußballtradition auf dem Oberwerth. Die Stadt spielte mit und beschloss schon kurz darauf, das einstige Amerikaner-Stadion angemessen auszubauen. Bis 1935 entstand die markante Haupttribüne mit Bauhaus-Anleihen, umgeben von Stehtraversen. Einen neuen Namen gab es obendrauf, auch wenn man heutzutage lieber vergessen würde, dass Nazi-Größe Hermann Göring als Namenspate erwählt wurde. Pünktlich zur Fertigstellung der Göring-Kampfbahn rechtfertigte die TuS Neuendorf die in sie gesetzte Hoffnung und qualifizierte sich für die Gauliga Mittelrhein, der damals höchsten Spielklasse.

Nach 1945 und dem Ende des Zweiten Weltkriegs waren die Sorgen natürlich groß, aber auf Fußball wollte man in Koblenz wie auch andernorts nicht verzichten. Mit allen zur Verfügung stehenden Mitteln, in der Regel gingen diese nicht über Hände, Hacke und Schaufel hinaus, wurde das Stadion wieder in Gang gebracht. Inzwischen waren die Franzosen Herr im Haus und Besatzungsmacht im Rheinland. Kein Wunder also, dass die Arena auf dem Oberwerth in der Nachkriegszeit als Stade Charles de Gaulle firmierte. 33 000 Koblenzer waren dorthin geeilt, als 1946 der FC Schalke 04 für ein Freundschaftsspiel Station machte – ein noch heute gültiger Zuschauerrekord. Ein paar weniger, 29 000 Zuschauer nämlich, erlebten einige Jahre darauf eine recht skurrile Posse, als die TuS Neuendorf den großen 1. FC Kaiserslautern zum Oberligaduell forderte, aber kein Schiedsrichter vor Ort war. Kurzum wurde das Pflichtspiel zu einem Freundschaftsspiel gemacht, das die Lauterer mit 4:2 für sich entscheiden konnten. Der Verband allerdings war auf diese Eigeninitiative der Vereine nicht gut zu sprechen und rüffelte beide Klubs nachdrücklich. Als Kapitäne standen sich damals FCK-Ikone Fritz Walter und Josef „Jupp" Gauchel gegenüber. Jener 1963 verstorbene Gauchel ist in und um Koblenz eine Legende und gilt dort als der größte Kicker, den Stadt und Verein je hervorgebracht haben. Nicht umsonst erreicht man das Stadion Oberwerth über die Jupp-Gauchel-Straße.

Mit Gauchel als Spielertrainer erlebte die TuS zwischen 1946 und 1954 ihre besten Jahre, zog mehrfach in die Endrunde um die Deutsche Meisterschaft ein und machte dem regionalen Platzhirschen aus Kaiserslautern mächtig Feuer. Nach einem letzten Aufbäumen in den späten sechziger Jahren, als man zweimal in der Aufstiegsrunde zur Bundesliga mitmischte, wurde es zunehmend ruhiger um die TuS, die immer tiefer in einen Dornröschenschlaf verfiel und einen weiten Bogen um den Profifußball machte. Stattdessen kam der Profifußball nach Koblenz, als dort einige Sommer lang der Fuji-Cup ausgetragen wurde. Ein sportlich bestenfalls rudimentär wertvoller Wettbewerb, der große Namen in die Provinz bringen und das Sommerloch stopfen sollte. Für Koblenz aber war der Fuji-Cup so wichtig, dass eigens dafür die Gegengerade renoviert wurde. Nach Abschaffung des Fuji-Cups brachte dessen Nachfolger, der Ligapokal, immer wieder mal großen Fußball nach Koblenz. Doch so langsam wollten die Koblenzer auch ihre TuS mal wieder höherklassig erleben. Noch 2003 klang dies illusorisch, als das Insolvenzgespenst auf dem Oberwerth spukte und gerade so vertrieben werden konnte. Doch gerade mal ein Jahr später führte Milan Sasic den Klub in die Regionalliga und weckte eine Jahrzehnte nicht erlebte Euphorie, die den Klub 2006 sogar bis in die 2. Liga führte. Nun war die Stadt gezwungen, am Stadion nachzubessern. Videoleinwand, Rasenheizung, mobile Stahlrohrtribünen, erneuertes Flutlicht, Befestigung der Stehränge: Innerhalb kurzer Zeit wurde der Oberwerth zweitligatauglich gemacht. Der Verein hingegen ist es nicht mehr und stürzte fast im gleichen Tempo ab, in dem es zuvor nach oben ging. Das ist auch im Stadion zu sehen. Die mobilen Tribünen, Zeichen des Aufschwungs, wurden inzwischen abgebaut.

Mathias Ehlers

Koblenz
Stadion Oberwerth

Anschrift
Jupp-Gauchel-Straße 10
56075 Koblenz

Einweihung
15. Juni 1935

Plätze
Fassungsvermögen: 15 000
Sitzplätze: 7772
Stehplätze: 7228

Eröffnungsspiel

Größte dokumentierte Zuschauerzahl
33 000 | 29. Juni 1946
TuS Neuendorf – FC Schalke 04 [3:2]

www.tuskoblenz.de

Köln
RheinEnergieStadion
Müngersdorfer Stadion

Anschrift
Aachener Straße 999
50933 Köln

Einweihung
31. März 2004
12. November 1975

Plätze
Fassungsvermögen: 50 000 | 44 971
Sitzplätze: 41 825 | 37 525
Stehplätze: 8175 | 7446

Eröffnungsspiel
Deutschland – Belgien [3:0]
1. FC Köln – Fortuna Köln [3:0]

Größte dokumentierte Zuschauerzahl
51 000 | 31. Januar 2004
1. FC Köln – Borussia Mönchengladbach [1:0]
61 000 | 11. Juni 1983
1. FC Köln – Fortuna Köln [1:0]

www.koelnersportstaetten.de

„Der Adenauer spinnt", fluchten viele Kritiker, als der Kölner Oberbürgermeister im Jahre 1921 plante, die kommunalen Sportanlagen doch tatsächlich im entlegenen Vorort Müngersdorf bauen zu lassen. Auf dem Dorf! Wo sich doch ein rechtsrheinischer Standort geradezu anbot: Ein großes Gelände war fertig ausgekiest, alles wäre fixer und preiswerter gewesen. Nach den Worten Konrad Adenauers jedoch sollten die Bauarbeiten „möglichst viele Arbeitskräfte" beschäftigen, wegen der Arbeitslosen. Für Müngersdorf sprachen die Erdbewegungen, für die 15 000 Leute gebraucht wurden. Als die Hauptkampfbahn 1923 eingeweiht wurde, lästerte hingegen keiner mehr. Die Weltpolitik hatte geholfen: Die Inflation hatte die Anleihen, die großteilig zur Finanzierung beigetragen hatten, aufgefressen. „Die Notenpresse hat das Stadion finanziert", jubelte das „Kölner Tagblatt", und Kritiker mutierten zu Apologeten. 1931 verehrte eine Postkarte den späteren Bundeskanzler als „ersten Sportsmann Kölns". Da zählten die riesigen Anlagen immer noch zu den modernsten Europas. Zwar bewarb sich Köln ohne Erfolg für die Olympischen Spiele 1936. Aber großen Sport gab es hier auch so: Etwa 1935 das legendäre Meisterschaftsend-spiel zwischen dem FC Schalke 04 und dem VfB Stuttgart (6:4), als 74 000 kamen. 1941 der 7:0-Kantersieg gegen Ungarn, schließlich die Titel des FC 1962 und 1964, als Weltmeister Hans Schäfer und der junge Wolfgang Overath das Publikum begeisterten.

Freilich, Mitte der sechziger Jahre war die Kampfbahn baufällig geworden. Futuristische Entwürfe mit griffigen Namen wurden nun diskutiert. Aber erst explodierten die Preise, und dann bekam Düsseldorf auch noch als WM-Standort 1974 den Vorzug. Düsseldorf! Eine Schmach für den aufrechten Kölner Fan. 1975 erst folgte die Premiere des neuen Müngersdorfer Stadions, eine Konzession in vielerlei Hinsicht. Dennoch, auch hier fanden rauschende Feste statt: Der Pokalsieg 1977, das Double 1978, das Derby zwischen der Fortuna und dem FC im 1983er-Pokalfinale (0:1). Bei der EM 1988 zwei Vorrundenspiele. Die Initialzündung für die WM 1990, als FC-Star Häßler im November 1989 gegen Wales das entscheidende Tor in der Qualifikation erzielte. Die letzte Vizemeisterschaft mit Daum. Ach, all die Erinnerungen an große Kölner Zeiten...

Es ist heute, ein paar Jahre später, beinahe in Vergessenheit geraten. Aber es hatte bei treuen Fans, die jahrelang mit dem FC gebibbert hatten, durchaus Tränen gegeben anno 2001, als ihr Müngersdorfer Stadion, das keine drei Jahrzehnte existierte, in Etappen weggesprengt wurde. Nicht nur das Fanzine „Kölsch live" sang melancholische Nekrologe. Mit der Südkurve, die zuerst einkrachte, verschwand schließlich auch ein Flecken, der unendlich viele Erinnerungen erzeugt hatte, auch wenn dieser betongraue Ort ziemlich ungemütlich gewesen war. Und hässlich. Und man zum Spielfeld gefühlte drei Kilometer schauen musste. Dennoch, bereits in der Bauphase des ersten Abschnitts erahnte der Zuschauer die fantastische Metamorphose. So steil also ragte die Südtribüne, wie sie nun hieß, in den Himmel! Es würde eine großartige Kathedrale werden, ganz ohne Graben, ganz ohne Laufbahn. Die letzten Zweifel im Grüngürtel verpufften in nur 90 Minuten: Im August 2002, als beim Spiel 1. FC Köln gegen den MSV Duisburg der erste Abschnitt eingeweiht wurde. 11 000 Fans standen und saßen auf dieser 29 Meter hohen Schräge und schrien, keine acht Meter vom Rasen entfernt, ihre Mannschaft zu einem 4:3. Die Spieler mussten noch lernen, diese ungewohnte Ekstase zu kanalisieren. „Die neue Tribüne peitscht uns ganz schön nach vorne, zwischendurch hat sie uns aber zu sehr nach vorne gepeitscht", meinte Alexander Voigt, nachdem der FC nach einem 3:1-Vorsprung weiter das gegnerische Tor berannt hatte. „Die Euphorie war einfach zu groß", befand der damalige Coach Friedhelm Funkel, „die Jungs wollten nur noch Tore schießen."

Je mehr der Neubau fortan im Uhrzeigersinn wuchs, desto klarer schälte sich der völlig neue Charakter heraus. Vor allem die vier 70 Meter hohen, von weitem sichtbaren Lichttürme und die zwischen ihnen hängenden geschwungenen Drahtseile, die als gestalterisches Element die vielen Rheinbrücken aufnehmen, haben ornamentalen Charakter. Ansonsten überwiegt der Eindruck des Schlichten. Alles ist eindeutig fußballadäquater als zuvor, es ist ein funktionales Bauwerk, das an klassische englische Vorläufer erinnert. Es heißt zwar, weil es der Sponsor so möchte, „RheinEnergieStadion", doch setzte sich dieser Name bei den Fans bisher nicht durch. Vermutlich, weil der Begriff Arena viel passender erscheint. Arena, das bedeutet infernalische Lautstärke, ein Kessel, der die leidenschaftlichen Aktionen auf dem Rasen und auf den Rängen noch einmal zusammendampft, der die Atmosphäre verdichtet, ein Spektakel. All das ist, wenn der FC in Köln aufläuft, garantiert. Und das, obwohl es mit den sportlichen Zielen des FC weiß Gott nicht immer geklappt hat in den vergangenen Jahren.

Die neue Spielstätte aber hat bisher niemanden enttäuscht. Sie durfte schon großartige Schauspiele beherbergen: Den Freistoß, den der lokale Hero Dirk Lottner nach dem Wiederaufstieg zum 1:0-Sieg gegen Borussia Dortmund ins Toreck zirkelte und damit Dezibelstärken im Grenzbereich produzierte. Im Januar 2004, als das Rechteck endlich geschlossen war, der 1:0-Erfolg gegen den Erzfeind aus Mönchengladbach, als mit dem Torschützen Lukas Podolski ein neuer Hoffnungsträger geboren wurde. Jener Podolski wurde später zu einem Aushängeschild der WM 2006, die anders als 1974 nun auch in Köln gastierte, während im verhassten Düsseldorf an einem neuen Stadion gewerkelt wurde. Schwergewichte wie Portugal, Frankreich und England gastierten dabei in Müngersdorf. Mit dem FC hingegen geht es seit Jahren nur zäh voran, doch den Kölner an sich juckt das Mittelmaß scheinbar nicht. Heimspiel für Heimspiel ist das Stadion voll.

Erik Eggers

◂ *1. FC Köln – FC Bayern München [1:4] | 5. Mai 2012 | 50 000 Zuschauer*
◂◂ *1. FC Köln – Alemannia Aachen [4:0] | 10. Dezember 1990 | 40 000 Zuschauer*

Es ist ruhig geworden um das Krefelder Grotenburg-Stadion. Dabei war es einst in aller Munde – im März 1986, als dort eines der denkwürdigsten Spiele aller Zeiten stattfand. Im Rahmen des Europapokals der Pokalsieger trafen damals Dynamo Dresden und Bayer 05 Uerdingen aufeinander. Mit der Hypothek einer 0:2-Hinspielniederlage und eines 1:3-Pausenrückstands sprach wenig, eigentlich nichts, für ein Weiterkommen Uerdingens. Doch mit dem Mute der Verzweiflung überrannte Bayer die Sachsen, erzielte innerhalb von nur 28 Minuten sechs Tore und schaffte so doch noch die Sensation. Die Grotenburg, wie das Stadion umgangssprachlich genannt wird, kochte und Krefeld befand sich auf dem Höhepunkt einer riesigen Fußballeuphorie. Ahnen konnte dies am 18. September 1927, als die Grotenburg-Kampfbahn feierlich eröffnet wurde, natürlich niemand. Lange Zeit spielte Fußball bestenfalls eine Nebenrolle und stand im Schatten anderer Sportarten. Zahlreiche Leichtathletikanlagen sowie eine Aschenbahn wiesen auf die primäre Nutzung der Arena hin. 18 000 Menschen bot das Mehrzweckstadion Platz, das außer einer Tribüne auf der Nordseite lediglich über Stehwälle verfügte. Über Jahrzehnte blieb das Erscheinungsbild der Grotenburg-Kampfbahn unverändert. Von einem einjährigen Intermezzo der TuS Duisburg 48/99 in der Saison 1963/64 abgesehen, blieb sie fußballerisch verwaist. Doch die Duisburger zeigten, wie sehr Krefeld nach Fußball lechzte. Obwohl sie aus der Regionalliga West abstiegen, wohnten den Spielen der TuS durchschnittlich knapp 5000 Zuschauer bei. Ein Zuspruch, der in Duisburg illusorisch gewesen wäre. Zu erdrückend war die lokale Konkurrenz jener Tage.

Einige Jahre später schickte sich dann auch der Krefelder Fußball an, aus der Versenkung aufzutauchen. Verantwortlich für diesen Aufschwung waren ausgerechnet die Kicker des FC Bayer 05 Uerdingen. Zwar handelt es sich bei Uerdingen formell um einen Stadtteil Krefelds, doch vermittelt das Lebensgefühl der Uerdinger etwas Anderes. Bis 1929, als es zur Fusion mit Krefeld kam, war Uerdingen eine eigenständige Stadt und noch heute leitet sich daraus ein gewisses Selbstverständnis ab, manifestiert im oftmals zitierten Motto „Oeding blievt Oeding" (Uerdingen bleibt Uerdingen).

1971 stieg Bayer Uerdingen in die damals zweithöchste Spielklasse, die Regionalliga West, auf und sah sich wegen des steigenden Zuschauerinteresses gezwungen, in die Grotenburg nach Krefeld-Bockum umzusiedeln. Hinter sich ließ der aufstrebende Verein das Stadion am Löschenhofweg im heimatlichen Uerdingen. Erwies sich das Fassungsvermögen von 18 000 Zuschauern anfangs als ausreichend, platzte die Grotenburg aus allen Nähten, als Bayer 1975 an das Tor der Bundesliga klopfte. Nachdem das Stadion um eine schicke Sitzplatztribüne (inklusive vorgelagerter überdachter Stehplätze) auf der Südseite erweitert worden war, wurden 22 000 Menschen Zeuge des denkwürdigen Aufstiegsspiels gegen den FK Pirmasens. Bayer gewann 6:0, stieg in die Bundesliga auf und konnte obendrein einen neuen Zuschauerrekord vermelden.

Die Finanzierung der vom DFB geforderten Flutlichtanlage stellte aufgrund des potenten Namenspaten kein Problem dar und so schmückt sich die Grotenburg seit 1976 mit vier Flutlichtmasten. Anschließend galt das Augenmerk der Westtribüne, die seit ihrem 1980 fertig gestellten Ausbau 10 000 Stehplätze bietet.

Allerdings fiel es der Mannschaft zunächst schwer, sportlich mit der Modernisierung des Stadions mitzuhalten. Erst im dritten Anlauf, infolge des Aufstiegs 1983, konnte sich Bayer in der Bundesliga etablieren. Unter der Ägide Karl-Heinz Feldkamps erlebte der Verein seine Blüte, die sich nachhaltig in der Architektur der Grotenburg niederschlug. Selbst der damalige Oberbürgermeister Krefelds, Dieter Pützhofen, ließ sich von der Euphorie mitreißen und versprach anlässlich des DFB-Pokalsiegs 1985 ein reines Fußballstadion mit 40 000 überdachten Plätzen. 1986 folgten dem Versprechen erste Taten, und so rollten in der Sommerpause die Bagger an. Die alte Tribüne an der Nordseite wurde abgerissen und stattdessen eine reine Sitzplatztribüne mit über 10 000 Plätzen errichtet. Die Ostkurve, wegen des angrenzenden Tierparks eigentlich nur „Zookurve" genannt, wurde durch eine ausschließlich Stehplätze bietende Hintertortribüne ersetzt, während man die Südtribüne mit einem neuen Kabinentrakt und modernen Pressearbeitsplätzen aufwertete. Die charakteristische Laufbahn war somit Geschichte, aus der Grotenburg-Kampfbahn wurde das Grotenburg-Stadion und die Kulisse für ganz großen Fußball, als der UEFA-Cup ein wahres Traumlos bescherte – der FC Barcelona musste in Krefeld antreten. Es wurde wahrlich eng im Stadion, denn 30 000 wollten die Katalanen sehen. Ausverkauft! Doch die 0:2-Heimpleite war das bislang letzte Europapokalspiel in der Grotenburg. Kurz darauf war der Umbau der Osttribüne endgültig vollzogen. Das Fassungsvermögen stieg nun auf 35 700 Plätze, wurde aber 1990 mit der Montage einer digitalen Anzeigetafel auf 34 500 reduziert.

Schon früh erwies sich die modernisierte Grotenburg jedoch als überdimensioniert, zu keiner Zeit konnte Bayer Uerdingen die in den Ausbau gesteckten Erwartungen erfüllen. Die Erfolge der Achtziger blieben Eintagsfliegen. Ausverkauft war die überaus authentische Arena schon lange nicht mehr, letztmalig zum Gastspiel des FC Bayern im November 1994. Zum einst versprochenen Stadion mit 40 000 überdachten Plätzen ist es nie gekommen, dem weiteren Umbau der Grotenburg kam der sportliche Niedergang des nach dem Ausstieg der Bayer AG in Krefelder FC Uerdingen umbenannten Klubs in die Quere. Inzwischen in den Niederungen des Amateurfußballs angekommen, ist das Grotenburg-Stadion der letzte Star des Krefelder Fußballs und Zeugnis seiner längst vergessenen goldenen Zeit.

Mathias Ehlers   www.kfc-uerdingen.de

Krefeld
Grotenburg-Stadion

Anschrift
Tiergartenstraße 165
47800 Krefeld

Einweihung
17. Oktober 1927

Plätze
Fassungsvermögen: 34 500
Sitzplätze: 9 943
Stehplätze: 24 557

Eröffnungsspiel

Größte dokumentierte Zuschauerzahl
34 500 | 5. November 1994
Bayer 05 Uerdingen – FC Bayern München [1:1]

▸ KFC Uerdingen 05 – Rot-Weiss Essen [2:5 n.E.] | 2. Mai 2012 | 6 201 Zuschauer

Leipzig
Red Bull Arena

Anschrift
Am Sportforum 2–3
04105 Leipzig

Einweihung
17. Juli 2004

Plätze
Fassungsvermögen: 45 000
Sitzplätze: 45 000
Stehplätze: --

Eröffnungsspiel
FC Sachsen Leipzig – Borussia Dortmund (A) [0:1]

Größte dokumentierte Zuschauerzahl
44 200 | 17. November 2004
Deutschland – Kamerun [3:0]

www.sportforum-leipzig.com

Selbst mehr als 50 Jahre später konnte sich Siegfried Fettke noch an jede Sekunde dieses 8. September 1956 erinnern. „Wir waren unglaublich stolz", berichtete der Leipziger. Fettke lief als Spieler des SC Rotation Leipzig in das frisch eingeweihte Zentralstadion ein, 100 000 Zuschauer säumten im Punktspiel gegen Lok Leipzig die Tribünen der Schüssel – noch heute hält dieser deutsche Rekord, nie wohnten mehr Fans einem Fußballspiel bei. Für Siegfried Fettke ist der 8. September 1956 ein besonderer Tag in seinem Leben. Am Ende konnte auch sein Elfmeter die 1:2-Niederlage gegen den Lokalrivalen nicht verhindern, aber sein Kindheitstraum, in seiner Heimatstadt vor solch einer Kulisse spielen zu dürfen, hatte sich erfüllt. Zumal er zu den vielen Leipzigern gehörte, die beim Stadionaufbau mithalfen, er war für die Vermessung zuständig. „Dieses Gefühl von damals kann mir auch heute keiner mehr nehmen", erinnerte sich Fettke noch vor seinem Tod Ende 2012.

Gerade einmal 16 Monate vergingen vom Baubeginn im April 1955 bis zur Fertigstellung des Stadions, das die DDR-Regierung in Auftrag gegeben hatte. „270 000 freiwillige Aufbaustunden müssen bis zur Fertigstellung des Sportforums noch geleistet werden. Jeden Abend werden mindestens 500 und sonntags 1000 Aufbauhelfer gebraucht", lautete der Aufruf der „Leipziger Volkszeitung" am 10. April 1956, und die Bürger der Stadt ließen sich nicht lumpen, die Schüssel wurde in Rekordzeit fertig gestellt. Insgesamt waren über 180 000 Helfer an der Fertigstellung beteiligt, mehr als 1,5 Millionen Kubikmeter Trümmerschutt, der durch englische und amerikanische Bombenangriffe entstanden war, wurden dabei verbaut. Besonderes Bonbon war ein Saal für 120 Musiker, die für den Stadionfunk aufspielten. Weil sie schon fast alle mit angepackt hatten, ließen es sich die Leipziger in der Zeit danach auch nicht nehmen, in Scharen Fußballspiele und andere Sportveranstaltungen in ihrem „Stadion der Hunderttausend" zu besuchen. Friedensfahrt-Ankünfte standen ebenso auf dem Veranstaltungsprogramm wie Leichtathletik-Wettkämpfe oder zahlreiche Turn- und Sportfeste. Aber vor allem fußballerisch ging es in diesen Jahren im Zentralstadion hoch her. Etliche Lokalderbys fanden hier statt, meistens verließ Lok Leipzig als Sieger den Rasen. Den Fans der oft unterlegenen BSG Chemie Leipzig blieb dagegen der Spaß der zahlenmäßigen Überlegenheit.

Vom legendären Hacken-Tor Fritz Walters einen Monat nach der Eröffnung im Freundschaftsspiel seiner Roten Teufel gegen Karl-Marx-Stadt spricht heute noch jeder der älteren Semester, der FC Barcelona war später ebenso zu Gast wie der SSC Neapel mit Diego Maradona, der über ein 1:1 gegen die Leipziger Gastgeber nicht hinauskam. Unvergesslich ist aber auch noch immer René Müllers letzter Elfmeter gegen Girondins Bordeaux im Halbfinale des Europapokals der Pokalsieger 1987, der Lok die Endspielteilnahme gegen Ajax Amsterdam sicherte und einen Jubelsturm quer durch Leipzigs Gassen auslöste.

Das Jubeln verging den Leipziger Fans in den Folgejahren, bis auf den Bundesligaaufstieg des VfB Leipzig im Jahr 1993 gab es kaum Anlass zur Freude. Der Ausflug in die Erstklassigkeit währte jedoch nur ein Jahr und schon da war das Stadion dermaßen hinüber, dass nur 37 000 Menschen hinein durften. Ohne großen Fußball verfiel die Schüssel zusehends weiter und gab sich dabei die Hand mit den beiden führenden Vereinen der Stadt, dem VfB wie dem FC Sachsen, jeder für sich ein Fass ohne Boden und in der Lage, Geld schneller zu verbrennen als ein Rudel Pyromanen.

Dieser Zustand darf nicht ewig währen, war man sich im Gemeinderat der Stadt Leipzig und im Sächsischen Landtag letztlich einig und brachte Pläne für ein neues Stadion auf den Weg. Anlässlich des 100. DFB-Geburtstages folgte im Januar 2000 die Grundsteinlegung für eines der architektonisch und technisch modernsten Stadien in Deutschland. Beim Bau der neuen Arena wurde die Geschichte und Tradition des „Stadion der Hunderttausend" nicht einfach weggerissen, die neue Schüssel ist in den begrünten Wall des alten Stadions eingebettet, ein imposantes Bild und gelungene Symbiose von Alt und Neu.

Im März 2004 öffnete das neue Zentralstadion seine Pforten. Der FC Sachsen Leipzig zog das, nun ja, große Los, die Arena zu bespielen. Die Wahl hatte der Klub nicht, schließlich wird das Zentralstadion von Michael Kölmel betrieben. Jener Kölmel machte vor Jahren Schlagzeilen, als er sich bei gestrandeten Traditionsvereinen finanziell engagierte, von deren sportlicher Genesung er sich fürstliche Renditen versprach. Unter diesen Vereinen war auch der FC Sachsen, den Kölmel ins Zentralstadion lockte, um wenigstens einen Bruchteil der Bau- und Betriebskosten zu decken. Ein Trauerspiel, denn Partien vor den durchschnittlich 2000 Fans wirkten in einem solch ambitionierten Stadion reichlich deplatziert, so dass der DFB einsprang und mit Länder- und Supercupspielen dafür sorgte, dass sich die Ränge wenigstens ab und an befriedigend füllten. Und natürlich war da auch die WM 2006, die Leipzig etwa das spannende Achtelfinale zwischen Argentinien und Mexiko bescherte.

Den FC Sachsen Leipzig gibt es mittlerweile nicht mehr, er wurde 2011 abgewickelt und aus dem Vereinsregister gestrichen. Stattdessen ist nun RB Leipzig Hausherr im Zentralstadion, das längst schon „Red Bull Arena" heißt. Zwar kickt auch der deutsche Ableger der Red-Bull-Fußballgruppe meist vor leeren Rängen, doch sieht der aus österreichischen Brausemillionen gespeiste Businessplan vor, mittelfristig in der Bundesliga zu spielen. Spätestens dann, so wünschen es sich die Verantwortlichen, kehrt der große Fußball auch dauerhaft in die sächsische Metropole zurück und liefert den Leipzigern historische Spiele, wie sie sie im alten Zentralstadion zuhauf erlebt haben.

Robert Mucha & Boris Herrmann & Mathias Ehlers

Leverkusen
BayArena

Dort im Süden glitzert die Glasfassade, hinter der sich ein Restaurant und die VIP-Logen verstecken. Lautsprecher ballern die Charts auf die Tribünen. Heizstrahler sorgen im Winter für warme Füße. Bundesliga in der BayArena ist immer auch ein bisschen Kirmes. Noch gar nicht so lange ist es her, da sah ein Spiel in der Leverkusener Bismarckstraße ganz anders aus. Da hießen die Zutaten „Bier, Bratwurst, Schweiß!" für einen Nachmittag in einem Stadion, dessen Name nach Lack und vielen Jahren Amateurfußball in der Provinz roch. Im August 1958 wurde das Ulrich-Haberland-Stadion in Leverkusen eröffnet. Benannt nach Professor Dr. Ulrich Haberland, dem Generaldirektor der Farbenfabriken Bayer. Haberland erschien zur Eröffnungszeremonie allerdings

Die BayArena vor ihrem Ausbau (2007)

genauso wenig wie der damalige Oberbürgermeister Wilhelm Dopatka. Ein Stadionbesuch war damals eben noch kein gesellschaftliches Event. Die Sportvereinigung Bayer 04 irrlichterte als gehobene Betriebssportgemeinschaft durch die Niederungen des deutschen Fußballs.

Noch zu Beginn der achtziger Jahre war das Stadion ein größerer Dorfplatz. Dann setzte mit der Erfolgsgeschichte von Bayer 04 auch die Veränderung des Stadions hin zur multifunktionalen Schmuckkästchen-Arena ein. In 20 Jahren hat sich der Werksklub vorwärts gewälzt und die Patina des neureichen Plastikklubs abgeschüttelt. Unter Reiner Calmund durften die Leverkusener sogar am Tisch der Großen im Fußball Platz nehmen. Und im Hintergrund verschwand Tribüne für Tribüne des alten Stadions: Nachdem 1979 der Erstliga-Aufstieg gelungen war, hatten sich die Leverkusener Mitte der Achtziger in der höchsten deutschen Spielklasse langsam akklimatisiert. Man schielte neidisch nach Dortmund und sehnte sich nach einem reinen Fußballstadion. Der Umbau begann 1986 an der Ostseite des Stadions, wo seit dem Aufstieg lediglich eine provisorische Holztribüne stand. Mit dem neuen Stadion machten sich die Leverkusener schick für die Bundesligaspitze. Der sportliche Erfolg stellte sich schneller ein als erwartet. Zu schnell für die Bauherren. Und so kam es, dass der Klub seinen bis heute größten Erfolg, den UEFA-Pokalsieg 1988, auf einer Baustelle feierte. Die neue Westtribüne war an diesem Tag lediglich im Rohbau fertig. In den darauffolgenden Jahren veränderte die Spielstätte ständig ihr Gesicht. Oft war es eine eher zahnlose Fratze. Nie richtig fertig, immer ein wenig zugig. Bis weit in die Neunziger klaffte ein riesiges Loch im Süden der Arena. Wo es heute Hummer gibt, standen wie zu Oberligazeiten Fußgänger am Zaun, um Spiele von Bayer 04 für lau zu schauen.

1999 wurde das Stadion endgültig in BayArena umbenannt. Die Leverkusener hatten sich eine Eventkathedrale geschaffen in der Größe einer Autobahnkapelle. Denn im Vergleich zu den Bombastbauwerken der Konkurrenz aus Schalke und München ist das Stadion immer noch eine eher kleine Bühne, auf der jedoch oft großes Theater geboten wurde. Der Zirkus BayArena bot Weltstars, einen Manager mit Doppelsitzschale, viele Tränen und eine Kokain-Affäre. Und immer wieder ganz großen Sport: Wie etwa 2002, als die Leverkusener Mannschaft, angeführt von Michael Ballack, durch die Champions League tanzte. Nicht nur Manchester verließ das Stadion als Verlierer. Viele in Leverkusen halten das Viertelfinalrückspiel gegen den FC Liverpool, ein entfesseltes 4:2, noch heute für eines der besten Europapokalspiele aller Zeiten. Ein Makel haftet der BayArena jedoch bis heute an: Sie ist ein Stadion der Vizemeisterschaften. Vielleicht veränderte sie auch deshalb erneut ihr Gesicht. Wie gewohnt in Parallelität zur Leverkusener Belegschaft.

Nach der Ära Calmund bekam das Stadion ein neues Gesicht, mit herrlich futuristischem Antlitz. Den Leverkusenern war das Aussehen ihres Stadions erst einmal ziemlich egal. Sie wollten ihren Verein einfach wieder gerne bei sich zu Hause in Leverkusen sehen, und nicht wie in der Rückrunde 2009 nach Düsseldorf pilgern. Was nützen Heimspiele, wenn diese bei einem der rheinischen Erzrivalen im Stadion ausgetragen werden? Es war daher kaum verwunderlich, dass Bayer Leverkusen in der Rückrundentabelle in der unteren Hälfte zu finden war.

Als das Asyl in Düsseldorf vorüber war und es wieder zurück nach Leverkusen ging, sollte die Fans der Werkself eigentlich ein hoch über dem Spielfeld prangendes überdimensionales Bayer-Kreuz empfangen. Aus finanziellen Gründen verzichtete man darauf, schließlich war der Umbau mit 70 Millionen Euro schon teuer genug. Doch auch ohne diesen Verweis auf den Mutterkonzern ist allen klar, wer den Verein im Laufe der letzten Jahrzehnte zu einem nationalen Spitzenklub machte. So bleibt der Hingucker der neuen BayArena das Dach. Es ist nicht komplett geschlossen wie auf Schalke, oder leuchtend wie in München, sondern kreisrund. Das Dach bietet den Zuschauern also nicht nur während des Spiels Schutz vor dem rheinländischen Regen, sondern auch im Vorbereich der beiden Längsseiten. Schließlich macht Kirmes trocken am meisten Spaß.

Lucas Vogelsang & Mathias Ehlers

Anschrift
Bismarckstraße 122–124
51373 Leverkusen

Einweihung
2. August 1958

Plätze
Fassungsvermögen: 30 210
Sitzplätze: 25 410
Stehplätze: 4800

Eröffnungsspiel
Bayer 04 Leverkusen – Fortuna Düsseldorf [0:3]

Größte dokumentierte Zuschauerzahl
30 210 | erstmals am 20. September 2009
Bayer 04 Leverkusen – Werder Bremen [0:0]

www.bayarena.de

Lübeck
PokerStars.de-Stadion an der Lohmühle

Anschrift
Bei der Lohmühle 13
23554 Lübeck

Einweihung
1925

Plätze
Fassungsvermögen: 17 849
Sitzplätze: 5589
Stehplätze: 12 260

Eröffnungsspiel

Größte dokumentierte Zuschauerzahl
20 000 | 24. September 1988
TuS Hoisdorf – FC Bayern München [0:4]

www.vfb-luebeck.de

Lübeck ist eine kleine schmucke Hansestadt. Wer durch die Gassen der Altstadt schlendert, kann leicht eintauchen in die Zeit, in der hier der Warenumschlagsplatz der ganzen Region war. Viele Touristen wandeln heute auf den Spuren großer Seefahrer oder der Buddenbrooks, je nach Interessensgebiet. Sie genießen das Lübecker Marzipan, das die Stadt in aller Welt bekannt macht, oder wandeln durchs Holstentor. Der Fußball muss nur selten als Grund für einen Abstecher nach Lübeck herhalten. Was daran liegt, dass der örtliche Großklub VfB Lübeck zunächst in der 4. Liga und nach Insolvenz im Jahr 2013 gar fünftklassig kickt. Da fahren auch schleswig-holsteinische Fußballfans lieber nach Bremen oder, noch näherliegend, zum Hamburger SV. Umso bitterer für die Anhänger, dass während des größten sportlichen Misserfolges vom VfB, die Erzrivalen von Holstein Kiel in die 3. Liga aufstiegen.

Es sind angesichts der überbordenden Tristesse im Alltag die Pokalspiele, die das Stadion an der Lohmühle, das größte Stadion Schleswig-Holsteins, füllen. In den letzten Jahren hatte der VfB immer wieder Losglück, so kamen Vereine wie Borussia Dortmund, 1860 München, der VfB Stuttgart und Werder Bremen in die Hansestadt und mit ihnen die Fans, die gerade an der norddeutschen Küste Urlaub machten. Zwar ging der VfB Lübeck meist als knapper Verlierer vom Platz, aber zumindest war dann einmal das Stadion wieder voll. Und im Jahre 2009 konnten die Lübecker dann tatsächlich sogar einmal eine Pokalsensation feiern, der frisch gebackene Bundesligist FSV Mainz wurde vor einem begeisterten Publikum an der Lohmühle mit 2:1 geschlagen. Ohnehin gehört die Lohmühle gefüllt zu den stimmungsvollsten Stadien Norddeutschlands. Die Ränge stehen bis eng an das Spielfeld heran, keine Laufbahn stört die Sicht. Und auch wenn dem Lübecker kulturgeschichtlich kein überschäumendes Temperament beschieden worden ist, so versteht er es doch, gehörigen Lärm zu machen, wenn es denn einmal gut läuft, was allerdings in den letzten Jahren nur sporadisch der Fall war.

Die Geschichte des Fußballs in Lübeck ist eng mit dem Stadion an der Lohmühle verbunden. Seit 1925 ist das Stadion Heimat des Klubs, der nach allerlei Umbenennungen heute VfB Lübeck heißt. Damals allerdings, im Jahr 1919, gründeten Kicker des Straßenfußballklubs Hansa zunächst den Ballsportverein Vorwärts 1919 Lübeck, der kurz BSV Lübeck genannt wurde. Zwei Jahre später folgte die Gründung der Sportgemeinschaft Polizei Lübeck, der 1931 noch der VfR Lübeck angegliedert wurde, und der zum zweiten Vorgängerverein des VfB werden sollte. Nach Irrungen und Wirrungen und einem Verbot durch die nationalsozialistischen Machthaber gründete Aktivist Friedrich Grabner mit bewährten Vereinsmitgliedern des Polizeisportklubs und unter Zuhilfename der Lizenz des BSV Vorwärts den VfB Lübeck. Manche damals getroffenen Entscheidungen prägen das Vereinsleben bis heute. So ging das traditionelle, schildförmige Wappen auf die Idee des späteren Keepers Albert „Jonny" Felgenhauer zurück. An der Lohmühle ging es vor allem in den Vorkriegsjahren hoch her. In der Gauliga kamen Mannschaften wie der Hamburger SV oder auch der ewige Rivale Holstein Kiel nach Lübeck – die Atmosphäre im engen Stadion war gefürchtet. Nach dem Krieg setzte sich die Erfolgsgeschichte des Klubs zunächst nahtlos fort. Ab 1947/48 kickte der Klub in der Oberliga Nord, wo sich die Hochkaräter aus Schleswig-Holstein und Niedersachsen tummelten, dazu die großen Mannschaften aus Bremen und Hamburg.

Stets spürbar war dabei im Klub die Tradition als Polizeisportverein, Disziplin stand hoch im Kurs, was bei der Lektüre der Vereinspostille offensichtlich wurde. Zu einem Spiel in der Gauliga hieß es dort über den säumigen Kollegen Steffens: „Als ich an diesem Sonntag am Sportplatz eintraf, musste ich zu meinem nicht geringen Erstaunen erfahren, dass Steffens nicht mitgekommen war. Infolge Sonntagsarbeit musste er zurückbleiben, jedoch bei mehr Kameradschaftsgeist wäre es meiner Meinung nach bestimmt möglich gewesen, sich doch freizumachen und wie immer seinen Kollegen in diesem schweren Gang zur Verfügung zu stehen. Wollen wir es dahingestellt sein lassen, diese Unabkömmlichkeit näher zu untersuchen." Den größten Erfolg der Vereinsgeschichte feierte der VfB 1969. Der Klub kickte inzwischen in der Regionalliga Nord, dem Unterbau zur damals noch recht jungen Bundesliga, und landete in der Endtabelle auf Platz 2, was die Teilnahme an der Aufstiegsrunde zur Bundesliga bedeutete. Dort jedoch scheiterte der VfB und sollte auch danach nur noch sporadisch den Sprung in die dann neu gegründete 2. Bundesliga schaffen.

Inzwischen hat sich an der jahrzehntelang unveränderten Lohmühle einiges getan. Na gut, noch immer verschandelt der Zweckbau eines Baumarktes hinter der Gegengerade den Blick und seit 2011 ist der Bezeichnung Lohmühle noch der Name eines großen Onlinepoker-Portals vorangestellt, was dem klammen Klub immerhin etwa 125 000 Euro jährlich einbringt. Die windschiefe Haupttribüne aber, die einst jedem verantwortungsvollen Statiker Schweißperlen auf die Stirn getrieben hatte, ist durch eine schmucke Sitzplatztribüne mit aufgemaltem Vereinssignet ersetzt worden. Dies geschah mit großzügiger Unterstützung des lokalen Bauunternehmers Günter „Molle" Schütt, der Anfang der Neunziger beim VfB einstieg und für eine sportliche Renaissance sorgte. Einst selbst Spieler beim VfB, wurde Schütt zum starken Mann an der Lohmühle, sorgte für dicke Etats und ebensolche Ambitionen. Letztlich sprangen dabei zwei Aufstiege in die 2. Liga und Halbfinale im DFB-Pokal heraus. Eigentlich nicht schlecht, nur konnte sich der VfB nicht wirklich im Unterhaus etablieren und gab dort nur kurze Gastspiele. Die goldenen Jahre des Lübecker Fußballs sind damit vorerst vorbei, stattdessen dominierten zuletzt etliche interne Querelen, eine Insolvenz gab es obendrauf. Nun steckt der Klub im Amateurfußball vor überschaubarer Kulisse fest, aber vielleicht meint es die Pokal-Glücksfee ja auch in Zukunft gut mit den Hansestädtern.

Maike Schulz

◂ VfB Lübeck – SV Wilhelmshaven [1:3] | 25. Oktober 2008 | 2213 Zuschauer

Der 24. März 2005 war ein trüber Tag. Etwa 400 Schaulustige hatten sich um die Mittagszeit auf dem Rasen des zu DDR-Zeiten aus Kriegsschutt erbauten Ernst-Grube-Stadions eingefunden, um die Sprengung der 56 Meter hohen Viermast-Flutlichtanlage live mitzuerleben. Der Abriss der historischen, aber stark baufälligen Spielstätte, in der der 1. FC Magdeburg so viele nationale und internationale Erfolge gefeiert hatte, wurde mit dieser Aktion offiziell eingeläutet. Wirklich gut ließ sich das Spektakel allerdings nicht verfolgen, denn dichte Nebelschwaden hatten sich über dem Magdeburger Himmel zusammengezogen, als die Flutlichtanlage, die einst der ganze Stolz Magdeburgs gewesen war, für immer erlosch.

Im Fußball der DDR war der 1. FC Magdeburg eine große Nummer. Der einzige Europapokal eines ostdeutschen Teams steht dort. Und das seit 1974, als man mit einer besseren Regionalauswahl sensationell den großen AC Mailand besiegen konnte. Spieler wie Joachim Streich oder Jürgen Sparwasser zeigten hier ihre Kunststücke und machten Magdeburg im internationalen Fußball bekannt. Lang ist's her. Nach der Wende morschte der Klub dann genauso vor sich hin wie sein Stadion. Erste Pläne für einen Stadionneubau wurden bereits 1997 geschmiedet. Magdeburg träumte damals den kühnen Traum, Austragungsort der WM 2006 zu werden. Doch schnell wurde klar, dass sich die verschuldete Landeshauptstadt Sachsen-Anhalts eine Arena nach Schalker Vorbild nicht würde leisten können. Vom Nutzwert einer solchen Arena ganz zu schweigen. So wurde kurzerhand die Zielvorgabe angepasst: Man wollte sich mit dem neuen Stadion wenigstens als Trainingsstätte für die Fußball-WM bewerben. In den Gremien der Stadt begann daraufhin eine Jahre andauernde, kontroverse Diskussion um die Zuschauerkapazität und die Finanzierung des Projektes. Der FCM hatte seit der Wende eine sportliche Talfahrt hingelegt und den Sprung in den bezahlten Fußball wieder und wieder verpasst. Sollte sich eine überschuldete Stadt für einen Amateurklub ein so großes und modernes Stadion leisten? Schließlich einigte man sich nach langem und zähem Ringen auf ein 31 Millionen Euro teures, länderspieltaugliches Stadion mit 27 250 Plätzen, für das die Stadt die Hälfte der Kosten tragen würde. Doch schon bald folgte der nächste Rückschlag. Der Baukonzern, der die Ausschreibung für sich hatte entscheiden können, zog überraschend sein Angebot zurück. Dadurch verzögerte sich der Bau, und das Stadion wurde nicht mehr rechtzeitig zur WM fertig. Ein Funktionär aus der Elfenbeinküste war zwar noch eilig angereist, um sich Magdeburg als Mannschaftsquartier für die Ivorer um Didier Drogba anzusehen, entschied sich dann aber doch für Niederkassel.

Im Dezember 2006 wurde dort, wo zuvor das triste Ernst-Grube-Stadion stand, die moderne Multifunktionsarena eingeweiht. Selbst Franz Beckenbauer war zur Eröffnung anwesend. Er erzählte, was man von ihm hören wollte, dass Magdeburg ein schlafender Riese sei, dass das neue Stadion Bundesliga-Fußball verdient hätte und all die Dinge, die man so von sich gibt, wenn man ein guter Gast sein will. Anfangs hatte die neue Heimat des FCM gar keinen richtigen Namen und wurde bis zur Ankunft eines willigen Namenssponsors schlicht „Stadion Magdeburg" genannt. Zweieinhalb Jahre gingen ins Land, bis sich der lokale Telekommunikationsanbieter MDCC die Namensrechte sicherte.

Die neue Arena entspricht modernem Standard, hat einen komplett überdachten Zuschauerbereich mit integrierten VIP-Logen, Multimedia-Anzeigetafeln sowie eine Rasenheizung. Natürlich, verglichen mit dem hilflos überalterten Ernst-Grube-Stadion haben sich die Magdeburger ein Paradies geschaffen, aber besonders schön ist der Betonklotz nicht, weil man sich eben für die günstigste und nicht für die optisch ansprechendste Variante entschieden hat. Mit Ausnahme der blauen Sitzschalen gibt es im nun MDCC-Arena heißenden Stadion relativ wenig Bezug zum Verein. Vor allem die Fassade spiegelt den Sparzwang der Kommune wider. Es gibt bereits Pläne der Fans, die Außenansicht kreativer zu gestalten, doch müssen sie vorerst abwarten und schauen, was der namensgebende Sponsor für Gestaltungsideen hat. Bis dahin bleibt es beim ebenso zweckmäßigen wie nackten Beton. Die benachbarte Bördelandhalle, Heimat der Bundesliga-Handballer vom SC Magdeburg, sieht da schon einladender aus, hat aber einen großen Makel: Dort wird kein Fußball gespielt.

Die Magdeburger aber haben ihr Stadion ins Herz geschlossen, nicht zuletzt deshalb, weil der FCM dort sofort seine wohl beste Nachwendesaison hingelegt hat. Fast wären sie 2007 in die 2. Liga aufgestiegen, haben dies aber im letzten Spiel vergeigt. Seitdem ging alles schief, 2008 wurde höllisch knapp die Qualifikation zur 3. Liga verpasst und so hängt der Klub nun trotz seines länderspielreifen Stadions in der Regionalliga fest. Aber immerhin schaute der DFB ab und an vorbei, die Frauennationalmannschaft kam 2007 zu einem WM-Vorbereitungsspiel gegen Dänemark in die Landeshauptstadt, bedankte sich bei den knapp 11 000 Fans mit einem 4:0-Sieg und krönte sich ein paar Wochen später zum Weltmeister. Die U 21-Nationalmannschaft der Herren trat 2008 zu einem Qualifikationsspiel für die EM gegen Frankreich in Magdeburg an. Das Spiel ging zwar unentschieden aus, aber der DFB-Nachwuchs um Mats Hummels und Jérôme Boateng wurde anschließend Europameister. Auch das Finale der U17-EM 2009 wurde in Magdeburg ausgetragen. Nach einem spannenden Spiel inklusive Verlängerung gingen die deutschen Gastgeber als 2:1-Sieger und damit als Europameister vom Platz. Das Karma für deutsche Auswahlteams scheint an der Börde zu stimmen und so hoffte man, zu den auserwählten Städten zu gehören, in den die Frauen-WM 2011 Station machen würde. Daraus wurde leider nichts, stattdessen begann erneut eine Diskussion darüber, ob das Stadion wirklich die richtige Investition für die Stadt war.

Imke Ankersen & Mathias Ehlers

Magdeburg
MDCC-Arena

Anschrift
Heinz-Krügel-Platz 1
39114 Magdeburg

Einweihung
19. Dezember 2006

Plätze
Fassungsvermögen: 27 250
Sitzplätze: 22 750
Stehplätze: 4 500

Eröffnungsspiel
1. FC Magdeburg – Eintracht Braunschweig [0:0]

Größte dokumentierte Zuschauerzahl
25 300 | 2. Juni 2007
1. FC Magdeburg – FC St. Pauli [1:1]

www.mdcc-arena.de

▸ 1. FC Magdeburg – FC St. Pauli [1:1] | 2. Juni 2007 | 25 300 Zuschauer

Am 23. August 2008 war es endlich soweit. Im Mannheimer Carl-Benz-Stadion war zum ersten Mal Bundesligafußball zu sehen, 14 Jahre nach seiner Eröffnung. Das Stadion war ausverkauft, die Stimmung ausgelassen, es gelang ein 1:0 gegen die Elf von Borussia Mönchengladbach. Man könnte auf die Idee kommen, dass sich die Mannheimer Fans überschwänglich in den Armen lagen, endlich in ihrem Stadion namhafte Gegner aus der 1. Liga zu Gast zu haben. Doch weit gefehlt, denn nicht Waldhof Mannheim empfing an diesem Augustnachmittag die Fohlen-Elf, sondern Bundesliganeuling TSG 1899 Hoffenheim. Ausgerechnet die Turn- und Sportgemeinschaft ist es, die den Mannheimern in der Metropolregion Rhein-Neckar die Fans streitig macht und Waldhof sportlich um einige Ligen voraus ist. Es kann also schon fast als Ironie des Schicksals gewertet werden, dass nicht der Traditionsverein aus Mannheim das Carl-Benz-Stadion zum ersten Mal mit Bundesligafußball beglückte, sondern die Mannschaft von Mäzen Dietmar Hopp. Damit sie dies überhaupt tun konnte, musste die Stadt Mannheim für rund eine Million Euro nachrüsten, um den Anforderungen der DFL gerecht zu werden. Nun war das Hoffenheimer Gastspiel in Mannheim kein Dauerzustand, sondern einzig und allein der Tatsache geschuldet, dass die alte Heimat der TSG nicht bundesligatauglich war. Inzwischen sind die Hoffenheimer längst in ihr neues Multifunktionsstadion namens „Wirsol Rhein-Neckar-Arena" umgezogen, was manche ob der Rivalität sicher befürworten, andere vielleicht auch mit etwas Wehmut verfolgt haben. Denn ihr Mannheimer Klub ist im Moment von Erstligafußball so weit entfernt wie Liechtenstein vom WM-Titel und krebst im Amateurfußball herum. Als die Kurpfälzer letztmals in der Bundesliga antraten, lag das Carl-Benz-Stadion noch als Entwurf in der Schublade eines Architekten.

Lange bevor das Carl-Benz-Stadion Realität wurde, schafften die Mannheimer unter der Ägide des kauzigen Klaus Schlappner 1983 den Sprung in die Bundesliga und brachten dort Spieler wie Maurizio Gaudino, Fritz Walter oder Jürgen Kohler hervor. Ein Team, das in der Liga durchaus für Furore sorgte und sogar fast am UEFA-Cup teilgenommen hätte. All das, obwohl es ständig Auswärtsspiele bestreiten musste. Weil das damalige Waldhof-Stadion am Alsenweg nicht den Segen des DFB bekam, wichen die Mannheimer ins Ludwigshafener Südweststadion aus. Zwar nur ein Wechsel auf die andere Rheinseite, aber trotzdem in ein anderes Bundesland und damit auf das Hoheitsgebiet eines anderen Landesverbands. Ganz unproblematisch war das nicht, aber eine Ausnahmegenehmigung überwand alle bürokratischen Hürden. In Ludwigshafen kamen die Mannheimer so gut an, dass sie teilweise vor mehr Zuschauern spielten als der 1. FC Kaiserslautern.

Erst 1989 konnte der SV Waldhof wieder in sein angestammtes Stadion nach Mannheim zurückkehren – und stieg prompt ab. Als Schwergewicht der 2. Liga peilte der SVW den Wiederaufstieg an, scheiterte aber mehrfach knapp, konnte dafür allerdings 1994 endlich ins Carl-Benz-Stadion einziehen. Seinen Namen verdankt es dem finanziellen Zuschuss des Stuttgarter Autobauers: Als Gegenleistung für die eine Million Mark, die das Unternehmen zum Bau des Stadions beisteuerte, wurde es kurzerhand nach Carl Benz benannt. Dumm nur, dass diese Benennung unbefristet ist und der Name des Stadions damit nicht mehr (wie inzwischen leider üblich) verkauft werden kann. Aber wer konnte das 1994 schon ahnen? Während andernorts noch zugige Mehrzweckstadien herhalten mussten, hatten die Mannheimer also schon früh ihre reine Fußballarena, in der 27 000 Menschen Platz finden. Glück aber brachte das Schmuckstück nicht, der Weg des SV Waldhof führte steil nach unten. 1997 ging es für zwei Jahre in die Regionalliga, nach einem kleinen Zwischenhoch, das fast bis in die Bundesliga führte, kam 2003 der Totalabsturz. Sportlich aus der 2. Liga abgestiegen, folgte ein finanzieller Offenbarungseid, an dessen Ende die Verweigerung der Lizenz stand. Waldhof wurde direkt von der zweit- in die vierthöchste Liga durchgereicht. Seither geht es kaum voran. Mehr schlecht als recht und immer an der Grenze zur Insolvenz darbt der Verein vor sich hin.

Da sich das Stadion in unmittelbarer Nachbarschaft einer Wohngegend befindet, wurden beim Bau die Nord-, Ost- und Südtribüne zusammenhängend und in U-Form errichtet, während die Westtribüne dieses „U" schließt, die Ecken jedoch geöffnet bleiben. Dadurch sollte die Geräuschkulisse für die Anwohner erträglicher gemacht werden. Tragbarer für die Anwohner sollte es auch die Tatsache machen, dass pro Jahr nur 27 Veranstaltungen im Stadion stattfinden dürfen, also im Endeffekt nur eine Mannschaft den Spielbetrieb dort aufnehmen kann. Ein „Stadion-sharing" à la Mailand oder München ist somit nicht möglich, weshalb die Stadt das Stadion immer an den höchstklassigen Mannheimer Klub vergibt. Weil den Waldhöfern in ihrem Tiefflug wenigstens die Schmach erspart blieb, unterhalb des verhassten Lokalrivalen VfR zu spielen, war es somit immer der SVW, der die Arena nutzen konnte. Die Heimat des VfR, das Rhein-Neckar-Stadion, liegt übrigens nur einen Steinwurf vom Carl-Benz-Stadion entfernt.

Die Fans sind ihrem Verein trotz der sportlichen Talfahrt treu geblieben. Selbst in der inzwischen fünftklassigen Oberliga reichte es noch zu Zuschauerzahlen, auf die so mancher Drittligist neidisch schielt. Als im Frühjahr 2011 der Wiederaufstieg in die Regionalliga perfekt gemacht wurde, wollten dies sage und schreibe 18 313 Menschen erleben. Absoluter Rekord für ein Spiel deutscher Fünftligisten. Nach all den entbehrungsreichen Jahren endlich wieder positive Schlagzeilen und der Beweis, wie sehr die Mannheimer Anhänger nach Erfolg lechzen. Sie sind offenbar bereit für professionellen Fußball, das Stadion ist es ebenfalls. Zur Not auch, wenn in ihm der Nachbar aus Hoffenheim spielt.

Mathias Ehlers

Mannheim
Carl-Benz-Stadion

Anschrift
Theodor-Heuss-Anlage
68165 Mannheim

Einweihung
25. Februar 1994

Plätze
Fassungsvermögen: 27 000
Sitzplätze: 15 000
Stehplätze: 12 000

Eröffnungsspiel
SV Waldhof Mannheim – Hertha BSC [2:2]

Größte dokumentierte Zuschauerzahl
27 000 | 25. Februar 1994
Waldhof Mannheim – Hertha BSC [2:2]

www.svw07.de

▶ SV Waldhof Mannheim – Rot-Weiß Oberhausen [2:0] | 17. Oktober 1999 | 6200 Zuschauer

Mönchengladbach
Stadion im Borussia-Park
Bökelbergstadion

Anschrift

Hennes-Weisweiler-Allee 1
41179 Mönchengladbach
Bökelstraße 165
41063 Mönchengladbach

Einweihung

30. Juli 2004
20. September 1919

Plätze

Fassungsvermögen: 54 067 | *34 500*
Sitzplätze: 37 922 | *8700*
Stehplätze: 16 145 | *25 800*

Eröffnungsspiel

Blitzturnier mit Bor. M'Gladbach, Bayern München und AS Monaco
Westdeutschland – Süddeutschland

Größte dokumentierte Zuschauerzahl

54 067 | erstmals am 30. Juli 2004 bei der Stadioneröffnung
über 35 000 | 24. September 1966
Bor. Mönchengladbach – Fortuna Düsseldorf [3:1]

www.borussia.de

Auch ruhmreiche Spielstätten haben mal klein angefangen. Im Jahre 1914 erwarb Borussia Mönchengladbach die Sandgrube „de Kull" in der Nähe der Eickener Höhe, um dort ein Stadion zu bauen. Noch weit und breit war kein Mythos Bökelberg in Sicht, als das Westdeutsche Stadion nach Bauverzögerungen durch den Ersten Weltkrieg am 20. September 1919 mit einem Freundschaftsspiel zwischen Westdeutschland und Süddeutschland vor 30 000 Zuschauern eingeweiht wurde. Erst nach dem Pokalgewinn 1960 erfolgten erste Umbaumaßnahmen, und nach dem Einzug in die Bundesliga 1965 errichtete die Stadt, die 1954 das Stadion der finanziell klammen Borussia abgekauft hatte, eine überdachte Sitzplatztribüne. Später kamen sogar noch ein Oberrang und eine Flutlichtanlage hinzu, doch seitdem hatte sich wenig geändert. Bis zum Abriss 2006 versprühte der Bökelberg ein fast nostalgisches sechziger Jahre Flair.

Am 30. April 1970 feierte der Bökelberg beim 4:3-Erfolg der Borussia gegen den Hamburger SV den ersten Deutschen Meistertitel, leistete sich aber im Jahr danach zwei „Skandalspiele": Zunächst brach im Spiel Borussia gegen Werder Bremen am 3. April 1971 der Pfosten, woraufhin das Tor umstürzte und das Spiel beim Stande von 1:1 abgebrochen wurde. Werder erhielt am Grünen Tisch die zwei Punkte, die Borussia holte trotzdem noch den Titel. Ein halbes Jahr später lieferte Mönchengladbach eines der besten Spiele seiner Geschichte, aber das 7:1 im Europapokal gegen Inter blieb wertlos, weil ein Büchsenwurf auf den Mailänder Boninsegna für eine Annullierung des Spiels und eine Platzsperre sorgte. Obwohl die Borussia in den Neunzigern kaum noch um die Europapokal-Plätze mitspielte, blieben trotzdem einige Spiele im Gedächtnis. Das Pokal-Halbfinale gegen Leverkusen 1992, als Uwe Kamps zum Elfmeter-Helden avancierte oder auch das Spiel am 20. Mai 2001 gegen den Chemnitzer FC, als die Borussia mit dem 3:0 den Wiederaufstieg in die Bundesliga perfekt machte und später in der Stadt 100 000 Menschen die Mannschaft feierten. Der Bökelberg hat viele Geschichten zu erzählen, auch nach seinem Ende als Bundesliga-Spielstätte. Er wird immer zum Mythos Borussia gehören, zur Titelflut der Siebziger, zu Weltstars wie Günther Netzer, Berti Vogts oder Allan Simonsen. Bestandteil seiner Geschichte ist aber auch, dass er der Borussia die Konkurrenzfähigkeit kostete und tief ins Mittelmaß abrutschen ließ. Ein größeres, moderneres Stadion war daher bei den Ansprüchen des Vereins unumgänglich: 2004 bekam er es endlich.

Der Borussia-Park ist noch jung und hat im Vergleich zur 85-jährigen Geschichte des urigen Bökelbergs nur wenig zu erzählen. Trotzdem ist rund um Mönchengladbach viel Zuneigung für die neue Heimstätte des VfL zu spüren. Kein Wunder, die Ränge sind genauso steil wie im alten Stadion und die Fan-Gesänge prasseln lauter denn je auf den Rasen. So schwer es dem gesamten Umfeld auch fiel, sich vom Bökelberg zu trennen, notwendig war es allemal.

Das haben die Fans eingesehen – manche mehr, andere weniger. Letztlich wurden alle heimisch im Nordpark, dem neuen Wohnzimmer. Immerhin konnten sich die Fohlen-Fans lange Zeit darauf einstellen, in eine neue Spielstätte umzuziehen. Nicht weniger als 15 Jahre hat es gedauert, bis der Neubau fertig war. Von den anfangs ehrgeizigen Plänen, wurde ein vergleichsweise bescheidener Anteil realisiert: In zweijähriger Bauzeit entstand für etwa 87 Millionen Euro ein Paradebeispiel in puncto Wirtschaftlichkeit – entgegen dem Streben nach Größe und Superlativen unter dem damaligen, inzwischen verstorbenen Manager Rolf Rüssmann. Der hatte abenteuerliche Visionen, wünschte sich ein wandelbares Dach, einen mobilen Rasen und sogar eine verschiebbare Tribüne. Das vielversprechende Wort „Multifunktionsarena" kursierte rund um die Bökelstraße. Fußballferne Events wie Rockkonzerte, Boxkämpfe, Tennisturniere und Messen sollten das Rund künftig wirtschaftlich machen. Dabei wurde außer Acht gelassen, dass der linke Niederrhein dafür nicht geeignet ist. Großveranstaltungen dieser Art gehen seit Jahr und Tag in Düsseldorf und Köln über die Bühne – da kann das beschauliche Mönchengladbach nicht mithalten. Letztlich wurde es eine vernünftige Lösung: Den Zuschauern stehen 54 067 Plätze, 42 Logen und 1700 Business-Seats zur Auswahl.

Rüssmann gilt als Wegbereiter, der mittlerweile ebenfalls verstorbene Präsident Adalbert Jordan hingegen als Stadion-Vater. Unter seiner Ägide wurde der Verein konsolidiert und der Borussia-Park umgesetzt. Die neue Bleibe der Fohlen ist trotz der Sparversion in der Lage, Events auf die Beine zu stellen. Die bisherigen Höhepunkte waren das Konzert von Sir Elton John sowie eine Handvoll Länderspiele als Wiedergutmachung für die fehlgeschlagene Bewerbung als WM-Austragungsort. Obwohl, zum WM-Austragungsort wurde Mönchengladbach dann doch noch, 2011 fand dort unter anderem ein Halbfinale der Frauen-WM statt.

Im Rahmen einer Länderspiel-Übertragung hatte das ZDF den Borussia-Park als vorbildlich eingestuft. Die TV-Macher bezeichneten die Kamerapositionen als die komfortabelsten in Deutschland. Ebenso hoch gelobt wurde die Infrastruktur des Nordparks. Auf 210 000 Quadratmeter verteilen sich sieben Trainingsfelder, die Umkleidekabinen für Profis, Amateure und Jugend, ein Jugendinternat, die Geschäftsstelle, ein Museum und Fanshop sowie eine Sports-Bar und Parkplätze. An Platz musste schließlich nicht gespart werden, denn weit draußen im Westen der Stadt, quasi auf der grünen Wiese, konnte sich der Bauherr nach Belieben austoben. Ganz anders als am heimeligen Bökelberg, der mitten in einem Wohngebiet lag. Kein Zweifel, viele der durchschnittlich 48 000 Menschen, die Borussias Spiele im neuen Stadion verfolgen, vermissen die inzwischen abgerissene Kultstätte. Aber insgeheim wissen sie, dass auch der Borussia-Park seine Geschichten schreiben wird.

André Tucic & Mathias Ehlers

◂ Borussia Mönchengladbach – 1. FC Köln [1:2] | 4. Oktober 2008 | 54 067 Zuschauer
◂◂ *Borussia Mönchengladbach – FC Bayern München [0:2] | 16. Dezember 1998 | 34 500 Zuschauer*

„Sechzger Stadion" nennt der Münchner Volksmund das Stadion an der Grünwalder Straße – was formal gesehen nicht ganz korrekt ist. Zwar wurde die Arena ab 1911 vom TSV 1860 München erbaut und 1922 erwarb der Verein das zuvor nur gepachtete Gelände dann auch. Doch Ende der dreißiger Jahre musste er es schon wieder an die Stadt verkaufen: Nicht zum letzten Mal plagten den Klub existenzielle Geldsorgen. Unter spirituellen Gesichtspunkten besteht jedoch kein Zweifel an der Richtigkeit der Bezeichnung. Während der FC Bayern, der hier bis 1972 ebenfalls seine Spiele austrug, keine emotionale Bindung mehr zu der baufälligen Arena mit seiner legendären manuellen Anzeigetafel unterhält, gilt für die Löwen-Fans der Auszug aus dem Grünwalder bis heute als Vertreibung aus dem Paradies. Seit fast zwei Jahrzehnten spielt ihr Klub, mit Ausnahme eines vorübergehenden Comebacks 2004/05, nun schon auswärts, erst im Olympiastadion, dann in der Allianz Arena als Untermieter des weitaus erfolgreicheren Lokalrivalen. Dennoch hoffen sie immer noch auf ein Happy End und wünschen, dass 1860 eines Tages wieder heimkommt. „Grünwalder Stadion, wir singen Grünwalder Stadion" – in zähen Phasen eines Heimspiels verleiht die Kurve diesem Traum bis heute stimmgewaltigen Ausdruck. Und so ganz aufgeben musste die Sechzger ihren geliebten Ort bislang ja auch nicht, spielen doch wie zum Trost zumindest die zweite Mannschaft sowie die A-Jugend noch immer an der Grünwalder Straße, die entsprechenden Teams des FC Bayern allerdings auch.

Zur städtischen, proletarischen Identität der Sechzger wird kein anderes Stadion je besser passen – wie die typisch britischen Arenen oder auch das Millerntor auf St. Pauli liegt es mitten in dem Viertel, zu dem der Verein gehört, dem Arbeiterstadtteil Giesing. Hinter der flachen Ostkurve stehen alte Münchner Wohnhäuser, die Zuschauer dort auf den Balkonen gehören ebenso zur Ikonografie des Stadions wie die manuelle Anzeigetafel in der Westkurve oder die für heutige Standards winzige Haupttribüne. Das Grünwalder ist Denkmal einer Zeit, als man eine Eintrittskarte kaufte und sich dann irgendwo hinstellte, als es keine nummerierten Sitze und festen Blöcke gab, als manchmal zigtausende Zuschauer mehr da waren als eigentlich erlaubt. Noch bei wichtigen Bayernliga-Spielen in den achtziger Jahren hingen die Fans sogar an den Zäunen, wenn sie sonst keinen Platz fanden. Seine größte Zeit erlebte das Grünwalder freilich, wie sollte es anders sein, in den Sechzigern – spektakulär eingeleitet von einem Besuch des FC Santos. Am 27. Mai 1960 besiegten Pelé und Co. vor über 50 000 Zuschauern den TSV 1860 mit 9:1. Bald gab es jedoch auch heimische Erfolge zu bestaunen. 1966 wurden die Löwen Deutscher Meister, mit Torwart „Radi" Radenkovic und Mittelstürmer Rudi Brunnenmeier. Drei Jahre später legten die Bayern nach, mit Franz Beckenbauer, Gerd Müller, Sepp Maier. Es war der letzte Titel, den das Grünwalder Stadion erlebte.

Als die Bayern drei Jahre später ihre nächste Meisterschaft holten, spielten sie die entscheidende letzte Partie gegen Schalke 04 bereits im neuen Olympiastadion. Dort sollten sie dann ihre größte Zeit erleben, ihren Bundesligarivalen finanziell weit enteilen und zu einem der größten Klubs der Welt aufsteigen, bis sie 2005 in die Allianz Arena weiterzogen. Trotz gelesener Papstmessen oder ausverkaufter Open-Air-Konzerte der Rolling Stones und von Michael Jackson, ja trotz der Olympischen Spiele, für die es erbaut wurde: Nichts hat das Olympiastadion über die Jahre so berühmt gemacht wie der Fußball. Ob Gerd Müllers Weltmeistertor gegen die Niederlande, ob Marco van Bastens Volleyknaller aus spitzestem Winkel im EM-Endspiel 1988 oder das legendäre 1:5 der deutschen Nationalmannschaft gegen die Auswahl Englands – unter der grandiosen Zeltdachkonstruktion ist Fußballgeschichte geschrieben worden.

Architektonisch ist das Olympiastadion sowieso ein Wunderwerk. Sein Dach, entworfen von Günter Behnisch, wurde zu einem Wahrzeichen Münchens. Die 74 800 Quadratmeter große Acrylglaskonstruktion gewann damals den Wettbewerb nur aufgrund von Skizzen – ihre tatsächliche Realisierbarkeit war völlig ungeklärt. Schließlich entschied man sich für eine Konstruktion aus Stahlseilen, die das Dach halten und an 58 Masten befestigt sind. Das Endprodukt fügte sich malerisch ein in den umliegenden Olympiapark – ein Besuch dort hatte immer etwas Entspannendes, wie ein Ausflug ins Grüne.

Nicht selten jedoch nahm man als Besucher im Olympiastadion an ebenso stimmungsarmen wie einsamen Fußballabenden teil. Wenn der FC Bayern in der Champions-League-Vorrunde gegen Kiew oder Göteborg antreten musste, oder wenn an tristen Pokalabenden im November, als sich nur wenige Standhafte zum Stadionbesuch aufraffen konnten, der Wind ungemütlich in die Glieder zog, hatten die Ordner nicht viel zu tun. Diese Momente kommen auch dem Fernsehzuschauer bekannt vor. Sah er doch unzählige, nicht besetzte blassgrüne Schalensitze, die sich trostlos aneinander reihten. Dazu kam die olympische Laufbahn, die den Fan von seinen Stars trennte und der Entwicklung von Euphorie oft genug einen Riegel vorschob. Es war eben ein eher diskreter Charme, der das Münchner Olympiastadion so besonders machte. Als im Februar 2005 selbst Arsenal-Fans trotz eines Rückstands ihres Teams glückselig vor sich hin philosophierten („I've never seen something like that before in a football stadium. Magnificent!"), war das denn auch einer sehr speziellen Gegebenheit geschuldet. In der Halbzeitpause des Champions-League-Spiels waren plötzlich hunderte Schneebälle durchs Stadion geflogen und die Fans beider Seiten begannen, sich selbst und die Schneeballschlacht gebührend zu feiern. So etwas hatten selbst die hartgesottenen englischen Auswärtsfans noch nicht erlebt.

Robert Mucha & Thomas Nowag

München
Stadion an der Grünwalder Str.
Olympiastadion

Anschrift
Grünwalder Straße 4
81547 München
Olympiapark München
80713 München

Einweihung
10. Oktober 1926
26. Mai 1972

Plätze
Fassungsvermögen: 28 000 | *69 250*
Sitzplätze: 8 000 | *57 450*
Stehplätze: 20 000 | *11 800*

Eröffnungsspiel
TSV 1860 München – VfR Fürth [2:4]
Deutschland – UdSSR [4:1]

Größte dokumentierte Zuschauerzahl
58 200 | 14. März 1948
TSV 1860 München – 1. FC Nürnberg
90 000 | 15. August 1973
TSV 1860 München – FC Augsburg

www.gruenwalder-stadion.de
www.olympiapark-muenchen.de

▸ TSV 1860 München – Rot-Weiß Essen [0:0] | 1. Mai 2005 | 18 500 Zuschauer
▸▸ *FC Bayern München – Hertha BSC Berlin [3:1] | 16. Oktober 1999 | 63 000 Zuschauer*

München
Allianz Arena

Anschrift
Werner-Heisenberg-Allee 25
80939 München

Einweihung
30. Mai 2005

Plätze
Fassungsvermögen: 71137
Sitzplätze: 57343
Stehplätze: 13794

Eröffnungsspiel
TSV 1860 München – 1. FC Nürnberg [3:2]

Größte dokumentierte Zuschauerzahl
71137 | erstmals am 2. September 2012
FC Bayern München – VfB Stuttgart [6:1]

www.allianz-arena.de

Ein Ufo? Ein riesiges Schlauchboot? Ein Ding aus der Zukunft? Nein, was der geneigte Autofahrer nördlich Münchens am Rande der A9 sieht, ist dann doch nur ein Stadion. Aber was heißt hier „nur"? Für 340 Millionen Euro wurde im Münchner Außenbezirk Fröttmaning die wohl außergewöhnlichste Fußballarena Deutschlands geschaffen. Sie hat wenig gemein mit den immer gleichen Multifunktionsarenen, wie sie in jüngster Vergangenheit landesweit errichtet wurden und soll den Anspruch des FC Bayern unterstreichen, zu den Global Playern dieses Sports zu gehören.

Schweizer Architekten entwickelten die durchsichtige, teflonbeschichtete Stadion-Umhüllung, die ständig mit getrockneter Luft aufgeblasen und beleuchtet werden kann. Das Stadion erstrahlt – je nach gastgebendem Team – wahlweise in Weiß, Blau oder Rot. Das Zuschauerinteresse ist erwartungsgemäß groß: Beim Rekordmeister sind inzwischen bis zu 30 Mitarbeiter nur mit dem Ticketing beschäftigt. Champions-League-Spiele vor 15000 Zuschauern wie noch im Olympiastadion scheinen in der Allianz Arena undenkbar. Kein Bayern-Anhänger trauert dem alten Stadion hinterher – beim Lokalrivalen 1860 sieht das anders aus: Die Identität des Arbeitervereins scheint in Frage gestellt. Dazu kommt, dass die Sechzger im Schnitt zwar von 22000 Zuschauern bei Heimspielen unterstützt werden, was für Zweitligaverhältnisse außergewöhnlich viele sind, doch in der riesigen Arena, die fast 70000 Zuschauer fasst, wirken die Fans ein wenig verloren. Und als wäre das nicht schon schlimm genug, sind da noch die Eigentumsverhältnisse des monumentalen Stadions. Seit die Sechzger ihre Anteile an der Stadionbetreibergesellschaft wegen finanzieller Zwänge verkaufen mussten, gehört das Stadion zu 100 Prozent dem FC Bayern. Kurzum: Der TSV 1860 ist Mieter des verhassten Lokalrivalen. Für viele Blaue ist das schwerer zu ertragen als die sportliche Stagnation ihres Klubs.

Atmosphärisch ist der Umzug vom Olympiastadion in die Arena ein Quantensprung. Zumindest für die Bayern, die eigentlich immer vor ausverkauftem Haus antreten. Auch wenn man zugestehen muss, dass das Münchener Publikum nur schwer zu begeistern ist und eigentlich nur beim Torjubel aus sich herauskommen mag. Seine jungen, engagierten und lautstarken Fans versucht der Verein daher mit subventionierten Tickets für die Südkurve zu gewinnen, auch wenn sich Klub und Ultras mittlerweile arg über Kreuz liegen. Aber irgendwo muss die Stimmung ja herkommen.

Dabei ist das Stadion eigentlich wie geschaffen für einen stimmungsvollen Fußballtempel. Da sind nicht mehr diese Distanzen wie im Olympiastadion, als nur selten große Stimmung aufkam. Es gibt weder Laufbahn noch Gräben, die die Zuschauer vom Spielfeld trennen. Ein reines Fußballstadion eben. „Bei der Planung mussten keine Konzessionen an alternative Nutzungen gemacht werden", erklärten die Architekten Herzog und de Meuron. „Unser Hauptaugenmerk galt der größtmöglichen Nähe der Zuschauer zum Spielgeschehen." Auch bei der Gestaltung des Spielertunnels hat man sich etwas einfallen lassen: Zur Spielfläche hin wird er immer enger, um einen besonderen Kitzel zu erzeugen. Dieser setzt sich im Stadioninneren fort. Die „Süddeutsche Zeitung" behauptet sogar: „Auf dem Platz will man's wissen. Das sieht man der vor den Toren der Stadt gelegenen Arena schon von weitem an. Das spürt man in ihren Innereien auf Schritt und Tritt und Kick. Einem Unentschieden dient sie nicht." Na klar, Erfolgsgeschichten werden ja auch durch Siege geschrieben. Oder durch Skandale. Auch die gab es bereits. Schon lange, bevor das erste Tor in der Arena fiel, war die Justiz beschäftigt. Bei der Auftragsvergabe ging es nämlich alles andere als koscher zu. Karl-Heinz Wildmoser junior, Sohn des damaligen 1860-Präsidenten und in der Geschäftsführung der Stadion GmbH beschäftigt, ließ sich vom österreichischen Baukonzern „Alpine" schmieren, der dafür im Gegenzug den Zuschlag zum Bau des Stadions erhielt. Der anfangs ebenfalls verdächtigte Wildmoser Senior wurde später entlastet, gab sein Präsidentenamt aber trotzdem auf und brach den Kontakt zu seinem Sohn ab. Einen Fehltritt, den vor allem der Boulevard genüsslich ausschlachtete, leistete sich Pop-Sternchen Sarah Connor, als sie anlässlich des Einweihungsspiels zwischen den Bayern und der deutschen Auswahl die Nationalhymne recht frei interpretierte und eine alternative Zeile zum Besten gab: „Brüh im Lichte dieses Glückes!" Die 66000 Zuschauer werden es bis heute nicht vergessen haben, das Ergebnis von 2:1 für die Bayern schon eher.

Dies war natürlich nicht der einzige Sieg der Bayern, schließlich holt sich der Rekordmeister seine Trophäen in solcher Regelmäßigkeit, dass man mit dem Zählen gar nicht hinterher kommt. Allein das Sahnehäubchen blieb den Münchnern verwehrt. Im Jahr 2012 war München Austragungsort des Champions-League-Finals und der FC Bayern erkämpfte sich sein „Finale Dahoam". Bayern rannte, Bayern kämpfte, Bayern versagten die Nerven. Nach einem dramatischen Elfmeterschießen wurde der FC Chelsea gekrönt und das Stadion leuchte sehr zum Missfallen der Bayern mal wieder in Blau.

Aber auch die Nationalmannschaft hat schöne Erinnerungen an die Arena, begann doch hier ihr Sommermärchen mit dem Eröffnungsspiel der WM 2006. Unvergessen der Treffer des gebürtigen Münchners Philipp Lahm, der den Ball so gefühlvoll in die rechte Ecke des Tores von Costa Rica zwirbelte. Am Ende wurde es ein 4:2-Sieg. Zwei Wochen später stand das DFB-Team schon wieder auf der Matte des „FIFA WM-Stadions München", so der offizielle Sprech während des Turniers. Mit 2:0 wurde Schweden im Achtelfinale ausgeschaltet. Diese kurzzeitige Umbenennung hatte ihren Preis, allein die Demontage des Schriftzuges „Allianz Arena" an der Fassade des Stadions kostete 150 000 Euro. Manch Verein der 3. Liga könnte mit diesem Budget sein Stadion sanieren. Bei den Gesamtkosten von weit über 300 Millionen Euro aber verschwindet diese Summe hingegen als Nichtigkeit.

Peter Wagner

Münster
Preußenstadion

Die Tribünen platzen aus allen Nähten. Auf Laufbahn, Zäunen und auf umliegenden Bäumen versuchen Schaulustige einen Blick auf das Spielfeld zu erhaschen. Weit mehr als die zugelassenen 37 500 Zuschauer sind es wohl. Jeder will dabei sein, wenn der SC Preußen Münster auf den Hamburger SV trifft. Wir schreiben den 24. August 1963, die Bundesliga empfängt zu ihrem Premierenspieltag. Es ist das allererste ausverkaufte Spiel der Bundesligageschichte. Schon damals gilt das Preußenstadion mit seiner ovalen Form, den rauen Betonstiegen und der verwaisten Laufbahn als Fußball-Museum. Es hat auch schon einiges hinter sich: Anfang der Fünfziger spielte hier der legendäre „100 000-Mark-Sturm", eine Reihe aus dem ganzen Land zusammengekaufter Top-Angreifer.

Das Preußenstadion (1999)

Am 1. November 1952, hat der spätere Fernsehkommentator des WM-Finales 1954, Bernhard Ernst, hier beim Spiel Preußen Münster gegen Arminia Bielefeld direkt am Rasen stehend für die erste europäische Live-Übertragung eines Fußballspiels gesorgt. Den Preußen nutzt des wenig, als der Klub gleich nach der ersten Bundesligasaison absteigt und nicht mehr zurückkehrt. Der Verein versumpft in die sportliche Bedeutungslosigkeit und das Stadion, das nach dem Zweiten Weltkrieg renoviert wurde, setzt mehr und mehr Staub an. 1989 scheint sich das Blatt zu wenden: Preußen steigt in die 2. Liga auf und die Spielstätte soll erneuert werden. „Ihr bekommt euer neues Stadion", verspricht der damalige Oberbürgermeister vollmundig den euphorisierten Fans. Doch nach nur zwei Jahren muss der Verein erneut den schweren Gang in den nicht-bezahlten Fußball antreten. Der öffentliche Druck auf die Politiker lässt nach dem Abstieg rapide nach und schon bald will von einem neuen Stadionprojekt niemand mehr etwas gewusst haben. Umso bedauerlicher, da es mittlerweile schon fast einem Abenteuertrip gleicht, Spiele des SC Preußen von den Rängen des morschen Ovals mitzuverfolgen. Erst Mitte der Neunziger keimt wieder Hoffnung auf: Der Hamburger Investor ECE will eine neue Arena an alter Stelle mit 22 500 Sitzplätzen errichten. Als Gegenleistung soll ECE an der Brachfläche ein Einkaufszentrum an den neuen „Preußenpark" anbinden dürfen. Doch wegen der Klage eines einzelnen Anrainers scheitert das Projekt. Fünf Jahre der Planung sind mit einem Schlag obsolet. Das Urteil bedeutet aber noch viel mehr: Aus rechtlichen Gründen wird ein Neubau an alter Stelle beinahe unmöglich, denn das Stadion soll fortan nur noch für 15 000 Besucher zugelassen sein. Ansonsten sei die Lärmbelästigung für die Anwohner zu hoch, meint das Gericht. Eine Ausnahmegenehmigung für besondere Spiele erlaubt manchmal aber auch den Besuch von 18 500 Menschen.

Im Sommer 2001 wird dann zumindest renoviert: Das Stadion bekommt seine ersten Sitzplatzschalen und die Stufen werden begradigt. Der Besuch im Preußenstadion wird wieder etwas sicherer, doch die Rufe nach einem Neubau verstummen nicht. Diesmal nehmen die Fans selbst das Heft in die Hand: Wolfgang Wirth, ein Taxifahrer, entwickelt unter dem Projektnamen „Münsterland-Arena" ein professionelles Modell, das viel mehr ist als nur ein Hirngespinst. Die Finanzierung plant er solide durch, sogar ein neues Grundstück für die Bebauung wird gefunden. Einzig die Zustimmung der Stadt lässt auf sich warten. Wirth gibt aber nicht auf und überbringt der Stadt Münster im Herbst 2007 erneut ein Konzept. Dieses Mal geht es um einen Stadionumbau. Die Stahlrohrkonstruktion soll von der Arena des VfL Wolfsburg übernommen werden. Ein temporäres Bauwerk, für das nur eine Betriebsgenehmigung von Nöten wäre. Doch der Antrag scheitert erneut an den Auflagen des Ordnungsamtes. In Anlehnung an die an Sponsoren verkauften Stadionnamen bei den Lokalrivalen aus Osnabrück oder Bielefeld nennen sie ihre Heimat mittlerweile ironisch „Antik-Arena". Das passt. Zumindest, bis dann doch die Bagger anrollen und das Preußenstadion wenigstens ein Stück weit in die Gegenwart holen. Für rund fünf Millionen Euro aus dem Stadtsäckel werden die Stehplätze der Gegengerade überdacht und eine neue Haupttribüne errichtet. Leider werden die Baumaßnahmen von einem Unfall überschattet, als Teile der Dachkonstruktion zusammenbrechen und zwei Arbeiter leicht verletzen. Doch der Umbau bleibt trotzdem im Plan und das erneuerte Preußenstadion kann zum Meisterschaftsspiel gegen die zweite Mannschaft des FC Schalke 04 im Sommer 2009 eingeweiht werden.

Doch damit nicht genug, denn kurz darauf wird erstmals auch eine elektronische Anzeigetafel in Betrieb genommen und so ein weiterer Schritt getan, das urige Rund zeitgemäß zu gestalten. Nun fehlt nur noch hochklassiger Fußball. Der aber ist gar nicht mehr so fern. Nach dem Aufstieg in die 3. Liga haben die Preußen längst schon den nächsten Sprung im Visier. Die nötige Geduld sollten sie im Münsterland inzwischen haben. Spätestens seit der endlosen Stadionfrage wissen die Münsteraner doch wohl, dass manche Dinge etwas länger brauchen.

Peter Wagner & Mathias Ehlers

Anschrift
Hammer Straße
48153 Münster

Einweihung
26. Mai 1926

Plätze
Fassungsvermögen: 15 050
Sitzplätze: 3000
Stehplätze: 12 050

Eröffnungsspiel
SV Darmstadt 98 – SVV Gießen [4:2]

Größte dokumentierte Zuschauerzahl
40 000 | 24. August 1963
SC Preußen Münster – Hamburger SV [1:1]

www.scpreussen-muenster.de

Nürnberg
Grundig-Stadion

Anschrift
Max-Morlock-Platz 1
90471 Nürnberg

Einweihung
10. Juni 1928

Plätze
Fassungsvermögen: 46 780
Sitzplätze: 38 980
Stehplätze: 7 800

Eröffnungsspiel
1. FC Nürnberg – SpVgg Fürth [0:1]

Größte dokumentierte Zuschauerzahl
65 000 | 12. Mai 1965
Deutschland – England [0:1]

www.grundig-stadion.de

Wenn ein Stadion viele Jahre steht, hat sich in ihm meist einiges zugetragen. Das gilt auch für das Grundig-Stadion. Schön, dass hier nicht lange durch staubige Kellerarchive geklettert werden muss, um auf eine kuriose Geschichte zu stoßen. Ein merkwürdiger Test wurde Anfang November 2005 durchgeführt. „Und jetzt alle vier Gruppen zugleich", forderte Geschäftsführer Matthias Huber die rund 150 Club-Fans damals auf. Er gab sich alle Mühe als Animateur der Ultras, die sich im leeren Stadion eingefunden hatten und nun auf ein paar verlorene Gestalten in Anzügen blickten. Irgendwann hatten die Anhänger ihr „hüpf, Frankonia, hüpf" tatsächlich auf eine gemeinsame Wallung abgestimmt. Der Oberrang der Nordkurve bewegte sich in gleichmäßigen Wellen

Das Frankenstadion vor der Absenkung des Spielfelds (1999)

auf und nieder, bis zu siebeneinhalb Zentimeter betrug die Schwingungsamplitude schließlich. Die seltsam anmutende Gymnastikstunde hatte einen ernsten Hintergrund. Weil die Ultras zu Saisonbeginn von ihrem angestammten Stehplatz zu den Sitzplätzen im Block acht auf dem Oberrang umgezogen waren, hatten sie für einige Aufregung im Verein und beim OK der Weltmeisterschaft gesorgt. Denn rieselnder Putz und Risse im Beton hatten eine Schwäche des Stadions im Pokalspiel gegen Dynamo Dresden offenbart. Wo sonst der Opa seinem Enkel die Pommesschale hielt, waren nun die bewegungsfreudigen Fans. Mangels Gegengewicht im hinteren Teil des Oberrangs hatten die Ultras der Statik zugesetzt. Schwingungsdämpfer sollten Abhilfe schaffen, die beim 56 Millionen Euro teuren Herrichten des Stadions für die Weltmeisterschaft überall eingebaut wurden, nur nicht auf dem sonst so ruhigen Oberrang. Weil nur gelassenes Publikum auf diesem Tribünenabschnitt erwartet wurde und weil dieser bei Konzerten hinter der Bühne verschwindet und unbesetzt bleibt, wurde auf die überdimensionalen Stoßdämpfer verzichtet.

Es wäre reichlich kühn zu behaupten, dass sich der gemeine Nürnberg-Fan gerade wegen derartiger Anekdoten erwärmt. Und doch sind die Anhänger des Clubs stolz auf diesen traditionellen Ort, der Raum bietet für die Erinnerung.

Wo anderswo die kühle und funktionale Architektur von einer neuen Zeit kündet, bleibt die Geschichte hier Teil des Spektakels, das auch an Nürnberg nicht vorbeigezogen ist. Wenn kurz vor Spielbeginn die Lautsprecher zu bersten drohen, weil die Aufstellung mit der Phon-Gewalt eines Presslufthammers verkündet wird, ist vom Geist vergangener Tage nicht mehr viel zu spüren.

Das charakteristische Achteck hat das Grundig-Stadion seit seiner Errichtung von 1926 bis 1928 behalten. Der Architekt Otto Ernst Schweizer hatte es entworfen, und das damalige Städtische Stadion mit einer Kapazität von 37 000 Zuschauern gehörte zu den innovativsten Bauten dieser Zeit. 1928 wurde das Stadion bei einem Wettbewerb für künstlerische Gestaltung im Rahmen der IX. Olympischen Sommerspiele in Amsterdam mit der „Goldenen Medaille" ausgezeichnet. Das Nürnberger Stadion galt als das schönste der Welt.

Nach der achten Deutschen Meisterschaft des Vereins im Jahre 1961 entschloss sich die Stadt, das Stadion zur Einführung der Bundesliga 1963 auszubauen, und machte es zur Heimat des 1. FCN. Nach einer weiteren Generalsanierung 1987 wurde das Oktagon 1991 unter seinem neuen Namen als Frankenstadion eingeweiht und zwischen 2002 und 2005 abermals aufgefrischt. Neben einem VIP-Gebäude wurde ebenfalls die Max-Morlock-Stube als Treffpunkt für die Fans errichtet. Im Kern geht die Substanz immer noch auf den Ursprungsbau von 1928 zurück. Doch es wäre nicht das Nürnberger Frankenstadion, wenn sich bei den Sanierungen nicht einige Hindernisse eingestellt hätten, die gut ins unschöne Klischee des flickschusternden Franken passen. Der Rasen sollte nur um 1,30 Meter abgesenkt werden, um ein reines Fußballstadion zu ermöglichen. Doch daraus wurde nichts, weil sonst das Grundwasser des nahen Dutzendteichs zum Problem geworden wäre. Statt eine aufwändige Betonwanne zu installieren blieb die Laufbahn.

Ein paar Monate später freute sich Nürnberg darüber, noch vor der Arena in München als sicherstes WM-Stadion geadelt zu werden. Im Januar 2006 bekam das Frankenstadion zudem als europaweit erstes Stadion ein Umwelt-Zertifikat, weil man hier Regenwasser sammelt und für das Gießen des Rasens nicht mehr die Stadtwerke anzapfen muss. Zum 15. März desselben Jahres folgte der Club dem Vorbild anderer Vereine und vergab die Namensrechte des Stadions an einen Sponsor. Bis Mitte 2012 hörte das Stadion auf den Namen „easyCredit-Stadion", womit sich viele Teile der Anhängerschaft nie so recht anfreunden konnten. Als der Namensvertrag im Juni 2012 auslief witterten sie ihre Chance zur Würdigung von Clublegende Max Morlock durch seine Verewigung im Stadionnamen. Die Kampagne blieb ungehört und so heißt das Stadion seit Februar 2013 Grundig-Stadion – immerhin ein Namensgeber mit Lokalkolorit.

Maik Rosner

Die Organisatoren behaupteten, sie hätten 70 000 Karten für das Spiel verkaufen können. Es waren immerhin fast 45 000 Zuschauer, die die Partie zwischen Preußen Dellbrück und den Kickers aus Offenbach im Endrundenspiel um die Deutsche Meisterschaft sahen. Nur 7000 Tickets blieben für die Oberhausener Bürger übrig. Kurzfristig wurden noch schnell zehn zusätzliche Telefonleitungen für die erwarteten Journalisten aus dem ganzen Land verlegt. Und es war noch mehr zu organisieren an diesem 18. Juni 1950 im Stadion Niederrhein in Oberhausen: In Deutschland wurde nämlich gewählt und die angereisten Fans aus Offenbach und Köln sollten nicht auf ihr Wahlrecht verzichten müssen. Am Stadion wurde deshalb ein „Mobiles Wahllokal" eingerichtet.

Heute wird es nicht mehr ganz so voll im Stadion Niederrhein. Die Bühne des Stadions gehört bekanntlich weder Kickers Offenbach noch Preußen Dellbrück. Zu Hause ist hier der SC Rot-Weiß Oberhausen. Gespielt wird auch nicht mehr um die Meisterschaft, sondern eher im Fahrstuhl zwischen zweiter, dritter und neuerdings leider auch vierter Liga. Als dieser Fahrstuhl 2008 mal wieder nach oben fuhr, musste das Stadion herausgeputzt werden. Um die leidigen Auflagen der DFL zu erfüllen, wurde kräftig investiert. Die Spielstätte bekam eine Rasenheizung, neue Zugänge für Rollstuhlfahrer und weil die Größe des Schnittmessers nicht der DFL-Norm entsprach, sogar einen neuen Rasenmäher. Dabei hatte der Rasen in Oberhausen eigentlich einmal einen hervorragenden Ruf. So bekommen Teilnehmer der Stadiontour bis heute stolz eine Geschichte aus dem Jahr 1971 erzählt: Als die Sport- und Kulturgemeinschaft Erbstadt den großen FC Bayern München anschrieb und um Informationen für die Pflege und Mähtechniken für Rasenplätze bat, antwortete dieser: „Von unserem Standpunkt aus müssen wir Ihnen mitteilen, dass der Rasen nicht so schön ist, wie Sie ihn im Fernsehen gesehen haben. Es gibt im Bundesgebiet weitaus bessere Rasenplätze, wie zum Beispiel in Oberhausen."

Nicht nur das Grün war ein Grund für die Oberhausener, auf ihr Stadion stolz zu sein. Mit dem Bau der neuen Flutlichtanlage wurde es im Jahr 1970 das hellste Stadion Europas und damit eines der ersten in Deutschland, die auch abendliche Übertragungen im Farbfernsehen möglich machten. Nicht die hellste, aber vielleicht die billigste Lösung ist heute die Anzeigetafel. Die bekamen die Oberhausener als Geschenk von Bayer Leverkusen, wo sie nach Umbaumaßnahmen am damaligen Ulrich-Haberland-Stadion, der heutigen BayArena, ausrangiert wurde. Da die Glühbirnen der Tafel jedoch noch aus den siebziger Jahren stammen, ist sie heute das große Sorgenkind von RWO. Vor jedem Heimspiel müssen zwei Techniker in das Ungetüm kriechen, Birnen austauschen und die Anlage zum Laufen bringen. Obwohl sich die Stadt Oberhausen sämtliche Restbestände an den speziell benötigten Glühbirnen gesichert hat, werden die Lichter auf dem Geschenk in wenigen Jahren wohl endgültig ausgehen. Der Bestand wird erschöpft sein und eine Nachproduktion wird es nicht geben. RWO-Archivar Peter Seiwert sagt: „Für Oberliga-Verhältnisse haben wir hier ein Schmuckkästchen. Für die 2. Liga ist es sehr alt. Mit den modernen Arenen in Duisburg oder Dortmund kann das Stadion nicht mithalten." Die Stimmung leidet, so Seiwert, unter dieser weiten, flachen Schüssel. Auch wenn der „Supporterblock", der harte Kern der Fans, unter das Dach auf die andere Seite des historischen Uhrenturms auf die Gegengerade gezogen ist.

Das Stadion gehört mit seinen über 80 Jahren eindeutig zu den alten Eisen. Gebaut wurde es bis 1926 auf einer Halbinsel in idyllischer Umgebung. Ein Stadion, das von zwei Gewässern umgeben ist, nämlich vom Rhein-Herne-Kanal und der Emscher, das gibt es nicht so häufig in Deutschland. Doch wenn man Oberhausenern zuhört, die von Spielen erzählen, kommt es einem vor, als sei es auch irgendwie das Stadion, das die Menschen um den Verein zusammenhält. Was bei anderen Klubs Probleme macht, wird in Oberhausen auf dem kurzen Dienstweg erledigt. Den Fans, die mit ihren Fahnen und Spruchbändern regelmäßig die Werbebande des örtlichen Energieversorgers verdeckten, wurde diese Bande in der Folge vom Sponsor für einen Euro verkauft. „Der Energiekonzern war damit gleich einverstanden. Man kennt sich schließlich in Oberhausen", erzählt Seiwert.

Internationaler Fußball findet in Oberhausen eigentlich nicht statt, manchmal dann aber doch. So wie 2004, als die U21-Europameisterschaft in Oberhausen Station machte. Insgesamt fünf Spiele, darunter ein Halbfinale sowie das Spiel um den dritten Platz, fanden ebenso im Stadion Niederrhein statt wie einige Champions-League-Partien des FCR 2001 Duisburg. Die Duisburgerinnen, ein Schwergewicht des europäischen Frauenfußballs, ließen sich vom einst hellsten Flutlicht Europas nach Oberhausen locken, da die eigene Anlage nicht den Segen der UEFA bekam.

Es gibt mittlerweile Pläne für eine neue Arena auf der Emscher Insel. Für 40 Millionen Euro soll ein reines Fußballstadion entstehen, denn auch unterhalb der ersten Liga rüsten die meisten Vereine ihre Stadien auf. Nicht alle können es sich leisten und doch stehen Mannschaften wie Oberhausen unter Zugzwang. Die Liga wird professioneller, konsumorientierter, der Sport zum Event, die Vereine und ihre Spielstätten damit aber auch zunehmend austauschbarer. Kaum ein Stadion behält seine Laufbahn, die viel zu viel Stimmung schluckt und so würde auch RWO mit seinem fußballromantischen Oval auf Dauer den Anschluss verlieren. Rasenheizung und Überdachung gehören zum Pflichtprogramm, die DFL hat da gewisse Ansprüche. Gute Stadien sind ein Wirtschaftsfaktor. Also wird in Oberhausen geplant und kalkuliert, aber bis die Pläne umgesetzt werden, fließt noch eine Menge Wasser den Rhein-Herne-Kanal hinunter.

Erik Rossel

Oberhausen
Stadion Niederrhein

Anschrift
Rechenacker 62
46049 Oberhausen

Einweihung
24. Mai 1926

Plätze
Fassungsvermögen: 21 318
Sitzplätze: 4039
Stehplätze: 17 279

Eröffnungsspiel
Duisburger Spielverein – Arminia Bielefeld

Größte dokumentierte Zuschauerzahl
44 631 | 18. Juni 1950
Preußen Dellbrück – Offenbacher Kickers [0:3]

www.rwo-online.de

▸ Rot-Weiß Oberhausen – Rot-Weiß Ahlen [1:3] | 12. September 2008 | 4395 Zuschauer

Offenbach
Sparda-Bank-Hessen-Stadion
Stadion am Bieberer Berg

Anschrift
Bieberer Straße 282
63071 Offenbach am Main

Einweihung
18. Juli 2012
29. Mai 1921

Plätze
Fassungsvermögen: 20 500 | *25 000*
Sitzplätze: 10 300 | *6500*
Stehplätze: 10 200 | *18 500*

Eröffnungsspiel
FC Augsburg – Schwaben-Auswahl [2:0]
Offenbacher Kickers – Hanauer FC 93 [2:3]

Größte dokumentierte Zuschauerzahl
18 400 | 18. Dezember 2012
Kickers Offenbach – VfL Wolfsburg [1:2]
33 000 | 19. September 1968
Kickers Offenbach – 1860 München [2:3]

www.ofc.de

Es läuft die letzte Minute im Pokalspiel zwischen den Kickers aus Offenbach und dem SV Meppen im August 1993. 2:1 führen die Gäste aus dem Emsland, als deren Keeper Manfred Kubik den Ball so weit wie nur möglich nach vorne schlagen will. Die Offenbacher, verzweifelt auf der Suche nach der letzten Chance, sind aufgerückt und setzen Kubik unter Druck. Dieser holt aus, haut gegen den Ball und drischt ihn ans Hinterteil des Kickers-Verteidigers Günter Albert. Von dort segelt die Kugel in hohem Bogen über Kubik hinweg, landet am Innenpfosten und trudelt gemächlich über die Linie. 2:2. In der anschließenden Verlängerung ist für die geschockten Meppener nichts mehr zu holen, sie verlieren letztlich 2:4. „Als das Tor fiel, stand ich auf der Gegengerade noch oben unterm Dach", erinnert sich heute noch Kickers-Fan Henry Klaere an einen der unglaublichsten Momente auf dem Bieberer Berg, „In dem minutenlangen Taumel hatte ich erst unten am Zaun, fast 30 Meter entfernt, wieder Boden unter den Füßen." Das klingt ohne Zweifel nach einem YouTube-Klassiker, doch gibt es keinerlei Aufnahmen dieses kuriosen Treffers. Trotzdem, vielleicht auch deswegen, ist das legendäre „Arschtor vom Albert" ein Teil der geballten Glorie am Bieberer Berg, dessen legendäres Flair weit über Offenbach hinaus bekannt war. Vor allem die Flutlichtspiele schüchterten manchen Gästespieler nachhaltig ein.

Schon im Mai 1901 hat auf dem damaligen Exerzierplatz oben auf dem Bieberer Berg das erste Heimspiel der kurz zuvor gegründeten Kickers stattgefunden. Doch allzu erfreut war das mächtige nationalkonservative Milieu nicht über die „Fußlümmelei", stammt sie doch aus dem seinerzeit verhassten England. Wegen dieser Widrigkeiten mussten die Kickers zunächst ihre Partien an anderer Stelle austragen, ehe sie 1920 wieder zum Bieberer Berg zurückkehrten. Aus den Gebäuderesten der inzwischen geräumten Kaserne zimmerten sie eine Holztribüne, auf der 1200 Zuschauer Platz fanden. Der Charakter der Tribüne blieb auch erhalten, als sie 1960 neu errichtet wurde.

Eine homogene Einheit war das Stadion eigentlich nie – ganz im Gegenteil. Doch gerade das Mosaik der verschiedenen Tribünen, die alle aus unterschiedlichen Epochen stammten, machte den Charme aus. Der älteste Teil war die überdachte Gegengerade von 1952: Ein fulminanter Betonbau, unter dessen von fünf Pfeilern gehaltenem Dach 10 000 Menschen Platz hatten und der damit eine der größten überdachten Stehplatzgeraden in Deutschland war. Mit dem Slogan „Bei uns stehen Sie im Trockenen" warb der OFC voller Stolz für diesen Komfort. Auf dieser Gegengerade, im Block zwei auf Höhe der Mittellinie, stand der harte Kern der Kickers-Fans. 1968, zum heiß ersehnten ersten Bundesliga-Aufstieg, wurde die Stahlrohrtribüne hinter dem Schießhaustor errichtet, die später über 20 Jahre hinweg wegen Einsturzgefahr gesperrt war. 1999 geriet die unschuldig vor sich hin schlummernde Konstruktion auf unrühmliche Art und Weise in die Schlagzeilen, als sich Anhänger von Waldhof Mannheim als unbestellte Abrissbirnen betätigten. Während des Spiels warfen sie die morschen Teakholzbalken auf die unter ihnen stehenden Offenbacher Zuschauer. Rechts dieser Stahlrohrtribüne lag der Gästeblock, der ob seiner üppigen Gitterstäbe von den Fans sachkundig „Alcatraz" getauft wurde. Auf der anderen Seite beherbergte die „Senfkurve" die eher gemäßigten Offenbacher Fußballfreunde. Die „Senfkurve" bekam ihren Namen bei dem legendären Zwischenfall in den achtziger Jahren weg, als ein übermäßig pöbelnder Anhänger des FSV Frankfurt erst zur Ruhe kam, als ihm ein gefüllter Senftopf aus der nahe gelegenen Imbissbude über den Kopf gestülpt wurde. Gegenüber der „Stahlrohr" ragte seit 1973 eine 3062 Zuschauer fassende Sitzplatztribüne in die Höhe. 1,7 Millionen Mark kostete diese Erweiterung, die ursprünglich „Südost"-Tribüne heißen sollte, aber als „Orion"-Tribüne ihren Weg ins Offenbacher Vokabular fand. Die Werbeschilder dieses Fernseher-Herstellers waren einfach kaum zu übersehen.

Anfang der Neunziger ging es der Stadt Offenbach finanziell sehr dreckig. In ihrer Not wollte die Kommune das Stadion abreißen und das Areal verscherbeln. Ein Investor lockte mit der Errichtung eines Freizeitcenters. Eine Protestwelle ließ die Stadt diese Pläne noch einmal überdenken, so dass sie das Stadion schließlich 1992 in Erbpacht an den Verein übergab, der damit nun selbst für seine Heimat verantwortlich war. 2011 wurde die Kultstätte schließlich doch abgerissen. Zum Glück nicht wegen eines Freizeitcenters. Nein, stattdessen steht dort nun eine zeitgemäße Arena mit dem etwas sperrigen Namen Sparda-Bank-Hessen-Stadion. Im Sommer 2012 öffnete die im englischen Stil gebaute Arena ihre Pforten mit einem Spiel gegen Bayer Leverkusen. Der Neubau war bitter nötig. Bei aller Ursprünglichkeit, die das Stadion am „Bieberä Bäsch" so besonders machte, bei allem Charisma, das es ausstrahlte: Es war hoffnungslos überaltert und zunehmend ein Standortnachteil für die Kickers. Über den Namen der neuen Arena mag man schmunzeln und ihn als notwendige Einnahmequelle tolerieren, ansonsten jedoch ist der Neubau eine Konzession an die traditionelle Fankultur der Kickers. So wie man es gewohnt war, werden auf der gesamten Gegengerade ausschließlich Stehplätze angeboten. Lediglich von der Hälfte der insgesamt 20 500 Plätze können Besucher die OFC-Spiele im Sitzen verfolgen. Eine Seltenheit in der von Sitzschalen aller Farben geprägten deutschen Stadionlandschaft und eine gute Voraussetzung, die Magie des Bieberer Bergs zu erhalten. Und eines ist sowieso ganz sicher: Auch in Zukunft werden dort, auf der höchsten Erhebung dieser fußballverrückten Stadt, Geschichten geschrieben, die keiner so schnell vergisst. Auch Manfred Kubik nicht.

Tobias Pleitgen & Mathias Ehlers

Osnabrück
osnatel-Arena

Auch im Osnabrücker Stadion an der Bremer Brücke finden die schönsten Fußballmomente unter Flutlicht statt. Kurz vor dem Einlaufen der Mannschaften tönt die Vereinshymne aus den Stadionboxen, bengalische Feuer werden entzündet und sorgen für Schwefelgeruch rund ums Stadion. Unter den Tribünendächern donnert es beinahe bedrohlich, während die Rauchschwaden in den niedersächsischen Nachthimmel ziehen und eine neblige Fußballromantik verbreiten. Nur in reinen, engen Stadien kann so eine Atmosphäre entstehen, die Live-Fußball zum unvergesslichen Ereignis werden lässt. In Osnabrück steht eine Arena dieser Art und dort gibt es auch das dazu passende Publikum – leidenschaftlich und begeisterungsfähig.

An der Stelle, wo das Stadion an der Bremer Brücke seinen Platz gefunden hat, grasten vor mehr als 70 Jahren noch Schafe auf einer morastigen Weide. Eigentümer waren damals die Klöckner-Werke, die nicht so recht wussten, was sie mit dem Acker machen sollten. Ein Umstand, der dem Osnabrücker SC Rapid äußerst gelegen kam. Denn der Verein, der sich aufgrund von Streitigkeiten vom VfL getrennt hatte, wuchs und brauchte dringend ein größeres Gelände. Es sollte aber noch dauern, bis der neue Fußballplatz eingeweiht werden konnte. Fast zwei Jahre vergingen zwischen dem Abschluss des Pachtvertrages und der Eröffnung des neuen Fußballplatzes an der Bremer Brücke am 22. Mai 1933. 9000 Zuschauer fanden auf den unüberdachten Stehtraversen Platz – Sitzplätze gab es noch nicht – und der SC Rapid bekam den besten Rasenplatz der Stadt. Der Grasteppich und seine Tribünen wurden durch von der Stadt eingeteilte „Freiwillige Arbeitsdienste" erbaut. 48 000 Tagewerke wurden dem SC Rapid von den Behörden genehmigt und die Hilfe eines Tiefbauexperten der Stadt herangezogen. Die Reichswehr stellte ihre Lastwagen zur Verfügung. Nach zwölf Jahren als eigenständiger Klub musste Rapid auf Anweisung der Nationalsozialisten mit dem größten Verein der Stadt, dem VfL, fusionieren. Die Vereinsfarben von Rapid wurden vom VfL übernommen und sie sind es bis heute: Lila-Weiß. Am 19. November 1939 spielte die neue Spielgemeinschaft erstmals in der neuen Heimstätte. Gegner war der amtierende Deutsche Meister aus Gelsenkirchen, der VfL gewann mit 3:2. Nach dem Krieg wurde Osnabrück Anfang der fünfziger Jahre von der Fußballeuphorie gepackt. Der VfL war erfolgreich und erstmals für die Endrunde um die Deutsche Meisterschaft qualifiziert, wofür das Stadion ausgebaut werden sollte. Von der Stadt konnte der Verein jedoch keine Finanzspritzen erwarten.

Und da sich die VfL-Führung erst nach der Endrundenqualifikation für den Ausbau entschieden hatte, blieben nur 18 Tage, um rechtzeitig zum Spiel gegen den VfB Stuttgart am 27. April 1952 fertig zu sein. 20 Osnabrücker Firmen und vielen Freiwilligen gelang das schier unmögliche. An jenem Tag strömten so viele Menschen ins Stadion wie nie wieder danach. 35 000 waren Zeuge des 0:0 gegen den Südmeister – bei einem Fassungsvermögen von 32 500. Mit Trainer Radoslav Momirski erlebte der Osnabrücker Fußball dann Ende der sechziger Jahre eine erneute Euphoriewelle. In der Meistersaison 1968/69 in der Regionalliga-Nord, stieg der Zuschauerschnitt um beeindruckende 500 Prozent auf 16 000. Zur offiziellen Meisterschaftsfeier am 11. Mai 1969 säumten 50 000 Menschen Osnabrücks Straßen. Der VfL verschenkte 15 000 Biergläser mit dem Vereinswappen, die noch heute in vielen Wohnzimmer-Bars der Stadt zum Einsatz kommen. Die Stimmung, die damals herrschte, beschrieb Trainer Momirski schlicht: „Ich glaube, Osnabrück liegt in Südamerika."

In dieser so erfolgreichen Zeit verschärften sich die Diskussionen über den Zustand der Osnabrücker Heimspielstätte. Unterstützt wurden die VfL-Offiziellen von der Deutschen Presseagentur, die nüchtern feststellte: „Auf die Aufstiegsrunde sind Verein, Mannschaft und Trainer vorbereitet. Die Stadt Osnabrück, die seit Jahren die Erfolge der Mannschaft nicht honoriert, scheint es allerdings nicht zu sein. Die Stadionanlagen befinden sich in einem ebenso schlechten Zustand wie die An- und Abfahrtswege." Erst Anfang 1974 wurde die Kommune Eigner des Stadions und Sanierungsmaßnahmen kamen in Gang. Am 28. August 1980 war es erstmals wieder ausverkauft, kurz nach dem Abschluss der Renovierungsarbeiten. 15 600 Zuschauer erlebten den 1:0 Sieg gegen den 1. FC Bocholt. Kurz darauf wurde das Fassungsvermögen nochmals aufgestockt und das Stadion bis auf die Gegengerade komplett überdacht. Seit 1986 ist das Stadion an der Bremer Brücke vollständig geschlossen. Bis dahin musste sich der Verein 35 Jahre mit dem Kleingärtner Wilhelm Vogt streiten, der sein Grundstück als einziger nicht opfern wollte. Bis die Stadt die Enteignung durchsetzte, blieb die nordwestliche Ecke im Stadion ein Schrebergarten. Heute hat Osnabrück ein lückenloses Schmuckkästchen in britischem Format. Eine schöne Kulisse für den allerersten EM-Titel der deutschen Damen, den sie sich 1989 vor 23 000 Begeisterten in Osnabrück sicherten. In dieser Zeit war es vor allem an dem Unternehmer Hartwig Piepenbrock, dass es dem VfL einigermaßen gut ging. Der Klub zählte zum Zweitligainventar und war furchtbar stolz auf sein reines Fußballstadion, während vielerorts in stimmungsarmen Leichtathletikarenen gekickt wurde.

Mittlerweile steht an der längst in osnatel-Arena umgetauften Bremer Brücke alles im Zeichen des Umbaus. Im Norden prangt nun eine schicke moderne Sitzplatztribüne, der Spielstand kann von zwei LED-Leinwänden abgelesen werden und die sehr wichtigen Personen der Stadt bekommen ihren VIP-Turm in der Nordwestecke. Auch die West- sowie die Ostkurve sollen in naher Zukunft ausgebaut werden, so dass dann bis zu 22 500 Menschen die Darbietungen des VfL vor Ort verfolgen können.

Robert Mucha

Anschrift
Scharnhorststraße 50
49084 Osnabrück

Einweihung
22. Mai 1933

Plätze
Fassungsvermögen: 16 130
Sitzplätze: 5655
Stehplätze: 10 475

Eröffnungsspiel
VfL Osnabrück – FC Schalke 04 [3:2]

Größte dokumentierte Zuschauerzahl
35 000 | 27. April 1952
VfL Osnabrück – VfB Stuttgart [0:0]

www.vfl.de

▶ VfL Osnabrück – Rot-Weiß Oberhausen [2:1] | 17. Oktober 2008 | 15 050 Zuschauer

Paderborn
Benteler Arena

Anschrift
Paderborner Straße 89
33104 Paderborn

Einweihung
20. Juli 2008

Plätze
Fassungsvermögen: 15 000
Sitzplätze: 5800
Stehplätze: 9200

Eröffnungsspiel
SC Paderborn 07 – Galatasaray Istanbul [1:1]

Größte dokumentierte Zuschauerzahl
15 000 | 20. Juli 2008
SC Paderborn – Borussia Dortmund [1:2]

www.scpaderborn07.de

Manche Dinge brauchen einfach etwas länger. Im Umfeld des SC Paderborn 07 können sie ein Lied davon singen. Schon lange war klar, dass das altehrwürdige Hermann-Löns-Stadion keine Zukunft mehr hatte. Zweit- und selbst Regionalligaspiele durften dort nur noch mit einer Sondergenehmigung bestritten werden. Und auch das nur, weil dort kurzfristig eine Flutlichtanlage installiert wurde. Ein neues Stadion musste also her. Dringend. Im Jahr 2001 begann der Verein seine Konzeption, die die Stadt drei Jahre später absegnete. Als Bürgermeister und Landrat im Sommer 2005 gemeinsam den ersten Spatenstich setzten, schien alles seinen Gang zu gehen.

Sechs Monate später, pünktlich zum Beginn der Rückrunde, sollte die Arena fertig sein und dem SCP eine goldene Zukunft sichern. Doch Stadt, Verein und Fans hatten nicht mit der Renitenz der Anwohner gerechnet. Starkes Verkehrsaufkommen, Lärm und pinkelnde Fans am Gartenzaun, das war nicht das, was diese sich vor ihrem Heim wünschten. An einem anderen Standort, fernab von Wohnhäusern, wäre das Stadion möglicherweise besser aufgehoben gewesen, allerdings auch weiter entfernt vom Möbelhaus des SCP-Präsidenten Wilfried Finke. Und so klagten einige der Anwohner gegen das Bauvorhaben, woraufhin das Oberverwaltungsgericht die Baugenehmigung einkassierte. Zurück blieb eine halbfertige Arena.

Zwei Jahre gingen ins Land, in denen das sehnlichst erwartete Stadion zu einer Bauruine zu werden drohte. Der SCP hatte keine andere Wahl, als im hoffnungslos antiquierten Hermann-Löns-Stadion der Dinge zu harren und sich an dessen Geschichten zu laben. Schließlich hat es lange gute Dienste geleistet. Seit 1957 diente es dem SC Paderborn und seinen Vorgängervereinen als Heimstadion. Ohne Frage, das Stadion war keine gewöhnliche Spielstätte, sondern ein Ort der Skurrilitäten. Platzwart Thiele wohnte im Sportheim mitten im Stadiongelände und musste „einfach zweimal umfallen", wenn er rechtzeitig zur Arbeit kommen wollte. Hoch über dem Stadion verliefen über die gesamte Rasenfläche ein Dutzend Hochspannungsleitungen von Tor zu Tor. Nur dem ehemaligen Torhüter von Rot-Weiß Oberhausen, Oliver Adler, gelang das Kunststück, diese Drähte beim Abschlag mit dem Ball zu treffen. Aber auch einer der schwärzesten Tage des deutschen Fußballs fand im Hermann-Löns-Stadion statt, nämlich der Schiedsrichterskandal um Robert Hoyzer, der 2004 das Pokalspiel zwischen SC Paderborn und dem Hamburger SV verpfiff und mit allen Mitteln den Wunsch seiner Hintermänner erfüllte.

Erst im November 2007 wurde trotz immer noch laufender Klagen weiter gebaut, allerdings nur für zwei Monate. Dieses Mal war es die Stadt, die ihre Zahlungsverpflichtungen für das immer teurer werdende Stadion nicht pünktlich eingehalten hatte. Längst waren da die ursprünglich angesetzten neun Millionen Euro verbraucht. Im März 2008 waren dann aber endlich alle Hindernisse beseitigt: Die Stadt hatte gezahlt, der Bauunternehmer seine Arbeit wieder aufgenommen und die letzten Klagen waren erfolgreich abgewiesen. Letztendlich summierten sich die Baukosten auf 25 Millionen Euro. Dumm nur, dass alle Probleme just dann ausgeräumt waren, als es mit dem SC Paderborn wieder sportlich abwärts ging. Chancenlos stieg das Team aus der 2. Bundesliga in die neugegründete 3. Liga ab.

Mit einem Match gegen Borussia Dortmund wurde die Arena im Sommer 2008 offiziell eingeweiht. Sie bietet regulär Platz für 15 000 Zuschauer, wobei die Kapazität bei Bedarf problemlos auf 20 000 erhöht werden kann. Der Paderborner Anhang nahm die neue Heimstätte zunächst mit gemischten Gefühlen an. So bietet die spöttisch „Blechbox" genannte Arena einerseits guten Komfort, und auch die Stimmung ist weitaus besser als vorher, wozu der große Stehplatzanteil von 9200 Plätzen einen erheblichen Beitrag leistet. Andererseits ist die Gemütlichkeit des Hermann-Löns-Stadions dahin, nicht zuletzt, weil das neue Stadion bis auf den allerletzten Winkel mit Werbung zugekleistert ist. Besonders übel stieß den Anhängern das totale Bannerverbot auf. Zwar durften die Fanklubs ihre Namen und Logos beim Verein einreichen, jedoch wurden diese, vermischt mit den Emblemen von Sponsoren, auf offizielle Banner gedruckt und im Stadionrund angebracht. Kreative Fankultur sieht anders aus. Dafür gab es allerdings sportlich genug zu jubeln in der ersten Spielzeit. Auch wenn mit einem für die 3. Liga vergleichsweise teuren Kader längst nicht alles rund lief, stand der Verein am Ende auf dem Relegationsplatz drei und schaffte durch zwei Siege gegen den VfL Osnabrück den direkten Wiederaufstieg.

Präsident Finke war trotz aller Rückschläge fest vom Projekt Stadionbau überzeugt. Er musste in den Jahren des Rechtsstreits jeden Tag von seinem Büro aus auf das im Rohbau befindliche Stadion gucken, das einmal eine Arena werden sollte. Er war machtlos, denn die Verhandlungen mit den Anwohnern führte die Stadt. Und trotzdem gab er die Hoffnung nicht auf und wurde belohnt – mit einem stimmungsvollen Publikum und sportlichem Erfolg. Der SC Paderborn 07 schien also schnell angekommen zu sein in seiner heiß ersehnten „Paragon Arena". Doch ehe er dort sein erstes Zweitligaspiel austragen konnte, war der Name schon wieder Geschichte. Die Weltwirtschaftskrise machte dem Autoteilehersteller Paragon so schwer zu schaffen, dass er sich die Namensrechte nicht länger leisten konnte und aus dem Vertrag aussteigen musste. Auf „Paragon" folgte „Energieteam". Seit dem 1. Juli 2012 trägt der SC Paderborn seine Spiele in der Benteler-Arena aus. Aber nicht nur der, denn auch der DFB schaute schon vorbei. 13 000 Menschen wohnten 2009 dem EM-Testspiel der U21 gegen Weißrussland bei, ein paar Monate später empfing die U19-Auswahl ihre schottischen Altersgenossen. An ihrem Ruf als gutes Pflaster für den DFB wird die Benteler Arena aber noch feilen müssen. Beide Länderspiele fanden keinen Sieger.

Marco Weber & Mathias Ehlers

Potsdam
Karl-Liebknecht-Stadion

Es ist Samstag, der 18. August 2001, als die „Eisernen" aus Berlin zu einem Gastspiel in Babelsberg auflaufen, das sie so schnell nicht vergessen werden. Das Karl-Liebknecht-Stadion erlebt seine erste Zweitligasaison und ist zum dritten Mal überhaupt ausverkauft. 14 700 Zuschauer füllen den 25 Jahre alten DDR-Bau. In einer denkwürdigen Partie dreht der SV Babelsberg ein 0:2 in den Schlussminuten in einen 3:2-Heimsieg. Erzrivale Union ist zum ersten Mal nach fast 30 Jahren bezwungen. „Das größte Spiel, das ich in diesem Stadion erleben durfte", wird Torschütze Björn Laars später sagen. Doch kurz darauf folgte der Absturz. Am Ende dieser Zweitligasaison stand Babelsberg abgeschlagen auf dem letzten Platz. Wenig später meldete der Verein Insolvenz an.

Dabei hatte alles so verheißungsvoll begonnen. Anfang der siebziger Jahre bildete sich eine Initiative für ein neues Stadion, um den Glanz der Fünfziger wieder aufleben zu lassen. Der Karl-Liebknecht-Sportplatz war in den Fünfzigern meist so überfüllt, dass etliche Fans auf die Baumkronen im anliegenden Babelsberger Park ausweichen mussten, um die Spiele von 03-Vorgänger Rotation zu verfolgen. Und so kam es, dass 1976 das Karl-Liebknecht-Stadion an gleicher Stelle eröffnet wurde. Die Architekten hatten auf eine reine Fußballarena gesetzt: Keine Aschenbahn, Traversen direkt am Spielfeld, ausgelegt für 15 000 Menschen. Auch die Frauenmannschaft vom 1. FFC Turbine Potsdam (vorher BSG Turbine) fand dort ein Zuhause. Erst nach der Wende ging der SVB 03 aus Motor Babelsberg hervor und schaffte es innerhalb von zehn Jahren von der Bezirks- bis in die 2. Liga. Dabei fällt es bis heute schwer, den schnellen Aufstieg ins Profigeschäft treffend zu erklären, war der Klub doch chronisch klamm. Letztlich spielte wohl die gelungene Transferpolitik eine entscheidende Rolle.

Die Auflagen für den höherklassigen Fußball sollten zur Jahrtausendwende erste Veränderungen am Stadion nach sich ziehen. Neben punktuellen Verbesserungen wie den neuen Sanitäranlagen mussten auch unpopuläre Entscheidungen getroffen werden: Die Vereinsgaststätte wich einem Presseraum und die traditionelle Nordkurve wurde verkleinert. Eine weitere Auflage stellte den Verein vor ein Problem. Denn: Eine Flutlichtanlage war Lizenz-Bedingung für die 2. Liga. Konventionelle Masten hätten jedoch die Sichtachse zwischen dem Flatowturm im Park Babelsberg und dem Jagdschloss Stern gestört. Da der Park und seine Sichtachsen durch das UNESCO-Welterbe geschützt waren, mussten Alternativen her. Und Präsident Detlef Kaminski war auf solche gestoßen. Der Vorstand staunte nicht schlecht, als Kaminski aus dem Nichts mit der Idee abklappbarer Beleuchtungsmasten daher kam. Er hatte diese Technik auf einem Poster entdeckt, das einen amerikanischen Flughafen abbildete. „Eine Zeitlang hielten mich alle für verrückt", so Kaminski. Doch sein Plan funktionierte. Mit Hilfe des Landes Brandenburg gelang das Projekt, und die europaweit einzigartigen Masten feierten 2002 Premiere. Der dadurch verursachte Platzverlust verringerte die Stadion-Kapazität zwar auf 10 499 Plätze, ein Zuschauerschnitt von unter 5000 sorgte aber dafür, dass diese Veränderung kaum ins Gewicht fiel.

Indes ging die sportliche Talfahrt weiter, führte zum Abstieg und in die wirtschaftliche Pleite. Waghalsige Transfers hatten dem hoch verschuldeten Klub den entscheidenden Hieb versetzt. Kaminski war längst zurückgetreten, als Babelsberg im Laufe einer mäßigen Drittligasaison Insolvenz anmeldete. Doch nach abgeschlossenem Verfahren startete der SVB bereits 2003 einen Neuanfang in der Oberliga, hat inzwischen aber längst wieder in die Spur gefunden.

Eigentlich hatten sich die Babelsberger ja als Austragungsort für die Frauenfußball-WM 2011 beworben. Ein nachvollziehbarer Versuch, ist Potsdam doch ohne Zweifel das ostdeutsche Zentrum des Frauenfußballs. Den Turbine-Damen wird in erstaunlicher Regelmäßigkeit die Meisterschale überreicht und nicht zuletzt wurde in Potsdam das einzige Länderspiel der DDR-Frauen ausgetragen. 1990 setzte es ein 0:3 gegen die damalige CSSR. Doch die WM machte einen Bogen um Potsdam. Das Stadion reichte den Ansprüchen der FIFA nicht aus. Anders als mancher erwarten mag, freuten sich die Fans von SV Babelsberg 03 über diese Entscheidung sehr, denn sie fürchteten, dass bei den anstehenden Modernisierungsmaßnahmen das Flair ihres Stadions verloren gehen würde. Die Argumentation der Pro-Karli-Fraktion war schlüssig, denn nur ein paar Minuten Fahrt von Potsdam entfernt hatte sich Berlin schon für die WM beworben, mit einem fertigen Stadion, das alle Standards erfüllen konnte. Die Fans selbst machten deutlich, dass der Verein kein 20 000 Zuschauer fassendes Stadion brauchen konnte, denn selbst in der 2. Bundesliga können nur eine Handvoll Vereine ein so großes Stadion füllen. Pläne, ein neues Stadion an anderer Stelle zu errichten, wurden nach einer Machbarkeitsstudie beerdigt.

Letztendlich war es die Weltwirtschaftskrise, die in gewisser Weise zu einer Modernisierung des Stadions beitrug. Um der Rezession entgegenzuwirken und Geld in den Finanzkreislauf zu schießen, beschloss der Bund zwei Konjunkturpakete. Für insgesamt acht Millionen Euro aus diesen Töpfen wurde sichtbar Hand an das „Karli" gelegt. Dabei sprang ein Kunstrasennebenplatz heraus, ein neues Sozialgebäude, wetterfeste Gehwege, verbesserte Sanitäreinrichtungen und sogar ein Dach für den rechts der Haupttribüne liegenden Hintertorblock, so dass zumindest ein Teil des Stadions in neuem Licht erstrahlen kann. Der Charme der siebziger Jahre umweht das Stadion trotzdem noch immer und das ist alles andere als despektierlich gemeint. In Zeiten immer gleicher High-End-Multifunktionsarenen ist das „Karli" so etwas wie das ehrliche Gesicht des Fußballs.

Daniel Wehner & Mathias Ehlers

Anschrift
Karl-Liebknecht-Straße 90
14482 Potsdam-Babelsberg

Einweihung
10. Juli 1976

Plätze
Fassungsvermögen: 10 499
Sitzplätze: 1472
Stehplätze: 9027

Eröffnungsspiel
Motor Babelsberg – DDR-Olympia-Auswahl [0:5]

Größte dokumentierte Zuschauerzahl
15 000 | 29. Oktober 1977
DDR – Malta [9:0]

www.babelsberg03.de

▸ SV Babelsberg 03 – FC St. Pauli [2:4] | 26. Juni 2013 | 3500 Zuschauer

Rostock
DKB-Arena

Anschrift
Kopernikusstraße 17c
18057 Rostock

Einweihung
4. August 2001

Plätze
Fassungsvermögen: 29 000
Sitzplätze: 20 000
Stehplätze: 9000

Eröffnungsspiel
Hansa Rostock – Bayer 04 Leverkusen [0:3]

Größte dokumentierte Zuschauerzahl
33 000 | 10. Mai 1989 (im „alten" Ostseestadion)
Hansa Rostock – Dynamo Dresden [2:2]

www.dkb-arena-rostock.de

Sie halten in Rostock nicht viel von Heldengeschichten, die sich aus Pathos und Selbstverehrung speisen. Nur eine Ausnahme bricht die Regel der Rostocker Harmoniebedürftigkeit. Wenn es um die Vergangenheit geht, dann tröpfeln die Worte des Überschwangs nur so heraus und mischen sich zu einer rührigen Fußball-Romanze: Über 50 Jahre ist es nun her, dass sich hunderte Mecklenburger versammelt haben, um die Depression des Krieges von der Kickerei übertünchen zu lassen. Und das Monate vor dem Wunder von Bern. Sie halfen gern, das Ostseestadion zu erbauen. Noch immer verkündet ein Gedenkstein vor den Toren der Arena: „Freiwillige Aufbaustunden: 236 071" und „Eingesparter Geldwert: 928 018,20 Mark". Monologe so lang wie eine Halbzeit erbieten die Beteiligten von damals, als wollten sie sagen: „Der Star ist das Stadion." In der Tat hatte das alte Ostseestadion eine besondere Bedeutung für den Rostocker Fußball. Es verlieh dem Verein eine eigene Identität, ein authentisches Gesicht.

Eine große Tradition hatte man vergebens gesucht. Elf Spieler waren 1954 in einer Nacht-und-Nebel-Aktion aus dem Erzgebirge nach Rostock chauffiert worden, Empor Lauter, der Vorläufer des FC Hansa, wurde an die Ostsee verpflanzt. Aus dem Nichts war ein vielversprechendes Team gewachsen, mit Tradition aber hatte das nichts zu tun. Die wurde erst im Ostseestadion erwirtschaftet, das lange Zeit als schönstes Stadion der DDR galt, sich mit der Zeit aber immer mehr von der Moderne abwandte. Spieler wie Zapf, Kleiminger, Hergesell oder Streich, später Schlünz, Doll, Beinlich oder Neuville fühlten sich trotzdem wohl. Sie personifizierten ganze Generationen, die im Ostseestadion beheimatet waren. Sie schätzten die spröde Betonklotz-Architektur, die so viel Wärme versprühte wie das stadteigene Finanzamt. Lange mussten die Fans warten, ehe sich der Mitläufer Hansa zum Taktgeber emporschwang. 1991 gelang das Double unter Trainer Uwe Reinders und Kapitän Juri Schlünz, letzterer seit seinem siebten Lebensjahr Hansa-Mitglied. Vermutlich hat Schlünz in der Arena mehr Zeit verbracht als im eigenen Bett – wenn das keine Heldengeschichte ist.

Es gab Zweifler, auch sehr prominente, die sich fragten, wie das funktionieren sollte, ein zeitgemäßes Fußballstadion in Rostock, ohne Tartanbahn und wirbelsäulenfeindliche Holzbänke? Eine moderne Arena statt eines maroden Antiquariats? In einer Stadt, in der jeder Fünfte nach Arbeit sucht, in der jährlich mehr als tausend Insolvenzen gezählt werden, in der Euphorie immer wieder von Skepsis ausgebremst wird? Das konnte nicht klappen, dachten sie sich, nie und nimmer. Wie man inzwischen weiß, haben sich die Unken geirrt.

Es erinnert heute nicht mehr viel an das urige Wohnzimmer des Klubs aus den neunziger Jahren. Nach nur 16 Monaten Bauzeit wurde das rekonstruierte Ostseestadion im August 2001 eingeweiht. Es war die letzte der vielen Schönheitsoperationen, um das einstige Regierungsviertel des ostdeutschen Fußballs auch optisch an den Standard der Bundesliga anzugliedern. Die Branche verneigte sich vor den nordischen Kaufleuten, die mit Besonnenheit ein kleines, aber feines Biotop gezaubert hatten. Ohne sinnloses Geldverpulvern. Knapp 30 Millionen Euro investierte der Verein in die Revitalisierung, inklusive Geschäftsstelle, Jugendinternat und Amateurtrakt. Das Ostseestadion genügt allen Ansprüchen, keine Frage, es ist ein zweckmäßiges Stadion, kein Denkmal des Prunks, wie man es anderswo besichtigen kann. Legt man die Bausumme auf den einzelnen Zuschauerplatz um, kommt man in Rostock auf 950 Euro, bei der pompösen Veltins-Arena zum Beispiel auf 3700 Euro. Bewusst haben sich die Oberen des FC Hansa für eine Light-Version entschieden, übertriebenes Risiko ist in der Rostocker Chefetage so beliebt wie ein böswilliger Boulevardreporter oder bayerische Hausmannskost.

So wirkt das Resultat wie eine Miniatur der großen europäischen Arenen. Doch das genügt Fans und Spielern, im biederen Mecklenburg verbirgt man sich nicht gerne hinter einer luxuriösen Maske. Im Gegenteil: Aus Geldgründen wird die Spielwiese noch immer von den vier „Giraffen" beleuchtet, jenen Flutlichtmasten, die in vielen ostdeutschen Städten in den Himmel ragen. Auch auf eine zweite Videoleinwand wurde verzichtet. „Trotzdem sind die Bedingungen nicht schlechter als in Leverkusen", sagt Ex-Kapitän René Rydlewicz. Er muss es wissen, er hat hier wie dort eine Zeit lang gespielt. Fast 200 Quadratmeter stehen dem Team im Bauch des Stadions zur Verfügung, der Wellness-Bereich gleicht dem eines Fünf-Sterne-Hotels, zumindest hier scheint die Sparsamkeit nicht zu greifen.

Doch selbst diese erstklassige Ausstattung konnte den schleichenden Verfall des Klubs nicht verhindern. 2005 musste sich Hansa nach zehn Jahren von der Bundesliga verabschieden, 2010 folgte der Abstieg in die 3. Liga. Nach einer kurzen Rückkehr ins Fußballunterhaus folgte der erneute Absturz, der in der Saison 2012/13 beinahe im Amateurfußball endete. Der Anspruch, ein Erstligist in Lauerstellung zu sein, wurde glücklicherweise aufgegeben und das Publikum darauf eingeschworen, dass auch kleinere Brötchen schmecken können.

Die schlechten sportlichen Ergebnisse führten zu einem nachhaltigen Umkrempeln des Vereins, der nach wie vor stets an der Grenze des finanziell Machbaren balanciert. Eine erfreuliche Abwechslung war da im Sommer 2013 ein Testspiel gegen die frisch gekürten Triple-Sieger des FC Bayern mit Neutrainer Pep Guardiola. Ein Benefizspiel zugunsten der leeren Kassen des Vereins vor ausverkauftem Haus, Live-Übertragung im TV inklusive. Und nach langer Zeit sahen die Fans endlich wieder großen Fußball in ihrem Wohnzimmer und das gewisse Funkeln kehrte zurück in ihre Augen.

Ronny Blaschke

Saarbrücken
Ludwigsparkstadion

„Wir leiden", antwortet Meiko Palm auf die Frage, wie es sich anfühlt, Anhänger des 1. FC Saarbrücken zu sein. Meiko Palm ist einer von drei ehrenamtlichen Fanbeauftragten des Klubs. Er lässt seinen Blick durch das Ludwigsparkstadion schweifen und der kalte Herbstwind pfeift ihm um die Ohren. Seine Leiden liegen förmlich in der Luft an diesem Ort in dieser düsteren Jahreszeit.

Der Ludwigspark – erbaut im Jahre 1953 – hat seinen biederen Nachkriegscharme nie abgelegt. Zwei spärlich überdachte Tribünen begrenzen eine marode Tartanbahn, in deren Mitte das Spielfeld liegt. Kein Wunder, dass innerhalb der bestehenden Tribünen ein Stadionneubau geplant ist, ähnlich wie beim Zentralstadion in Leipzig. Der einstige Präsident des 1. FC Saarbrücken, Horst Hinschberger, gab vor geraumer Zeit bekannt, private Investoren hätten Interesse, „ein Stadion für das gesamte Saarland" zu bauen. Der Neubau soll 20 000 Zuschauer fassen und 20 Millionen Euro kosten. Anspruchsvolle Pläne für einen Verein, der zwischendurch völlig einbrach und zwei Abstiege in Folge verkraften musste – 2006 ging es von der 2. Liga in die Regionalliga und von dort direkt in die Oberliga-Südwest. Mit Einführung der 3. Liga waren die Saarbrücker plötzlich in der Fünftklassigkeit angekommen, haben sich aber längst in die 3. Liga hinein gekämpft. Aber eigentlich ist selbst das zu wenig für einen Verein wie den 1. FC Saarbrücken, dessen Wohl und Wehe stets auch ein saarländisches Politikum war, ist und sicher auch bleiben wird. So wie 1992, nach dem Tode des einstigen DFB-Präsidenten und gebürtigen Saarländers Hermann Neuberger, als es der DFB gerne gesehen hätte, dass das Ludwigsparkstadion nach Neuberger benannt worden wäre. Doch die Stadt sträubte sich, denn ihrer Meinung nach habe sich Neuberger nicht allzu nachhaltig um Saarbrücken verdient gemacht.

Der 1. FC Saarbrücken hat einst große Zeiten erlebt. „Schlafende Riesen" werden solche kriselnden Traditionsklubs von Marketingexperten gern genannt. Und diesem Begriff wohnt natürlich auch der Glaube inne, der solch waghalsige Stadionpläne erklärt. Auch die Spielstätte selbst bietet Platz zum Träumen: 1919 wurde die Urversion des Stadions eröffnet, benannt nach dem Park, in dem es steht, den einst Fürst Ludwig als Geschenk an seine Geliebte anlegen ließ. Im Zweiten Weltkrieg wurde es bei einem Luftangriff der Alliierten zerstört und erst Anfang der fünfziger Jahre aus dem Trümmerschutt neu aufgebaut. 1953 schließlich wurde es wiedereröffnet und schon bald Schauplatz einer der denkwürdigsten Partien in der deutschen Fußballgeschichte: Im März 1954 schlug Deutschland hier in der WM-Qualifikation das nach dem Krieg noch autonome Saarland, das weitgehend aus Spielern vom 1. FC Saarbrücken bestand. Für dieses Spiel wurde eigens eine Zusatztribüne aufgebaut. Bei einem Sieg der Saarländer wären beide Teams punktgleich gewesen und es wäre zu einem Entscheidungsspiel gekommen. Doch Herbergers Elf entschied das Spiel vor 53 000 Zuschauern mit 3:1 für sich.

Meiko Palm hält nichts davon, die Geschichte des Ludwigsparks allein auf diese ferne Vergangenheit zu beschränken. Der 1. FC Saarbrücken hat auch später noch für Furore gesorgt: Zum Beispiel nach dem ersten Bundesligaaufstieg 1976, als das Team hier den FC Bayern mit 6:1 nach Hause schickte. Auch zu diesem Spiel kamen mehr als 40 000 Besucher. Der 1. FC Saarbrücken war die Mannschaft der Stunde. Die Klasse konnte gehalten werden, jedoch nur einmal. Es folgten der erneute Abstieg und eine lange Talfahrt. 1992 gelang ein erneuter Aufstieg in die 1. Liga. Einziges Highlight in einer sehr unglücklich verlaufenden Runde: Der 2:0-Heimsieg gegen den 1. FC Kaiserslautern durch zwei Tore von Eric Wynalda. Am Ende der Spielzeit stieg der Klub als Tabellenletzter unter dem Trainer Peter Neururer wieder ab. Es sollte das letzte Gastspiel des 1. FC Saarbrücken im Oberhaus bleiben. Seither gibt es im Ludwigsparkstadion nur noch fußballerische Hausmannskost. Zwischenzeitlich schien es sogar, als würden im kleinen Saarland andere Klubs dem 1. FC Saarbrücken den Rang ablaufen. In den Achtzigern war hier der FC Homburg Branchenprimus und zuletzt erwogen die Stadionplaner gar, die Spiele des Regionalligisten SV Elversberg in den Ludwigspark zu verlegen. Doch nachdem der Klub die 3. Liga verpasste, waren auch diese Pläne zunächst vom Tisch.

Nach Jahren wirtschaftlicher Turbulenzen ist der 1. FC Saarbrücken nun dabei, sich zu stabilisieren. Unter dem Motto „Liebe kennt keine Liga" möchte man bei den Fans Wiedergutmachung betreiben und langsam darauf hinarbeiten, dass im Ludwigspark irgendwann wieder Bundesligafußball gespielt wird. Bis dahin fahren wohl viele Fußballfans nach Kaiserslautern oder Stuttgart, um höherklassigen Fußball sehen zu können. Vielleicht wäre es eine Überlegung wert, den Damen des 1. FC Saarbrücken im Ludwigsparkstadion ein Zuhause zu geben. Die pendeln tapfer zwischen Bundesliga und 2. Liga. Ein Zustand, von dem ihre männlichen Kollegen nur träumen können. Zudem konnten sich die Damen 2008 bis ins Pokalfinale gegen den 1. FFC Frankfurt kämpfen. Noch spielen sie in dem alten Stadion Kieselhumes, in dem vor dem Bau des Ludwigsparkstadions auch die Männer des 1. FC Saarbrücken und die saarländische Nationalmannschaft in den fünfziger Jahren ihre Spiele ausrichteten.

Nun stecken sie im Saarland in der Klemme, der man sich am besten philosophisch nähert: Was kommt zuerst, das Huhn oder das Ei? Der Erfolg oder das Stadion? Beides bedingt einander, denn will der 1. FC Saarbrücken den Sprung zurück in die ersten beiden Ligen schaffen, so brauchen sie spätestens dann ein neues oder modernisiertes Stadion. Das Ludwigsparkstadion in seiner jetzigen Form ist ein Ort der Vergangenheit, Zukunft wird dort keine mehr geschrieben.

Milan Jaeger

Anschrift
Camphauser Straße
66113 Saarbrücken

Einweihung
2. August 1953

Plätze
Fassungsvermögen: 35 303
Sitzplätze: 8303
Stehplätze: 27 000

Eröffnungsspiel
1. FC Saarbrücken – Rot-Weiß Essen [3:1]

Größte dokumentierte Zuschauerzahl
53 000 | 28. März 1954
Saarland – BR Deutschland [1:3]

www.fc-saarbruecken.de

▶ 1. FC Saarbrücken – FK Pirmasens [8:1] | 31. Oktober 2008 | 4100 Zuschauer

Sandhausen
Hardtwaldstadion

Anschrift
Jahnstraße 1
69207 Sandhausen

Einweihung
1951

Plätze
Fassungsvermögen: 10 231
Stehplätze: 2954
Sitzplätze: 7277

Eröffnungsspiel

Größte dokumentierte Zuschauerzahl
11 300 Zuschauer | 30.07.2011
1. Runde DFB-Pokal
SV Sandhausen – Borussia Dortmund [0:3]

www.svs1916.de

Der Himmel über Sandhausen hatte sich an diesem Sonntagnachmittag dunkel zugezogen. Es goss. Abgesehen von der überdachten Haupttribüne dominierten aufgespannte Regenschirme das mit 5200 Zuschauern ausverkaufte Hardtwaldstadion an diesem 27. August 1995. Selbst Fußballfachleuten sagte die Truppe vom gastgebenden SV Sandhausen wenig bis gar nichts. Die hauptberuflichen Studenten, Fleischer und Polizisten aus der beschaulichen 14 000 Einwohner fassenden Kleinstadt vor den Toren Heidelbergs hatten kurz zuvor den ersten Regionalligaaufstieg in der Geschichte des Vereins erreicht und dank des Sieges im Badischen Pokal ihr Ticket für die erste Runde des DFB-Pokals gelöst. Mit dem VfB Stuttgart als größten Klub im „Ländle" hatten die Amateure dann auch noch das große Los gezogen.

Der Boden durch den Dauerregen tief und schwer, ließ erahnen, dass es das magische Dreieck um Balakov, Elber und Bobic schwer haben würde und nach nur sieben Spielminuten warfen die Zuschauer ihre Regenschirme erbost in den sich ergießenden Himmel. Stuttgarts Abwehrchef Frank Verlaat hatte da ihren Mittelfeldmann Markus Pukallus überhart von den Beinen geholt. Der Schiri ahndete das Vergehen mit Rot. Schweres Geläuf und Überzahl, die Chancen für eine Sensation standen nicht schlecht und dennoch gelang Balakov nur drei Minuten später der Führungstreffer für die Schwaben. Doch statt des zu erwartenden Favoritensieges entwickelte sich in der Folge Unfassbares und dieses Pokalspiel im Sandhausener Hardtwaldstadion sollte Geschichte schreiben. Erst glich der Regionalligist aus, nach der Pause stellte Bobic den alten Abstand sogleich wieder her, bis drei Minuten vor Abpfiff der eingewechselte Staletovic den Ball über die Linie von Keeper Ziegler zum Ausgleich nickte.

Die Verlängerung blieb ereignislos und der Sieger durfte im Elfmeterschießen ermittelt werden. Sandhausen legte vor, Stuttgart zog nach. Wieder und wieder. Nachdem jeder Feldspieler und auch die Torhüter ihre Schüsse verwandelt hatten, ging es wieder von vorne los. Balakov, Hahn, Berthold und Feucht trafen bereits zum zweiten Mal. Die Zuschauer blickten fassungslos auf das Geschehen, den Spielern versagten zusehends die Kräfte. Sie alle wurden Zeugen des längsten Elfmeterschießens in der Geschichte des DFB-Pokals. Erst der Pfostenfehlschuss durch Stuttgarts Hendrik Herzog beim Stand von 15:14 setzte diesem Elfermarathon ein Ende. Das kleine Stadion am Rande des Hardtwaldes, das zu diesem Zeitpunkt eher einem besseren Sportplatz glich, explodierte und zu dem Nass von oben gesellten sich Tränen der Freude.

Die DFB-Pokalsensation rückte das beschauliche Hardtwaldstadion in den öffentlichen Fokus. Zu seiner Eröffnung 1951 wollten die Erbauer wohl den Standort ehren und gaben der Spielstätte statt Rasen Sand. Erst zehn Jahre später sollte hier auf sattem Grün der Ball rollen. Bis Ende der 1980er hatte das Hardtwaldstadion die Bezeichnung kaum verdient. Erst zur Saison 1987/88 wurde die vor Regen schützende Tribüne fertiggestellt. Eine Flutlichtanlage folgte 2000 und wenn fünf Jahre später nicht Sandhausens Klubchef Jürgen Machmeier gewesen wäre, dann würde die Geschichte des Hardtwaldstadions wohl hier enden. Ein gewisser Dietmar Hopp, dessen bekanntes Software-Unternehmen nur einen Steinwurf entfernt vom Hardtwaldstadion residiert, hatte die Vision von einem Profifußballteam für die Rhein-Neckar-Region. Er strebte eine Fusion der Vereine aus Sandhausen, Hoffenheim und Walldorf zum FC Kurpfalz an. Mit einer solch breiten Basis hätte seine Idee mehr Chancen, so die Überlegungen des Unternehmers. Machmeier indes fürchtete die Degradierung seines Klubs zum reinen Farmteam und erteilte der angedachten Liaison mit der Marketingkampagne „Authentisch, glaubwürdig und echt = 100 Prozent Sandhausen" eine deutliche Absage. Dabei spielte Sandhausen zu diesem Zeitpunkt lediglich in der Oberliga. Den Vorstoß in den bezahlten Fußball indes wollte man lieber alleine schaffen.

2007 gelang der Aufstieg in die Regionalliga, wo man sich als Tabellendritter sogleich für die neugegründete 3. Liga qualifizieren konnte. Das Hardtwaldstadion bekam 2008 die für diese Liga erforderliche Videoeinwand sowie eine provisorische Stahlrohrtribüne, die 2500 Sitzplätze gewährleistete. Vier Jahre später gelang dann der große Clou: Das Dorf stieg in die 2. Bundesliga auf und mit ihm erhielt die Spielstätte am Hardtwald endlich Stadionatmosphäre. Für etwa 3,6 Millionen Euro wurden zwei zusätzliche Tribünen beidseitig der Haupttribüne errichtet und das Fassungsvermögen des Stadions auf 10 231 Plätze erweitert. Die Nordtribüne verfügt nun über 400 VIP- und 100 Logenplätze, die Westtribüne über knapp 1500 Stehplätze. In fünf Monaten Bauzeit wurde diese für die 2. Bundesliga nötige Erweiterung inklusive neuem Rasen mit Heizung absolviert.

Die Premierensaison 2012/2013 im Fußballunterhaus ging dann mit dem vorletzten Tabellenplatz leider ziemlich in die Hose. Sandhausens Oberbürgermeister Georg Kletti nahm das Stadion mit in die Verantwortung für die Misere: „Der Stadionausbau war zu viel für den Verein", konstatierte er kurz nach Saisonschluss. Zu diesem Zeitpunkt war der Verein sportlich aus der Liga abgestiegen und der für den Fall des Klassenerhalts geplante weitere Ausbau des Hardtwaldstadions auf 15 000 Plätze damit vom Tisch. Wäre da nicht Mitte Juni der Lizenzentzug des Ligakonkurrenten MSV Duisburg gewesen, der weit nach Saisonende dem SV Sandhausen dann doch noch den Verbleib in der 2. Bundesliga sicherte. Den Bauarbeiten am wohl idyllischsten gelegenen Stadion im Profifußball steht nun nichts mehr im Weg, denn ob man in Sandhausen will oder nicht, der DFB schreibt für die 2. Bundesliga ein Stadion vor, das mindestens 15 000 Besuchern Platz bietet – mehr als Sandhausen Einwohner hat.

Tobias Börner

Das Internet ist schnell. Wenn irgendwo auf der Welt etwas passiert, taucht es bereits Sekunden später auf Twitter, Facebook und den anderen üblichen Newssites auf. Und gerade die bekannteste Suchmaschine prahlt stets mit ihrer sekundenschnellen, zuverlässigen Funktion. Suchte man allerdings noch bis vor Kurzem bei „Google Maps" nach der „Wirsol Rhein-Neckar-Arena", der Heimat der TSG 1899 Hoffenheim und klickte auf die Satellitenansicht, gab es eine Enttäuschung. Denn dort, wo eigentlich der 60 Millionen Euro teure Schmuckbau zu finden sein sollte, sah der virtuelle Groundhopper lediglich ein paar Felder, die entlang der Autobahn A 6 verlaufen. Eine Ironie der Geschichte, dass ausgerechnet das Symbol des Fußballmärchens aus der 3300 Seelen-Gemeinde Hoffenheim – das Stadion – lange brauchte um es ins Netz zu schaffen. Bei Google schien es, als würden hier immer noch die Traktoren durch die ländlichen Hügel des Kraichgau tuckern und die Bauern ihre Kühe über die Straße treiben. Sieht man von der modernen Arena ab, die der TSG ein Zuhause bietet, spürt der Besucher noch immer die Gelassenheit, mit der das Leben hier seinen Lauf nimmt.

Doch die Illusion, dass es in Hoffenheim stets gemächlich zugeht, trügt. Hier arbeitet man am liebsten in Höchstgeschwindigkeit. In eben jenem Tempo überrumpelte die TSG bereits in der Hinrunde der Saison 2008/09 die Bundesliga, in die sie zuvor innerhalb von nur neun Jahren aus der Verbandsliga aufgestiegen war. Und bei all diesen rasanten Veränderungen bemerkte man auch, dass das alte Dietmar-Hopp-Stadion, in dem der Verein seit 1999 seine Heimspiele absolvierte und noch im Mai 2008 den Aufstieg in die Bundesliga feierte, mit seinen 6350 Plätzen den Anforderungen der Deutschen Fußball-Liga nicht mehr gerecht werden würde. Deswegen nahm man in Hoffenheim bereits im Januar 2006 das Projekt Stadionneubau mit Hochdruck in Angriff.

Doch bevor es richtig losgehen konnte, drohte das ambitionierte Vorhaben in den örtlichen Amtsstuben von Heidelberg und Eppelheim ausgebremst zu werden. Der Wahl des Arena-Standorts ging ein zehnmonatiges Bürokratie-Durcheinander aus Zu- und Absagen voraus, ehe man sich für eine Fläche gegenüber dem Auto- und Technikmuseum Sinsheim entschied, drei Kilometer von Hoffenheim entfernt. Nach dieser Entscheidung wurde beim Bau mächtig auf das Gaspedal getreten. Vom Tag des ersten Spatenstichs im Mai 2007 dauerte es insgesamt nur 610 Tage, bis in der neuen, 30 150 Zuschauer fassenden Heimspielstätte der TSG Hoffenheim der Ball rollte. Gerade mal 20 Monate Bauzeit. Absolut rekordverdächtig!

Und auch das Ergebnis ist extrem: Die Tribünen der Wirsol Rhein-Neckar-Arena sind 40 Reihen hoch, doch selbst wer ganz oben sitzt, fühlt sich nah dran am Geschehen. Das liegt am Neigungswinkel der Ränge, der bei 34 Grad liegt und somit das maximal Erlaubte ausreizt. Das Spielfeld wird von den steilen Rängen regelrecht eingekesselt. Der Neubau bietet 9150 Stehplätze, was immerhin einem Drittel der Gesamtkapazität entspricht. Die Architekten träumten bei dieser Aufteilung wohl von einer blauen Wand aus Hoffenheim-Fans, die den Verein von Erfolg zu Erfolg peitschen möge. Doch die Realität sah damals ein bisschen anders aus. Hoffenheims damaliger Trainer Ralf Rangnick verglich die Stimmung bei der Stadioneröffnung am 24. Januar 2009 eher mit der eines Jahrmarktes. Aller Anfang ist eben schwer.

Als Prunkstück der Spielstätte gilt das Dach. Wie eine Wolke schwebt das 3400 Tonnen schwere Gebilde aus Stahl- und Polycarbonat-Platten über dem Stadion-Oval. Wer auf der Tribüne sitzt, kann sich freuen: Keine Stützen oder Pfeiler versperren das Blickfeld – von überall gibt es freie Sicht auf den Rasen. „Man bewegt sich mit dieser Konstruktion im Grenzbereich des Machbaren", sagt der Diplomstatiker Eric Helter, der das Dach mitkonstruiert hat. Inwieweit man sich mit dem Bundesligaprojekt in Hoffenheim auch insgesamt am Limit befindet, wird sich zeigen. Der Klub will sich als fester Bestandteil auf der deutschen und internationalen Fußball-Landkarte etablieren. Und das geht hier manchmal so schnell, dass selbst das Internet nicht mehr so recht hinterher kommt.

Eins haben die Hoffenheimer aber dann doch noch nicht geschafft: Den Meistertitel in der ersten Bundesligasaison. Nach der fulminanten Herbstmeisterschaft erschien alles möglich, doch nach zwölf Spielen ohne Sieg zu Beginn der Rückrunde reichte es nach einem passablen Endspurt dann doch nur für Platz 7, knapp vorbei am internationalen Geschäft. Nach dieser Explosion im ersten Jahr darf mittlerweile von Stagnation gesprochen werden, in keiner der folgenden Spielzeiten konnten die Kraichgauer an ihre Premierensaison anschließen. Am Ende der Spielrunde 2012/13 konnten sie ihren Kopf allein durch die gewonnene Relegation gegen den Zweitligisten Kaiserslautern aus der Schlinge ziehen. Immerhin stieg der Zuschauerschnitt kontinuierlich an und verzeichnete in der Saison 2010/11 mit 29 871 Besuchern einen Bestwert knapp am Limit.

Die Stadt Sinsheim, in der nur gut 35 000 Menschen leben, also gerade einmal 5 000 mehr als in das Stadion passen, stellte sich vollkommen auf den Fußball ein. Seit der Fertigstellung einer direkten Ausfahrt von der A6 können die Fans ohne Umweg von der Autobahn zum Stadion gelangen. Auch der Nahverkehr ist bearbeitet. Obwohl die Arena vom Sinsheimer Bahnhof gut zu Fuß zu erreichen ist, wurde eine nahe gelegene Regionalbahnhaltestelle zu einem S-Bahnhof umgebaut und in das Rhein-Neckar S-Bahnnetz integriert. Ob Fußball-WM, wie das Eröffnungsspiel der Frauenfußball WM 2011 zwischen Frankreich und Nigeria oder internationale Vereinsspiele. Die Welt kann kommen. Sinsheim ist bereit.

Benjamin Kuhlhoff

Sinsheim
Wirsol Rhein-Neckar-Arena

Anschrift
Dietmar-Hopp-Straße 1
74889 Sinsheim

Einweihung
24. Januar 2009

Plätze
Fassungsvermögen: 30 150
Sitzplätze: 21 000
Stehplätze: 9 150

Eröffnungsspiel
TSG Hoffenheim – Rhein-Neckar-Auswahl [6:2]

Größte dokumentierte Zuschauerzahl
30 150 | mehrfach seit der Saison 2008/09 erstmals beim Eröffnungsspiel am 24. Januar 2009

www.achtzehn99.de

Stuttgart
Mercedes-Benz Arena
Gottlieb-Daimler-Stadion

Anschrift
Mercedesstraße 87
70372 Stuttgart

Einweihung
erstmals am 23. Juli 1933

Plätze
Fassungsvermögen: 60 461 | 55 896
Sitzplätze: 49 133 | 51 709
Stehplätze: 11 328 | 4 187

Eröffnungsspiel
Stuttgart – Nürnberg/Fürth [3:2]

Größte dokumentierte Zuschauerzahl
103 000 | 22. November 1950
(im alten Neckarstadion)
Deutschland – Schweiz [1:0]

www.mercedes-benz-arena.de

Ironisch sind sie ja im „Ländle". Während die Landesregierung augenzwinkernd mit dem Slogan „Wir können alles. Außer Hochdeutsch." für das Bundesland im Süden der Republik wirbt, war auf T-Shirts von Verantwortlichen des VfB Stuttgarts Anfang August 2011 zu lesen: „We have a grandios Stadion gebaut." Eine Reminiszenz an BVB-Torwart Roman Weidenfeller, der im Freudentaumel des Meisterschaftssieges im Mai 2011 jenes famose Denglisch „We have a grandios Saison gespielt" live in das Mikrofon eines arabischen TV-Senders plapperte. Tatsächlich konnte der VfB auf keine grandiose Saison 2010/11 zurückblicken, präsentierte jedoch stolz zum Start der Spielzeit 2011/12 mit der komplett überarbeiteten Mercedes-Benz Arena endlich ein rassiges und reines Fußballstadion.

Jahrzehnte galt das Gottlieb-Daimler-Stadion als eine der stimmungsschwächsten Arenen deutschlandweit. An den Fans lag das nicht, eher an der komplett verkorksten Architektur des Stadions. Das hatte nämlich so gar nichts von dem, was für eine wirkliche Fußballatmosphäre nötig ist. Die braucht den direkten Kontakt des Zuschauers zum Spieler, in ungünstigen Ecken saß der Fan jedoch bis zu 70 Meter entfernt. Gute Stimmung ergibt sich aus steilen Rängen, die eng gedrängte Masse als Erlebnis. Im Daimler-Stadion waren die Ränge flach und weit gezogen, zu allem Überfluss wurde das Spielfeld von einer Tartanbahn umkreist. Zu verdanken war diese Konstruktion einer eigentlich unschwäbischen Neigung zum unentschlossenen Bauen. Mehrfach wurde die Arena umgebaut, dabei oft völlig neugestaltet und totalsaniert. In der NS-Zeit als „Adolf-Hitler-Kampfbahn" errichtet, wurde in 50 Jahren so allerhand neu gemacht. Ob Zusatztribünen aus Holz, der Ausbau der Kurven, die Renovierung anlässlich der Weltmeisterschaft 1974 oder aber das neue und sehr ambitionierte Dach, das jedoch gleichzeitig den Fallwind ins Stadion ließ. Am Ende entstand ein Patchwork aus Stilen und Entwürfen, die allesamt nicht so recht zueinander passen wollten.

Allein der komplette Umbau des Gottlieb-Daimler-Stadions in ein reines Fußballstadion versprach Rettung. Oft träumten die Fans davon und genauso oft konnten sie den Traum beerdigen. Denn nachdem die Stuttgarter Lokalpolitiker – die Stadt ist Eigentümer des Stadions – beschlossen hatten, dass das Gottlieb-Daimler-Stadion zur WM 2006 lediglich weiter ausgebaut werden sollte, änderte sich kurzfristig nichts in Bad Cannstatt. Der notorisch klamme VfB hatte nicht die Mittel, um ein Fußballstadion in Eigenregie zu bauen. Die Stadt indes war lange Zeit mit der Multifunktionsarena, in der die Leichtathletik-WM 1993 ausgetragen wurde, sehr zufrieden.

Die Wende in der Stadiondebatte kam, als der VfB 2007 Meister wurde. Nach einigen Finanzierungsdiskussionen wurde im März 2008 bekannt gegeben, dass das Stadion künftig „Mercedes-Benz Arena" heißen würde und der Umbau im Frühjahr 2009 beginnen sollte. Da half auch kein Aufschrei des Württembergischen Leichtathletik-Verbandes. Die Stadt entschied sich gegen die Leichtathletik und für eine moderne Fußballarena, mit steilen Rängen, ohne Tartanbahn. Manchmal lernen Träume dann eben doch zu fliegen. Ab Mai 2009 rollten tatsächlich die Bagger. Die Laufbahn verschwand, das Spielfeld wurde um 1,30 Meter tiefergelegt, die Haupt- und Gegentribüne erweitert und eine Rasenheizung montiert. Die Cannstatter- als auch die Untertürkheimer Kurve fielen und wurden neu errichtet. Auch sollte niemand fortan mehr im Regen sitzen und so wurde das charakteristische Membrandach um 14 Meter erweitert. Als Patent angemeldet sind die Klappsitze in der Cannstatter Kurve. Bei Ligaspielen verschwinden sie in einer Trittstufe und schaffen 8500 Steh-

Das Gottlieb-Daimler-Stadion vor seinem Ausbau (1999)

plätze. Bei internationalen Partien werden die Sitzreihen herausgeklappt und in 4050 Sitzplätze verwandelt. Auch nett: Selbst beim Gang auf die Toilette verpasst Mann am Pissoir kein Tor. Ein Fensterschlitz auf Augenhöhe garantiert freie Sicht auf das Spielfeld während des Pieselns. Insgesamt verschlang die Sanierung 60,8 Millionen Euro und widerlegte eindrucksvoll die angebliche Knausrigkeit der Schwaben.

Das Eröffnungsspiel am 1. Spieltag der Saison 2011/12 gegen den FC Schalke 04 war ein Erfolg auf ganzer Linie. Die Mercedes-Benz Arena vermeldete bei sommerlichen Temperaturen mit 60 461 Zuschauern ein ausverkauftes Haus. Die Cannstatter Kurve bebte und der harte Kern der VfB-Fans rechtfertigte das jahrelange Träumen von einer reinen Fußballarena, denn die Akustik war atemberaubend und endlich schien sie wieder da zu sein, die auf der zweijährigen Baustelle verlorengegangene Heimstärke. Mit einem deutlichen 3:0 wurde Königsblau verabschiedet. Dank der großen Zuschauerkapazität ist die Arena auch äußerst attraktiv für große Länderspiele. Nur wenige Tage später zauberte hier die deutsche Elf beim 3:2-Erfolg gegen Rekordweltmeister Brasilien. Es war der erste Sieg gegen die Seleção nach 18 Jahren. Kein schlechter Einstand für ein neues Stadion.

Tobias Börner

◀ VfB Stuttgart – Bayer 04 Leverkusen [0:1] | 20. August 2011 | 53 000 Zuschauer
◀◀ *Deutschland – Portugal [3:1] | 8. Juli 2006 | 52 000 Zuschauer*

Wer in Wolfsburg „Fußball" sagt, meint eigentlich „Volkswagen". Zumindest mittelbar. Volkswagen ist Mehrheitsaktionär der VfL-Fußball-AG. Volkswagen war Bauherr und ist Namensgeber der 53 Millionen Euro teuren Arena. Volkswagen entscheidet, welcher Trainer beim VfL an der Seitenlinie steht und Volkswagen macht das nötige Kleingeld für die gewünschten Spieler locker. Volkswagen ist das Blut in Wolfsburgs Adern und die Luft in Wolfsburgs Lungen. Wer etwas über den VfL erfahren möchte, tut daher nicht schlecht daran, einen Blick in die Hochglanzprospekte zu werfen, mit denen die Autobauer die Produkte aus ihrem Hause bewerben. „Er wurde geschaffen, um neue Dimensionen zu erobern", steht da zum Beispiel über den Geländewagen „Touareg". Der Wagen gibt die Richtung vor: VW will weg vom Image des Konstrukteurs grundsolider und ebenso langweiliger Alltagskutschen mit Namen wie „Jetta" oder „Passat", hin zu rassigen Geländewagen und formschönen Nobelkarossen.

Folglich musste sich auch der konzerneigene Werbeträger VfL verändern. Der nämlich kam bisher ein wenig angestaubt daher; in der Produktpalette des Konzerns war er der Golf II. Zwar mit einem soliden Motor, der bergab auch schon mal auf Touren kam – wie 1999, als der VfL den UEFA-Cup erreichte – aber doch irgendwie mausgrau-metallic. Also ließ VW die Karosserie des Vereins 2002 generalüberholen. Erst wurde im Sommer Stefan Effenberg verpflichtet. Da hatte der Golf einen Bullenfänger bekommen. Dann verließ der Klub kurz vor Weihnachten seine alte Heimstätte, das windige VfL-Stadion, und zog ein paar hundert Meter weiter in die funkelnagelneue Volkswagen Arena. Und aus dem langweiligen Mittelklassewagen war über Nacht ein strahlender Phaeton geworden. Durchzugsstark und kultiviert. Fehlte nur noch ein Chauffeur, der die gestiegenen Ansprüche würdig zu repräsentieren wusste.

Und so musste der hemdsärmelige Wolfgang Wolf dem Jackett-Träger Jürgen Röber weichen. VfL-Manager Peter Pander sprach bei der Einweihung der Arena von einem „Quantensprung in der Geschichte des VfL Wolfsburg". Die Fans sehen es genauso. Statt wie im alten Stadion über eine Tartan-Bahn gegen den norddeutschen Wind anzubrüllen, stehen sie nun unter einem lichten Dach in der Nordkurve der neuen Arena dicht am Geschehen und freuen sich über eine Akustik, die der in ähnlichen Stadion-Neubauten wie in Hamburg oder auf Schalke in nichts nachsteht. Das wird der ohnehin munteren Wolfsburger Ultra-Szene sicher Auftrieb geben. Auf den Sitzplätzen hingegen dominiert das typische Event-Publikum, hier sitzt der Familienvater mit Kind und Kegel, daneben auch komplette Schichtbelegschaften aus dem benachbarten VW-Werk. Und um auch die Kleinsten schon frühzeitig an den Verein anzubinden, haben sie in der Südkurve einen Spielplatz mit einigen hölzernen Geräten aufgebaut, auf denen sich Vier- und Fünfjährige in Grafite-Trikots während des Spiels verausgaben. Mit der Arena ist das Ende der Fahnenstange noch längst nicht erreicht. Glaubte man jedenfalls in Wolfsburg. Denn VW hatte ehrgeizige Pläne mit dem VfL, spätestens 2007 stand die Champions League auf der Agenda, schließlich hat der Klub einen internationalen Werbeauftrag. Vorbild ist Bayer Leverkusen, das den Namen des Chemie-Giganten in alle Welt getragen hat. Bis dahin sollte dann doch noch eine Menge Wasser den gemächlichen Mittellandkanal neben dem Stadion hinunterfließen. Denn es dauerte seine Zeit, bis der VfL den Durchbruch endgültig schaffte, 2006 und 2007 sah es sogar sehr düster um Wolfsburg aus. Eine Idee musste her.

Und so verpflichtete man im Sommer 2007 Felix Magath als Trainer, Manager und Geschäftsführer, quasi als Alleinherrscher. Von vielen wurde dies als wagemutiges Unterfangen abgetan. Aber Magath und Wolfsburg sollten die Unken Lügen strafen. Der Verein rüstete kräftig auf, vor allem junge Spieler kamen in die Autostadt, und am Ende der Saison 2007/08 stand Wolfsburg auf einem UEFA-Cup Platz. Der Verein war nun auf der Siegerspur angekommen. Die Saison 2008/09 brachte endlich das, was sich die Volkswagenbosse schon so lange wünschten: Die Meisterschale. Mit dem Erfolg kamen auch immer mehr Fans in die Volkswagen Arena, im Durchschnitt waren es 27 408 Zuschauer in der Meistersaison, eine große Zahl in einer Stadt, der vorgeworfen wird, keine Fußballfans zu haben. Und sie alle mussten mit ansehen, dass sich dauerhafter Erfolg im Fußball nicht so einfach zusammenschrauben lässt wie ein Volkswagen. Mit dem ganz dicken Scheckbuch sollte die Mannschaft aufgemotzt werden, Millionen wurden ins Motortuning gesteckt, doch trotzdem folgte auf die Meisterschaft eine ernüchternde, darauf gar eine schockierende Saison, die fast mit dem Totalschaden Abstieg geendet hätte.

Die Volkswagen Arena jedenfalls ist ein Stadion auf neuestem Stand. Die 30 000 Zuschauer sitzen alle geschützt unter einem lichtdurchlässigen Stadiondach, das, wenn nötig, sogar durch eine Nachrüstung komplett geschlossen werden kann. Der Naturrasen ist um 90 Grad drehbar und kann im Winter beheizt werden. Mit diesen Raffinessen gehört die Arena zu den Stadien, die zwar alle Anforderungen der FIFA für die WM 2006 erfüllt hätten, aber schlichtweg zu klein waren. Als Trostpflaster blieb 2011 die WM der Frauen mit Wolfsburg als einzigem Austragungsort in Norddeutschland. Insgesamt vier Spiele fanden am Mittellandkanal statt, darunter das Viertelfinale des Titelverteidigers Deutschland gegen den späteren Weltmeister aus Japan. Die Japanerinnen holten sich spätestens mit diesem Coup das nötige Selbstvertrauen, das sie zum überraschenden Titelgewinn führte. Vielleicht haben sie sich in der VW-Stadt aber auch einfach nur unglaublich heimisch gefühlt, kommen sie doch aus einem Land, in dem die Alimentierung von Fußballteams durch Autokonzerne alltäglich ist.

Volker Kühn

Wolfsburg
Volkswagen Arena

Anschrift
In den Allerwiesen 1
38446 Wolfsburg

Einweihung
13. Dezember 2002

Plätze
Fassungsvermögen: 30 000
Sitzplätze: 22 000
Stehplätze: 8 000

Eröffnungsspiel
VfL Wolfsburg – VfB Stuttgart [1:2]

Größte dokumentierte Zuschauerzahl
30 000 | erstmals am 13. April 2003
VfL Wolfsburg – Hannover 96 [1:0]

www.vfl-wolfsburg.de

▶ Deutschland – Japan [0:1 n.V.] | 9. Juli 2011 | 26 067 Zuschauer

Wuppertal
Stadion am Zoo

Anschrift
Hubertusallee 4
42117 Wuppertal

Einweihung
5. Oktober 1924

Plätze
Fassungsvermögen: 23 067
Sitzplätze: 6500
Stehplätze: 16 567

Eröffnungsspiel
Westdeutschland – Norddeutschland [4:3]

Größte dokumentierte Zuschauerzahl
50 000 | 25. Juli 1948
1. FC Kaiserslautern – TuS Neuendorf [5:1]

www.wuppertalersv.com

Schon viele Mannschaften haben nach ihrem Aufstieg in die Bundesliga für Furore gesorgt: Natürlich fällt einem als erstes die Meisterschaft des 1. FC Kaiserslautern ein, die sich in der Saison 1997/98 nach dem direkten Wiederaufstieg gleich den Titel sicherten. Oder der VfL Bochum, der ein Jahr zuvor sofort den Sprung auf einen UEFA-Cup-Platz schaffte. Nur echten Kennern wird dagegen die Premierensaison des Wuppertaler SV in den Sinn kommen. Es war zu einer Zeit, als Udo Lattek noch Trainer beim FC Bayern war, die Schalker Mannschaft unter den Sperren des Bundesliga-Skandals ächzte und der Wuppertaler SV einen herausragenden 4. Platz belegte. Das war 1972/73, zwei Jahre später folgte schon wieder das jähe Ende des Wuppertaler Höhen-

Das Stadion am Zoo vor seinem Ausbau (1999)

flugs: Die Mannschaft stieg in die 2. Liga ab, fünf Jahre später folgte der Absturz in die 3. Liga. All diese Erfolge und Misserfolge sind eng verknüpft mit dem Stadion am Zoo, der Heimstätte des Wuppertaler SV Borussia, wie der Verein ab 2004 für einige Jahre hieß.

Mit Fußball hatte das Stadion jedoch zunächst recht wenig zu tun. Zwischen der Aschenbahn und den Tribünen war eine Radrennbahn integriert, die zur damaligen Zeit als eine der schnellsten Bahnen der Welt galt. Mehrere Weltrekorde im Steherrennen wurden hier aufgestellt. Erbaut wurde das Stadion 1924 und bot 38 000 Zuschauern Platz – es war damit eines der größten Westdeutschlands. In den Gazetten wimmelte es vor Lobeshymnen auf das Bergische Stadion, wie die Spielstätte damals noch hieß. Der damalige Kölner Oberbürgermeister Konrad Adenauer ließ sich seinerzeit zu dem Zitat hinreißen, dass das Stadion lediglich einen Fehler aufweise, „es steht nicht in Köln", was die Wuppertaler durchaus mit Stolz erfüllte. Erst 1954, mit der Fusion der beiden Vereine SSV 04 Wuppertal und der TSG Vohwinkel 80 zum Wuppertaler SV, kam dem Stadion auch für den Fußball eine größere Bedeutung zu. Die beiden Vereine aus den Stadtteilen Elberfeld und Vohwinkel schlossen sich nur wenige Tage nach dem „Wunder von Bern" zusammen, zuvor waren beide Teams nur knapp dem Abstieg aus der 2. Liga entkommen. Der Erfolg ließ nicht lange auf sich warten, bereits ein Jahr später konnte der Titel in der 2. Liga gesichert werden, es folgte der Aufstieg in die Oberliga West, damals eine der fünf höchsten Ligen Deutschlands.

An die sportlichen Erfolge der Siebziger konnte der WSV nicht mehr anknüpfen. Mit Verein und Stadion ging es bergab. Zwischen 1980 und 1992 verschwand Wuppertal in der Oberliga. Erst mit dem Wiederaufstieg in die 2. Bundesliga 1992 erfuhr das Stadion am Zoo die dringend nötige Aufmerksamkeit. Bis zum Jahr 1993 wurde die alte und einsturzgefährdete Haupttribüne durch einen 28 Millionen DM teuren Neubau ersetzt. Die hohen Kosten kamen u.a. durch die strengen Denkmalschutzauflagen anlässlich der Restaurierung der historischen Schildwand an der alten Haupttribüne zustande. Schick ist übrigens nicht immer bequem, und so ist es durch die strengen Auflagen der Oberen Denkmalbehörde auf der Tribüne in Wuppertal immer recht zugig und der Zuschauer bleibt bei Regen nicht unbedingt trocken.

Pünktlich zur Fertigstellung der ersten Modernisierung des Stadions am Zoo verabschiedete sich der WSV auch gleich wieder in die Oberliga. Bis ins Jahr 2011 – mit einer Stippvisite in der neugegründeten 3. Liga – vermochte Wuppertal nicht mehr aus der vierten Liga zurückzukehren. Es kam noch schlimmer: 2013 musste der Verein Insolvenz anmelden und stieg in die fünfte Liga ab. Ein großes Highlight gab es noch, an dem sicherlich auch WSV-Legende Horst „Schimmi" Szymaniak seine Freude gehabt hätte. Im DFB-Pokal der Saison 2007/08 drangen die Rot-Blauen, nachdem man zuvor Zweitligist Erzgebirge Aue und Bundesligist Hertha BSC rausgeworfen hatte, bis ins Achtelfinale vor. Dort zog man mit dem FC Bayern München das große Los, allein das Stadion am Zoo war aufgrund eines erneuten Umbaus nicht bereit für den Knaller. Während in der Heimstätte vom WSV die alten Stehränge abgerissen und auf der Aschebahn neuerrichtet wurden, spielte das Team in der Schalker Veltins-Arena vor der größten Heimkulisse der Vereinsgeschichte. 61 000 verfolgten ein bis zur Pause ausgeglichenes Spiel (2:2), ehe die Bayern im zweiten Durchgang mit drei weiteren Toren den Sack zumachten.

Seit Juni 2008 sind die neuen Tribünen, die übrigens nach Vorbild des Leipziger Zentralstadions im ehemaligen Innenraum errichtet wurden, fertig. Weitere geplante Umbauarbeiten sehen sowohl eine Überdachung als auch eine Erweiterung der Sitzplatzkapazitäten vor. Geplant ist ebenfalls die Errichtung einer neuen Gegentribüne. Mit dem damit erreichten Lückenschluss wäre die Umwandlung in ein reines Fußballstadion abgeschlossen. Danach wäre der Verein ganz sicher wieder in der Lage, seine Spiele gegen Bayern München und andere große Mannschaften im altehrwürdigen Stadion am Zoo auszutragen.

Tobias Börner

Zwickau
Westsachsenstadion

Von der großen Fußballbühne hat sich der FSV Zwickau schon lange verabschiedet. Das Westsachsenstadion spiegelte bis zum Mai 2011 den Niedergang des Zwickauer Fußballs auf seltsame Weise wider. „Wir befinden uns in einer maroden Sportstätte", seufzte Frank Weigel 2006 als Präsident des FSV Zwickau. Marode war sie tatsächlich, die Heimat des FSV Zwickau und des ESV Lokomotive Zwickau, aber Teile des Stadionbereichs stehen unter Denkmalschutz, was Umbau- oder Neubauarbeiten nicht gerade erleichterten.

Auf den vom Steinkohlebergbau hinterlassenen Halden des stillgelegten „Vereinsglückschachtes" errichteten nach 1937 die Arbeiter im Stadtteil Schedewitz das Stadion, das mitten im Krieg, am 23. August 1942, eröffnet wurde. Der mächtige Turm am Eingang steht als Markenzeichen für die Zwickauer Arena, die bei der Eröffnung noch „Südkampfbahn" hieß. Endgültig abgeschlossen wurde der Bau nach Kriegsende im Jahr 1951, von da an konnten mehr als 30 000 Zuschauer die Spiele verfolgen. Von dem damaligen Bahnradoval, welches das Spielfeld einst umschloss, ist heute einzig eine brüchige Betonfahrbahn übrig. Zu Zeiten, als die Friedensfahrt noch das bedeutendste Amateur-Radrennen der Welt war, waren die Etappenankünfte im Oval ein Zuschauermagnet. Da der Baugrund aber im Laufe der Jahre immer weiter absank, darf das Stadion seit Anfang der Achtziger nicht mehr befahren werden.

Bis zur Wende trug das Stadion den Namen des einstigen Ministerpräsidenten Bulgariens, Georgij Dimitroff. Während der Stadionname über Jahrzehnte konstant blieb, wechselte der aufspielende Klub öfter seine Bezeichnung: 1950 errang noch die ZSG Horch Zwickau in der gerade gegründeten Oberliga den Titel. Aus der ZSG Horch wurde bald Motor Zwickau und ab 1968 die BSG Sachsenring. Mehr als 20 Jahre, bis Mitte der Neunziger, verkörperte Reiner Thümmler als Stadionsprecher die Stimme des Georgij Dimitroff. Hautnah erlebte er hier die größten Erfolge des Vereins, als die Mannen um den legendären Nationaltorhüter Jürgen Croy in der Saison 1975/76 im Europapokal der Pokalsieger der Reihe nach Panathinaikos Athen, den AC Florenz und Celtic Glasgow ausschalteten. Erst im Halbfinale scheiterte die BSG am späteren Cup-Sieger RSC Anderlecht. 40 000 Zuschauer säumten an diesen Tagen die Tore auf der „Halde", die gesamte Region war auf den Beinen.

Doch diese Ära liegt schon Ewigkeiten zurück: In den 2000er Jahren überschritt die Zuschauerzahl nur noch bei Derbys gegen den Rivalen aus Aue die 3000er-Marke. Mit dem Intimfeind aus dem Erzgebirge erlebte die nach der Wende auf Beschluss des Stadtrates in „Westsachsenstadion" umgetaufte Spielstätte eine ihrer düstersten Stunden: Am 22. Mai 1991 trafen die Zwickauer, die nun FSV und nicht mehr Sachsenring hießen, und Wismut Aue am vorletzten Spieltag der DDR-Liga Staffel Süd aufeinander. Beim Stand von 1:4 provozierten Zwickauer Fans mit einem Platzsturm und Angriffen auf Schiedsrichter und gegnerische Spieler einen Spielabbruch. Zwickau musste eine Strafe von 1250 Mark berappen und das Spiel wurde mit 4:1 für Aue gewertet. Eine Woche später aber verhalf dem FSV das bessere Torverhältnis zum Staffelsieg – mit einem Treffer vor Aue.

Den Niedergang des Stadions konnte auch dieser zweifelhafte Erfolg nicht stoppen. Auf Geheiß des DFB mussten 1994 komplette Gerüsttribünen errichtet und die Kapazität auf 14 200 abgesenkt werden. Immerhin konnten die Sachsen zwischen 1994 und 1998 in der 2. Bundesliga Profiluft schnuppern. Fast wäre es sogar noch höher hinaus gegangen, 1996 verpasste der FSV den Aufstieg in die Bundesliga nur knapp. Im Jahr darauf gründete sich „Red Kaos", die ortsansässige Ultra-Gruppierung, deren Gros der Mitglieder den provisorischen Zustand, in dem sich das Westsachsenstadion befand, gar nicht anders kannte. In ihrem Block E genossen sie alle Freiheiten: „Dieser Platz auf der Tribüne ist ideal für Choreos – und wer nicht singen will, der geht eben woanders hin", erklärte ein Ultra-Vertreter. Einen Neubau konnte er sich nicht vorstellen. Die Ultras rühmten ihr Stadion für den unverkennbaren Charme und die Optik des Dreißiger-Jahre-Baus. Der Verschleiß aber kennt keine Fußballromantik. Stück für Stück schrumpfte das absackende Stadion. Zuletzt wurden drei Gerüst-Blöcke aus Sicherheitsgründen wieder abmontiert. „In so einer Position sollte man kein Pessimist sein", übt man sich in Zwickau in Zweckoptimismus.

Doch all das half nichts, denn die Wege vom FSV und dem Westsachsenstadion sollten sich am 29. Mai 2011 trennen. An diesem Tag konnte das freilich noch niemand ahnen, denn der für 15 Millionen Euro geplante Stadionausbau war zu diesem Moment bereits im vollen Gang. Im letzten Spiel der Oberligasaison 2010/11, gegen den SC Borea Dresden, stürmten nach 30 Spielminuten etwa 70 FSV Anhänger das Spielfeld. Die Partie wurde erst unterdann abgebrochen und letztlich am Grünen Tisch 2:0 für die Gäste aus Dresden gewertet. Aus der geplanten Baustellenverabschiedung wurde ein Abschied für immer, denn im September 2011 taxierte ein nachträglich eingeholtes Gutachten den geplanten Stadionumbau auf 30 Millionen Euro und die Bauarbeiten wurden gestoppt. Den verantwortlichen Stadtoberen schien da ein Neubau deutlich attraktiver. Dieser wurde dann auch im April 2012 beschlossen. Im Stadtteil Eckersbach soll bis zum Sommer 2015 ein 11 000 Zuschauer fassendes Fußballstadion entstehen. Der FSV trägt seit jenem unrühmlichen Abschied aus dem Westsachsenstadion im Mai 2011 seine Spiele im Sportforum Sojus 31 aus. Das Westsachsenstadion wird derzeit im deutlich kleineren Rahmen für Breitensportveranstaltungen und Großveranstaltungen hergerichtet – der FSV wird hier nie wieder spielen.

Maximilian Hendel

Anschrift
Geinitzstraße 22
08056 Zwickau

Einweihung
23. August 1942

Plätze
Fassungsvermögen: 14 200
Sitzplätze: 11 200
Stehplätze: 3000

Eröffnungsspiel

Größte dokumentierte Zuschauerzahl
40 000 | in der Saison 1975/76
bei Spielen der BSG Sachsenring Zwickau
im Europapokal der Pokalsieger

www.fsv-zwickau.de

Innsbruck
Tivoli Stadion Tirol

Anschrift
Stadionstraße 1b
6020 Innsbruck

Einweihung
8. September 2000

Plätze
Fassungsvermögen: max. 17 000
17 000 Sitz- und Stehplätze (nationale Spiele)
15 200 Sitzplätze (internationale Spiele)

Eröffnungsspiel
FC Tirol – SK Rapid Wien [1:0]

Größte dokumentierte Zuschauerzahl
32 000 Zuschauer

www.olympiaworld.at

Es herrscht Stille im Stadion, die Matchuhr steht längst auf 90 Minuten. Roland Kirchler zieht aus rund 30 Metern ab und verfolgt wie 15 000 andere Augenpaare die Flugbahn des Balles. Die Hände der Fans recken sich nach oben, um den Torjubel zu zelebrieren und ihn über die Grenzen des Stadions tausendfach in die Stadt zu tragen. Doch das Leder, das alle schon im Tor gesehen haben, streift nur die Latte. Ungläubig starren die Fans auf das Spielfeld.

Das Stadion ist ein Ort des Erfolgs und der Niederlage, des Jubels und der Enttäuschung. Auch das Tivoli, Heimstätte des 1913 gegründeten Traditionsvereins FC Wacker Innsbruck, hat Emotionen unterschiedlichster Art gesehen. Denn unterhalb des Bergisels und der daran vorbeiführenden Autobahn fanden nicht nur die schwarz-grünen Kicker, sondern auch die österreichische Nationalmannschaft sowie das erfolgreiche American-Football-Team der Swarco Raiders Tirol eine Spielstätte.

Die wechselhafte Geschichte des FC Wacker Innsbruck spiegelt sich auch in seinen vielen Stadien wider. Vom Wackerplatz in der Wiesengasse, über das ursprüngliche Tivoli neben dem gleichnamigen Schwimmbad, das von 1953 fast ein halbes Jahrhundert die Tiroler Fußballherzen höher schlagen ließ, bis zum neuen Stadion am jetzigen Ort neben dem Sportkomplex der Olympiaworld. Rekordbesuche, Kantersiege und Meistertitel stehen ebenso in seiner Geschichte wie Niederlagen, Spielabbrüche und Abstiege.

Der Spatenstich für das „Tivoli-Neu" erfolgte am 17. Februar 1999. Das alte Stadion musste einer Anlage mit Kindergarten, Altersheim und zahlreichen Wohnhäusern weichen. Finanziert wurde der Neubau mit Geldern der Stadt Innsbruck, dem Land Tirol und der Republik Österreich. Im Eröffnungsspiel behielt der FC Tirol als regierender Meister am 8. September 2000 vor offiziellen 13 996 Fans mit 1:0 gegen Rapid die Überhand. Es folgt eine äußerst bewegte Epoche der Vereinsgeschichte: Millionenschulden ließen den Verein 2002 in den Konkurs schlittern. Die Präsidenten Martin Kerscher und Othmar Bruckmüller sowie Manager Robert Hochstaffl hatten es mit der ordentlichen Betriebsführung nicht so genau genommen und mussten sich dafür später vor Gericht verantworten. Nach der Neugründung erlebte das Tivoli Rekordbesuche in der Regionalliga, beim Relegationsspiel um den Wiederaufstieg in den Profifußball gegen Schwechat passierten 14 000 Fans die Stadiontore. Der FC Wacker Innsbruck, wie der Verein nun wieder hieß, marschierte zurück in die höchste österreichische Liga, stieg erneut ab und wieder auf.

Das Fassungsvermögen des neuen Tivoli belief sich zunächst auf 17 000 Plätze, wobei ein Stehplatzbereich auf der Nordtribüne erst durch entsprechende Initiativen der organisierten Fangruppen geschaffen wurde. Für die UEFA-EURO 2008 wurde die Kapazität auf 32 000 Plätze erhöht. Auf seiner Nord-, Süd- und Westseite erhielt das Stadion einen zweiten Rang, der nach dem Großereignis wieder zurückgebaut wurde.

Um die Jahrtausendwende stand das Tivoli auch im europäischen Rampenlicht. AC Fiorentina wurde mit 3:1 besiegt, der VfB Stuttgart mit 1:0. Unvergessen bleibt das Aufeinandertreffen mit Lok Moskau am 22. August 2001, in der sich die eingangs erwähnte Szene zutrug. Entschieden wurde das Duell erst im dritten Anlauf, nachdem das Rückspiel aufgrund eines Fehlers des Schiedsrichters wiederholt werden musste. Der niederländische Referee Mario van der Ende hatte einen russischen Spieler trotz zweier Karten nicht des Feldes verwiesen. Im Wiederholungsspiel führte der FC Wacker nach der 1:3-Auswärtsniederlage mit 1:0. Wäre Kirchlers Schuss ins Tor gegangen, hätte der FC Tirol die Gruppenphase der Champions League erreicht. So blieben die ganz großen internationalen Momente auf die EURO 2008 beschränkt, als die Fans aus Russland, Schweden und Spanien im vollen Tivoli für eine besondere Atmosphäre sorgten.

Wie die meisten modernen Arenen ist auch das Tivoli mehr als nur ein Fußballstadion. Auf der Ostseite ist ein Bürotrakt angebaut, am Westende befinden sich der Vereinssitz des FC Wacker und die Kabinen. Die organisierten Fangruppen des Klubs wie die „Verrückten Köpfe", „Wacker Unser" und „I Furiosi Innsbruck" haben ihre Heimat auf der Nordseite des Stadions, die Gästefans sind im Süden untergebracht. Die Osttribüne wird gerne als Familientribüne bezeichnet, während auf der Westtribüne die VIP-Gäste Platz finden. Zum Tivoli-Areal gehören außerdem zwei Trainingsplätze, ein Kunstrasenplatz sowie eine kleine Leichtathletikanlage samt Tribüne, auf dessen Rasen die Amateurmannschaft des FC Wacker seine Heimspiele austrägt.

Die Verwaltung des Tivoli-Stadions obliegt der Olympiaworld Innsbruck GmbH, zu je 50 Prozent in Besitz des Landes Tirol und der Stadt Innsbruck. Zum Sportkomplex gehören zudem die Olympiahalle, die Tiroler Wasserkraft Arena, die Eisschnelllaufbahn, das Landessportzentrum Tirol, die Bob-, Rodel- und Skeletonbahn. Der FC Wacker Innsbruck ist nur Mieter im Stadion, was immer wieder zu heftigen politischen Diskussionen führt. Denn die Miete ist hoch und die Vermarktungsmöglichkeiten im Stadion sind genauso eingeschränkt wie die gestalterischen Freiheiten. So durfte der FC Wacker Innsbruck bis dato nicht einmal die Schalensitze Schwarz-Grün einfärben.

Georg Herrmann

Erst am 7. September 2007 mit dem freundschaftlichen Länderspiel Österreich gegen Japan (0:0) eröffnet, hat das Stadion am Ufer des Wörthersees trotzdem schon eine recht bewegte Geschichte hinter sich. Erfolgsgeschichten lesen sich allerdings anders. Gebaut anlässlich der Europameisterschaft 2008 in Österreich und der Schweiz, stand die neue Arena zunächst im fußballerischen Niemandsland. Klagenfurt verfügte mit dem FC Kärnten nur über einen Zweitligisten, der gerade einmal ein paar hundert Zuschauer anlockte. Wie sollte also eine Spielstätte mit 32 000 Plätzen nach der EURO auch nur annähernd gefüllt werden, wenn nicht Herbert Grönemeyer statt den Kickern auf dem Rasen steht? Viele hätten einen Neubau für das Turnier lieber in den fußballaffineren Städten Graz oder Linz gesehen, beziehungsweise ein zweites großes Stadion in der Hauptstadt Wien bevorzugt.

Umgangen wurde das Problem des fehlenden Bundesligisten mit einer sehr „österreichischen" Lösung. Die Erstligamannschaft aus dem Linzer Vorort Pasching wurde am 1. Juni 2007 kurzerhand nach Klagenfurt verpflanzt, die Lizenz wanderte um kolportierte drei Millionen Euro Richtung Süden, das Ganze erhielt den Namen SK Austria Kärnten – und fertig war der Verein, der nach der Europameisterschaft das Stadion bespielen sollte. Tatkräftig mitgewirkt hat dabei der damalige, inzwischen verstorbene Kärntner Landeshauptmann Jörg Haider. Dieser hatte im März 2009 Landtagswahlen zu schlagen und wollte den Kärntnern auf diesem Wege endlich wieder einen Bundesligisten schenken. Haider sollte den Wahltermin nicht mehr erleben, seine Nachfolger in der Landesregierung erbten die Fußballvision ihres Mentors.

Wie wenig nachhaltig diese von vornherein angelegt war, zeigte sich bald nach der gewonnenen Wahl. Im Landeshaushalt fehlte das Geld an allen Ecken und Enden, und so hatte Haiders Nachfolger Gerhard Dörfler für das Wahlkampfzuckerl Fußball bald kein (Steuer-)Geld mehr zur Verfügung. Der Klub verlor damit seine finanzielle Grundlage, und am Ende der Saison 2009/10, nur drei Jahre nach der Gründung, blieb vom SK Austria Kärnten nur noch ein Scherbenhaufen übrig. Der sportliche Abstieg aus der Bundesliga war besiegelt, in weiterer Folge wurde dem Verein auch die Lizenz verweigert. Die Zwangsversetzung in die Regionalliga war nicht mehr zu verhindern. Wer den Fußball in Österreich nur am Rande verfolgt, dem könnte langsam dämmern, woher der Begriff „Operettenliga" stammt.

Aber nicht nur die äußeren Umstände gaben Anlass zu Hohn und Spott. Auch das Klagenfurter Stadion selbst wurde schon davon heimgesucht. Die deutsche Nationalmannschaft bestritt bei der EURO 2008 ihre ersten beiden Gruppenspiele gegen Polen (2:1) und Kroatien (1:2) im Süden Österreichs, im Vorfeld wurden Bedenken hinsichtlich der Kapazität laut. „Hilfe, unser EM-Stadion ist nur ein Klagenfurz!", titelte die Bild-Zeitung in Bezug auf „nur" 32 000 Plätze, die der Nachfrage der deutschen Fans nicht gerecht wurden.

Bundestrainer Jogi Löw versöhnte die gekränkte österreichische Volksseele wieder. Das Stadion sei zwar klein, dafür aber ein Schmuckkästchen, schmierte er den verstimmten Veranstaltern Honig ums Maul.

Nach der EM wurde es zusehends ruhiger in der vom Architekten Albert Wimmer designten Arena. Als eines der raren Highlights steht pikanterweise ein Eishockey-Match zu Buche: Im Januar 2010 sorgten 30 500 Zuschauer beim Kärntner Derby zwischen dem Klagenfurter AC und dem Villacher SV für die drittgrößte Kulisse der europäischen Eishockey-Geschichte. Ein paar Monate später wurde am Wörthersee auch ein Fußballtitel gefeiert – allerdings nicht von einer Kärntner Mannschaft. Am 16. Mai 2010 war die Arena Austragungsort des ÖFB-Pokalfinales, in dem sich der SK Sturm Graz gegen den SC Wiener Neustadt mit 1:0 durchsetzte. Die Grazer sorgten schließlich auch für das bisher einzige Europapokalspiel in Klagenfurt. Weil das eigene Heimstadion wegen der American-Football-WM nicht verfügbar war, wich man am 13. Juli 2011 für das Champions-League-Qualifikationsspiel gegen Videoton Székesfehérvár an den Wörthersee aus. Die Seeluft tat dem Verein aus dem Nachbarbundesland erneut gut, am Ende hieß es 2:0 für Sturm.

Wurde das Stadion vor der EM-Endrunde noch als modernste Arena Österreichs bezeichnet, waren beim Gastauftritt der Grazer nur noch 13 000 Zuschauer zugelassen. Notwendige Wartungsarbeiten blieben wegen nicht geklärter Finanzierung unerledigt, was den oberen Rang gänzlich unbenutzbar macht. Selbst bei einem raschen Baubeginn scheint eine vollständige Nutzung nicht viel früher als für das in Klagenfurt geplante Cupfinale 2013 möglich. Bei bereits angesetzten Spielen der Nationalmannschaft steigt dadurch immerhin die Wahrscheinlichkeit auf ein volles Haus.

Zieht man nach den knapp sechs Jahren seines Bestehens eine Bilanz, hat das Wörthersee Stadion nur in zweiter Linie sportliche Schlagzeilen geschrieben. Im Vordergrund stand vielmehr eine bunte Mischung aus Finanzierungsstreitigkeiten, politischer Vereinnahmung und wirtschaftlichem Versagen. Und auch seine erste Namensänderung hat das Stadion schon hinter sich. Zwischenzeitlich sicherte sich die Bank Hypo Alpe Adria die Namensrechte bis 2017, aus dem Wörthersee Stadion wurde die Hypo Group Arena. Als das Geldinstitut 2009 in Schwierigkeiten geriet, dauerte es nicht lange und die Spielstätte firmierte wieder unter ihrer ursprünglichen Bezeichnung. Auch ein weiterer Versuch, einen Fußballklub in Klagenfurt zu etablieren, scheiterte. Der Regionalligist SK Austria Klagenfurt musste im Juni 2011 Insolvenz anmelden und es scheint unwahrscheinlich, dass er sich die Stadionmiete weiterhin leisten kann.

Jürgen Pucher

Klagenfurt
Wörthersee Stadion

Anschrift
Südring 207
9020 Klagenfurt am Wörthersee

Einweihung
7. September 2007

Plätze
Fassungsvermögen: 32 000
Sitzplätze: 32 000
Stehplätze: ---

Eröffnungsspiel
Österreich – Japan [0:0]

Größte dokumentierte Zuschauerzahl
32 000 Zuschauer

www.sportpark-klagenfurt.at

▶ Deutschland – Polen [2:0] | 8. Juni 2008 | 30 461 Zuschauer

Salzburg
Red Bull Arena

Anschrift
Stadionstraße 1
5071 Wals-Siezenheim

Einweihung
8. März 2003

Plätze
Fassungsvermögen: max. 30 188
30 188 Sitz- und Stehplätze (nationale Spiele)
29 800 Sitzplätze (internationale Spiele)

Eröffnungsspiel
Austria Salzburg – FC Kärnten [1:1]

Größte dokumentierte Zuschauerzahl
31 000 | 25. Juli 2007
Red Bull Salzburg – Arsenal FC [1:0]

redbulls.com/soccer/salzburg

Als die Red Bull Arena 2003 eröffnet wurde, hieß sie noch Stadion Wals-Siezenheim – und eine andere Fußballmannschaft als heute spielte in ihr. Der SV Austria Salzburg, der seine Heimspiele davor seit 1971 im Salzburger Stadtteil Lehen ausgetragen hatte, war schon länger auf der Suche nach einer neuen Heimstätte gewesen. Nationale Erfolge, die Teilnahme an der Champions League und das Erreichen des UEFA-Cup-Finales in den 1990er Jahren hatten das Bestreben geweckt, aus dem alten und viel zu kleinen Stadion auszuziehen. Für nationale Spiele waren zwar 15 000 Zuschauer zugelassen, international durften aber zuletzt nur mehr 5300 Fans ins Stadion. An eine Renovierung und Aufstockung war inmitten des dicht bebauten Wohngebietes nahe des Stadtzentrums nicht zu denken. Das neue Stadionprojekt im Vorort Wals-Siezenheim sollte das Platzproblem bei zukünftigen fußballerischen Großtaten lösen. Ein kleines Schmuckkästchen sollte es werden, in die Landschaft integriert, und die Sicht auf das benachbarte Barockschloss Klessheim durfte es nicht verstellen, denn in Salzburg liebt man Altbewährtes.

Nachdem das Düsseldorfer Architekturbüro Schuster Architekten gemeinsam mit dem Wiener Atelier Albert Wimmer die Ausschreibung für sich entschieden hatte, wurde 2001 mit dem Bau begonnen. In Anbetracht der bevorstehenden Vergabe der EURO 2008, die Österreich und die Schweiz im Dezember 2002 für sich entscheiden konnten, ließ man sich als vorgesehener Austragungsort eine Variante mit zusätzlichem Oberrang vorerst noch offen. Albert Wimmer, der auch die EM-Stadien in Innsbruck und Klagenfurt entwarf, sollte nach der Eröffnung für die Aufstockung sorgen. Das Stadion, das auf einer leichten Erhebung thront und dessen Unterrang im Erdboden versenkt wurde, bekam eine Außenwand, die an einen massiven Holzwall erinnern soll, der sich von der darüber schwebenden Dachkonstruktion deutlich abhebt.

Für ein Fußballspiel öffneten sich die Tore des Stadions das erste Mal am 8. März 2003. Austria Salzburg beendete die Meisterschaft auf dem dritten Platz und spielte die folgende Saison international. Allerdings nicht in Salzburg. Denn als erstes Erstligateam Europas hatte man einen Kunstrasen verlegen lassen. Ein Pilotversuch, der vom europäischen Fußballverband unterstützt wurde – an dessen europaweiten Wettbewerben durfte der Verein aber auf diesem Kunstgrün nicht teilnehmen. So spielte die Austria gegen Udinese und Parma in Linz um den Aufstieg im UEFA-Cup. Die Teilnahme an dem internationalen Wettbewerb war die letzte der Vereinsgeschichte. Denn die Austria war in Schwierigkeiten geraten, sportlich und finanziell ging es bergab. Die Bundesliga-Saison 2004/05 beendete man nur auf dem vorletzten Platz.

Eine Lösung der Misere des SV Austria Salzburg hatte sich zu diesem Zeitpunkt aber bereits angekündigt. Der Getränkehersteller Red Bull, der seinen Unternehmenssitz unweit von Salzburg in Fuschl hat, wollte nach dem Erfolg im Extremsportsektor nun auch im Massensegment punkten. Gelingen sollte dies mit einem Fußballverein aus Salzburg. Aus dem SV Austria wurde der FC Red Bull Salzburg und der gesamte Verein rasch nach Geschmack von Red Bull umgestaltet. Als ambitioniertes Ziel wurden Erfolge in der Champions League ausgegeben. Auch das Stadion blieb nicht verschont: Zwei neue Riesenvideoleinwände wurden ebenso eingebaut wie eine leistungsstarke Ton- und Lichtanlage. Die Schalensitze wurden auf Red Bull getrimmt und eine Rasenheizung für das Kunstgrün installiert. Im Stadion sorgen seither Discoscheinwerfer und Stimmungsmusik auch während der Spiele für Unterhaltung, wenn es spielerisch und supporttechnisch gerade nicht nach Wunsch läuft.

Red Bull setzte auch auf eine neue Fanschicht. Familien und Eventpublikum wollte man anlocken, und so wurde oft versucht, freie Sitzplätze mit einem großen Kontingent an Freikarten und Showprogramm zu füllen. Das Vorhaben gelang nicht immer: 2005/06 spielte die Mannschaft noch vor durchschnittlich 16 512 Zuschauern, 2010/11 waren es nur mehr 9792. Bereits im Herbst 2005 war ein Großteil der aktiven Anhängerschaft abgezogen, denn Red Bull wandelte nicht nur die Stehplatztribüne in Sitzplätze um, sondern verpasste dem Verein auch neue Farben. Die derart vor den Kopf gestoßenen Fans fanden im SV Austria Salzburg eine neue alte Liebe. Der Verein wurde noch 2005 von langjährigen Anhängern wieder gegründet und spielt heute in der dritthöchsten österreichischen Spielklasse, pikanterweise nur einen Steinwurf vom Stadion in Wals-Siezenheim entfernt.

Bei der Europameisterschaft 2008 war das Stadion mit mittlerweile 30 000 Sitzplätzen stets ausverkauft. Spanien, das zwei seiner Vorrundenspiele in Salzburg austrug (4:1 gegen Russland, 2:1 gegen Griechenland) und Europameister wurde, hatte keine Probleme, die Ränge zu füllen. Nach der EM sollte es wieder auf seine Ursprungskapazität zurückgebaut werden, denn für den Betrieb des Oberrangs gab es gar nur eine temporäre Bewilligung. Red Bull, das sich zwischenzeitlich die Rechte am Namen gesichert und das Stadion in Red Bull Arena umgetauft hatte, wollte dies nicht akzeptieren. Auch Salzburgs Politik konnte dem Rückbau und den zusätzlichen Kosten wenig abgewinnen, und so einigte man sich nach langem Hin und Her auf eine dauerhafte Genehmigung und der Oberrang blieb. Der Naturrasen, der für die Europameisterschaft über den Kunstrasen gelegt worden war, musste, ebenso wie die neue Pressetribüne, aber wieder weg. Erst 2010 entschloss sich Red Bull Salzburg ein für alle Mal, das Kunstrasen-Projekt zu beenden und zu natürlichem Grün zurückzukehren. Der Kunstrasen wollte sich in Europa nicht durchsetzen. Dem FC Red Bull Salzburg geht es sportlich ganz ähnlich. Trotz dreier Meistertitel wartet der Verein noch auf den internationalen Durchbruch. Die Champions League ist für den Klub weiterhin nur ein Traum.

Maximilian Kronberger

Wien
Ernst-Happel-Stadion

Als am 29. Juni 2008 Fernando Torres Spanien zum Europameistertitel schoss, war das Ernst-Happel-Stadion Schauplatz des Endspiels der Europameisterschaft 2008, einer hoch kommerzialisierten Veranstaltung, die zu den weltweit größten Medienereignissen zählt. Die Zuschauer hatten hohe Eintrittspreise bezahlt und saßen in strikt getrennten Sektoren. Ein Bild, das sich ganz wesentlich von jenem bei der Eröffnung des Stadions im Jahr 1931 unterschied: Das Stadion sollte gerade nicht dem Spektakel des Showsports und damit ökonomischen Interessen dienen. Es sollte eine Aufführungsstätte für proletarische Massenfestspiele sein und ein Ort des partizipatorischen Sports, genutzt von einer disziplinierten proletarischen Masse.

Deshalb hat das Stadion im Wiener Prater selbstverständlich eine Laufbahn, ein angeschlossenes Schwimmbad und zahlreiche Trainingsstätten. Ursprünglich gab es etwa 50 000 Steh- und nur 10 000 Sitzplätze. Die Ehrentribüne war betont schlicht gehalten. Folgerichtig bestritten das Eröffnungsspiel auch nicht die Profis der österreichischen Nationalmannschaft, sondern es besiegte eine Arbeiterfußballerauswahl aus Wien ihr niederösterreichisches Pendant mit 5:4. Die erste Großveranstaltung folgte eine Woche später: die Arbeiterolympiade. Diese gewaltige Inszenierung des sozialdemokratischen Arbeitersports hatte den Anlass für den Bau des Stadions durch die Stadt Wien gebildet, sie blieb aber eine singuläre Erscheinung in dessen Geschichte. Nur wenige Wochen später, am 13. September 1931, bildete das Praterstadion die Bühne für den 5:0-Sieg der österreichischen gegen die deutsche Fußballnationalmannschaft – womit der Profifußball zur bestimmenden Kraft im Stadion wurde. Neben den Länderspielen fanden unzählige Vereinsmatches statt. Besonders beliebt waren die sogenannten Doppelveranstaltungen Wiener Vereine – also die Kombination von zwei Meisterschaftsspielen an einem Nachmittag.

Das Praterstadion war aber auch Schauplatz des – von der nationalsozialistischen Propaganda in Zusammenhang mit der bevorstehenden „Volksabstimmung" sogenannten –„Versöhnungsspiels" am 3. April 1938, als eine deutsch-österreichische Mannschaft (de facto die österreichische Nationalmannschaft) die deutsche Nationalmannschaft mit 2:0 besiegte.

Etwa eineinhalb Jahre später, im September 1939, diente es als Deportationslager für Juden, die zum Teil „anthropologisch" vermessen und schließlich in das Konzentrationslager Buchenwald deportiert wurden. Unmittelbar danach fanden wieder Sportveranstaltungen statt, ehe der Zweite Weltkrieg in Form von Fliegerbomben auch seine Spuren an der Bausubstanz hinterließ. Das erste Fußballspiel im Praterstadion nach dem Krieg ging am 6. Dezember in Szene: Die rot-weiß-rote Nationalmannschaft schlug ihr französisches Pendant mit 4:1. Österreich sollte dabei unterstützt werden, eine von Deutschland unabhängige nationale Identität zu entwickeln. In den folgenden Jahren fanden Speedwayrennen statt, es wurden Boxkämpfe, Schwimm- und Tennisveranstaltungen ausgetragen, und zwei Leichtathletik-Weltrekorde wurden im Praterstadion aufgestellt. Zudem wurde es für religiöse Massenveranstaltungen genutzt (z.B. Papstmesse vor 80 000 Gläubigen 1983), und die Rolling Stones eröffneten am 3. Juli 1982 eine lange Reihe von Rock- und Popkonzerten.

Prägend blieb aber der Fußball. Neben Spielen unterschiedlicher österreichischer Wettbewerbe sah das Stadion Mitropa- und Europacupspiele, darunter das unglaubliche 7:0 des Wiener Sport-Club gegen Juventus Turin im Meistercup 1958 und drei Finalspiele des Europapokals der Meister (bzw. des Nachfolgebewerbs Champions League) – und eben die EM 2008. Im Wiener Stadion, das seit 1993 den Namen von Ernst Happel trägt, wurden sieben Spiele – darunter das Finale – ausgetragen.

Dass das Praterstadion ab dem Ende der 1980er Jahre noch derart große Fußballevents beherbergen würde, darauf hätte zehn Jahre davor wohl niemand einen Schilling gesetzt. Ende der 1950er war es vergrößert worden – bei laufendem Spielbetrieb. 1960 bot das Stadion dann mehr als 90 000 Zuschauern Platz. In den folgenden Jahren wurden die Stehplatzsektoren sukzessive zugunsten der Sitzplätze verkleinert. Das riesige Betonoval verlor zunehmend an Attraktivität. Es wirkte in gewisser Weise wie ein westlich des „Eisernen Vorhangs" gestrandeter Ostblockbau. Gleichzeitig sanken die Zuschauerzahlen bei den Fußballspielen, mit Ausnahme der Ländermatches war im Praterstadion nichts mehr los, der Zustand der Bausubstanz wurde immer prekärer. Am 29. Mai 1982 wurden elf Fußballfans verletzt, als bei der Meisterfeier Rapids ein Geländer – in einem kurz davor renovierten Sektor – brach und 25 Personen nach unten fielen. Die dringend notwendige Generalsanierung wurde von 1984 bis 1985 durchgeführt. Der gesamte Baubestand aus dem Jahr 1931 wurde abgetragen und neu aufgebaut – und das Stadion erhielt ein Dach. Das erwies sich als Glücksfall und war wohl einer der Hauptgründe, warum der große internationale Fußball nun wieder häufig in Wien zu Gast war.

Viele Fußballfans sind trotzdem nicht glücklich mit dem Praterstadion: Wegen der Laufbahn ist die Entfernung zum Spielfeld sehr groß, ein Problem, das durch die relativ flachen Tribünen noch verstärkt wird. Das Wiener Stadion ist aber mehr als „nur" ein Ort des Fußballs. Es ist ein populärkultureller und staatspolitischer Erinnerungsort – aber auch ein Baudenkmal. Wie kaum ein anderes Bauwerk aus der Zeit des Roten Wien verkörpert das von dem deutschen Architekten Otto Ernst Schweizer entworfene Stadion den Geist funktionalistischer Architektur. Mittlerweile steht es unter Denkmalschutz, seine aktuelle Form hat mit dem ursprünglichen Bau allerdings nur mehr sehr begrenzt zu tun – die massiven Veränderungen seiner Architektur und die Kritik an seiner Form zeigen wiederum, wie stark sich die Funktionsweise eines Stadions zwischen 1931 und der Gegenwart verändert hat. Erstaunlich genug, dass die Grundstruktur die gleiche geblieben ist.

Bernhard Hachleitner

Anschrift
Meiereistraße 7
1020 Wien

Einweihung
11. Juli 1931

Plätze
Fassungsvermögen: 47 500
Sitzplätze: 47 500
Stehplätze: ---

Eröffnungsspiel
Arbeiterfußballerauswahl Wien –
Arbeiterfußballerauswahl Niederösterreich [5:4],

Größte dokumentierte Zuschauerzahl
90 726 | 27. Mai 1961
Österreich – England [3:1]

www.wien.gv.at/freizeit/sportamt/sportstaetten/stadien/happel.html

▶ Österreich – Deutschland [0:3] | 6. Februar 2008 | 48 500 Zuschauer

Wien
Generali Arena

Anschrift
Fischhofgasse 12
1100 Wien

Einweihung
30. August 1925

Plätze
Fassungsvermögen: 13 500
Stehplätze: ca. 5000
Sitzplätze: ca. 8500

Eröffnungsspiel
SK Slovan – ASV Hertha [1:0]

Größte dokumentierte Zuschauerzahl
13 500 | 5. Mai 2010
FK Austria Wien – SK Rapid Wien [1:0]

www.generali-arena.generali.at

Die Wiener Austria und ihre Heimstätten, das ist eine lange Geschichte. Bis die „Veilchen" endgültig im zehnten Wiener Gemeindebezirk Favoriten heimisch wurden, vergingen viele Wanderjahre. Im Grunde nahm alles ab den frühen 1970ern seinen Lauf. Bis dahin hatten die 1911 gegründeten Violetten mit Ausnahme des Amateure-Platzes (bis 1926 hieß der Klub ja Amateure-Sportverein) in Ober St. Veit keine Spielstätte mehr ihr eigen genannt, vielmehr führten sie über Jahrzehnte ein Vagabundendasein als Untermieter: Im Wiener Stadion, am Sportclub-Platz in Dornbach, am Wacker-Platz in Meidling, auf der Hohen Warte in Döbling und zwischendurch auch anderswo.

Im März 1973 starteten Austria-Fans aber eine Unterschriften-Aktion, um der Forderung nach einer fixen Heimstätte Nachdruck zu verleihen. Nachdem ein kurzer Flirt des damaligen Vereinszampanos Josef „Joschi" Walter mit dem bereits dem Bauprozess unterworfenen Hütteldorfer Weststadion (später Gerhard-Hanappi-Stadion) am Veto Rapids gescheitert war, optierte Walter für Favoriten. Zur Diskussion stand unter anderem die als Verbandsplatz bezeichnete Anlage des Wiener Fußballverbands (WFV) Diese wurde vor allem von Franz Horr, dem damaligen Präsidenten des Wiener Verbands und SPÖ-Nationalratsabgeordneten ins Spiel gebracht. Am 26. August 1973 war es soweit. Dem ersten Heimspiel gegen die Vienna auf dem Verbandsplatz wohnten 11 000 Zuschauer bei. Die Austria siegte 4:1. Am 6. Januar 1974 verstarb Franz Horr, und der Platz erhielt seinen Namen.

In Folge war die Beziehung zwischen der Austria und dem Horr-Platz nicht mehr als eine liebevolle Tändelei. Die Violetten spielten bis Herbst 1978 so manches Match in Favoriten, gingen aber immer wieder fremd, ehe sie der Spielstätte Anfang der 1980er endgültig ihr Ja-Wort gaben. Im Oktober 1981 kam es zur Fertigstellung der Flutlichtanlage und zum Beginn der Bauarbeiten für die Nordtribüne, die 2854 Besuchern Platz bieten sollte. Mit der ersten Ausbaustufe der Nordtribüne im Sommer 1982 stand einem Neubezug des Horr-Platzes ab der Saison 1982/83 nichts mehr im Wege.

Die offizielle Eröffnung erfolgte im August 1982 gegen Wacker Innsbruck. Das neue Heim sah damals freilich anders aus als heute. Hinter den Toren befanden sich noch Grasböschungen, das Fassungsvermögen betrug 11 000 Besucher, was in der Regel reichte, um dem durchschnittlichen Zuschaueransturm Genüge zu tun. Auf der Südseite stand damals noch eine Holztribüne, die verriet, dass die frisch herausgeputzte Spielstätte schon einige Jahre auf dem Buckel hatte. Ab 1922 hatte dort nämlich der Fußballklub Tschechisches Herz (Ceské Srdce) eine Heimat gefunden. Am 25. Januar 1918 vom gleichnamigen Verein gegründet, der die Not von zahlreichen Kindern und Kriegswitwen aus dem Milieu der tschechischen Zuwanderer lindern sollte, betrieb diese karitative Einrichtung auch eine Sportanlage, die Tschechisches-Herz-Platz genannt wurde. Lange versprühte das Stadion den Charme der alten Zeit. Erst mit der Fertigstellung der Matthias-Sindelar-Tribüne im Jahr 1999 verschwand auch die letzte Erinnerung an das einst mächtig pochende „Tschechische Herz", die bereits erwähnte Holztribüne aus dem Jahr 1923.

Die Fans im Horr-Stadion oder der Generali-Arena, wie es seit 2010 offiziell heißt, gingen ebenso auf Wanderjahre. Bis 1987 stand der harte Kern auf der Ostseite. Im Westen stand nur eine Anzeigentafel. Mit der in diesem Jahr errichteten Stehplatz-Tribüne bekamen die Anhänger ein neues Heim, das über zwei Jahrzehnte für viele ein zweites Wohnzimmer sein sollte. Und obwohl (oder vielleicht gerade weil) die „West" in Wahrheit ein Loch war, zauberte sie feinste Choreografien hervor und bot ein beeindruckendes Klangvolumen, blieb aber in den erfolglosen Jahren ab Mitte der 1990er und bei Protestaktionen gegen den ungeliebten Mäzen Frank Stronach oft gähnend leer. Doch unter den Fans genoss die Tribüne ob ihres nostalgischen Flairs Kultstatus, sogar eine eigene Huldigungs-Website ging online.

Im August 2007 tauchten erstmals Pläne für eine neue Tribüne auf der Ostseite auf, die bis dahin ein Stahlrohrgerüst zierte. 14 Monate später war es dann soweit: Die neue, zweistöckige Osttribüne wurde mit einem Spiel gegen Borussia Dortmund eingeweiht. Nach 21 Jahren auf der Westtribüne kehrten die Veilchen „heim" auf die Ostseite. Die nicht einfach nur eine Tribüne werden sollte. Megastore, Viola Pub & Cafe, das erste Vereinsmuseum eines österreichischen Fußballklubs und das Fanzentrum waren und sind in der Osttribüne untergebracht.

Das Stadion fasste nun 13 500 Besucher. Einige Fans standen dem Umzug anfangs skeptisch gegenüber, doch die Vorfreude überwog. So durfte die Osttribüne sich zu Beginn als einzige Fantribüne bezeichnen, auf der kein Netz vor den Nasen der Anhänger hing. Der Platzsturm einiger Austria-Fans im Europa-League-Spiel gegen Athletic Bilbao im Dezember 2009 beendete diese kurze Phase. Der Verein leitete daraufhin restriktive Maßnahmen ein, die es Zuschauern erschwert, auf die Fantribüne zu gelangen. Nur durch Vorlage einer ID-Card, die eine ähnliche Funktion wie ein Personalausweis hat, ist ein Kartenerwerb möglich. Auch das Fanzentrum, in dem Choreos geplant und umgesetzt wurden, musste geschlossen werden.

Abseits dieser internen Querelen und den scheinbaren Zwängen der Kommerzialisierung kann die Austria eine durchaus positive Bilanz ihrer jüngeren Stadiongeschichte ziehen: Aus der ehemals abfällig Horr-Platz genannten Heimstätte hat sich ein schmuckes, kleines Stadion entwickelt. Die Wanderjahre sind vorbei, aus den Violetten sind echte „Jungs aus Favoriten" geworden.

Edgar Schütz & Clemens Zavarsky

Am 25. Mai 1982 überhebt Antonín Panenka mit der ihm eigenen unglaublichen Lässigkeit den Tormann von Wacker Innsbruck zum Tor des Jahres – zur Abwechslung nicht im weltberühmt gewordenen Stil vom Elfmeterpunkt, sondern aus dem Spiel heraus. Der österreichische Rekordmeister Rapid Wien gewinnt im Hanappi-Stadion mit 5:0 und holt nach 14 Jahren den Titel wieder nach Wien-Hütteldorf. Etwa 25 000 Zuschauer erleben im vollkommen überfüllten, weil eigentlich nur für 20 700 zugelassenen Stadion, wie das junge Bauwerk auch emotional zur neuen Heimat des SK Rapid wird, einem Klub, der besonders stark von seiner Geschichte lebt.

Die Geschichte des Stadions selbst beginnt einzigartig: Die Rapid-Legende Gerhard Hanappi, langjähriger Rekordinternationaler und einer der größten österreichischen Fußballer aller Zeiten, plant es als Architekt für den Klub, mit dem er untrennbar verbunden ist. Von Anfang an ist diese Geschichte eine typisch wienerische. So steht zunächst nicht der Fußball, sondern ein politischer Kompromiss im Vordergrund. Denn die Stadtpolitik möchte auf dem Gelände des alten Rapid-Platzes, der seit 1912 bestehenden Pfarrwiese, einen Autobahnzubringer bauen. Ein Stück stadteinwärts, ein paar sprichwörtliche Steinwürfe entfernt, soll das neue „Sportzentrum West" errichtet werden. Diese Pläne werden Ende der 1960er Jahre gefasst und sollen nicht nur Rapid, sondern auch dem kleineren Traditionsverein Wacker Wien eine neue Heimat geben, deshalb der neutrale Name. In der Umsetzung schaut die Sache freilich ganz anders aus: Die Autobahn wird nie gebaut. Wacker zieht nach einer Fusion aus Wien ab und nie in das neue Stadion ein. Und die großzügigen Planungen Hanappis werden aus fiskalischer Not gestutzt, vorgesehene Zusatzeinrichtungen wie eine Sportschule und eine Sporthalle gestrichen und die Gesamtausrichtung des Stadions um 90 Grad gedreht.

Die Konsequenzen der gedrehten Tribünenausrichtung bekamen die Besucher schnell zu spüren: Der Westwind, um den Gerhard Hanappi als ortskundiger Spieler gut Bescheid wusste, fiel jahrelang über die unüberdachte einrängige Westtribüne ins Stadion ein. Die doppelt so hohen und gedeckten Längsgeraden hätten das in der ursprünglichen Planung verhindert. Andere architektonische Kniffe zeigen bis heute positive Wirkung: So sind die beiden Längsseiten mit einem leichten Knick versehen, was dem Zuschauer allzu starke Kopfverrenkungen erspart. Als Stadion der 1970er Jahre sind weder Hülle noch Ausstattung spektakulär, Aufsehen erregen dafür die vier hohen, weiß gestrichenen Flutlichtmasten. Was von den Fans in den ersten Jahren nach der Eröffnung als steril betrachtet wurde, hat mittlerweile ungeahnte Vorteile: Dass das Hanappi-Stadion ausschließlich über Sitzplätze verfügt, hindert die Fans nicht am Stehen und erleichtert die Organisation von Choreografien. Die von der Westtribüne ausgehende Atmosphäre hat wesentlich dazu beigetragen, dass alle Rapidler ihr Stadion ins Herz geschlossen haben. Die entscheidende Qualität der meist schlicht „Hanappi" genannten Spielstätte liegt in seiner intensiven Dichte durch die Nähe der Tribünen zum Spielfeld. Die unterschiedlichen Ranghöhen erlauben aber trotzdem einen Blick ins Freie. Von der Nord-Tribüne aus sieht man vom ORF-Fernsehzentrum am Künigl-berg über die zur Stadtgrenze hin ausfransende Bebauung bis in den Wienerwald.

Das Gerhard-Hanappi-Stadion, wie es seit 1980 heißt, nachdem sein Erbauer viel zu früh gestorben war, wird immer wieder auch von anderen Mannschaften genutzt – sowohl in nationalen, als auch in europäischen Wettbewerben, und ab und zu für Spiele des Nationalteams. Die Identität des Stadions als Heimat Rapids ist aber insbesondere seit einem Umbau 2002, als alle vier Tribünen neu überdacht wurden (die Hintertorbereiche erstmals), so stark, dass Partien ohne Rapid-Beteiligung, wie zum Beispiel ein Cup-Finale, sowohl vom Anhang des Rekordmeisters als auch von Fans anderer Vereine mit Argwohn betrachtet werden. Spiele wie die wegen des Kosovo-Konflikts im Jahr 2000 auf neutralen Boden verlegte Europacup-Partie zwischen Roter Stern Belgrad und Leicester City zogen aber trotzdem tausende Kiebitze an. Doch natürlich sind es die Matches von Rapid, die dem Stadion seine Aura verleihen.

Spiele wie ein 5:0 gegen Dynamo Dresden im Viertelfinale des Europacups der Pokalsieger 1985, als nach einer 0:3 Auswärtsniederlage nur wenige Zuschauer von Beginn an kamen, dafür aber nach der Pause Tausende ins Stadion strömten, um Teil der unglaublichen Aufholjagd zu sein. Spiele wie ein völlig überraschendes 5:1 im UEFA-Cup gegen Partizan Belgrad 2001, als die Serben den Wienern im Stadion zahlenmäßig fast ebenbürtig waren. Tore wie jenes 2009 von Nikica Jelavic nach 16 Sekunden Spielzeit gegen Aston Villa, das dem Stadion den wohl lautesten und längsten Torjubel seit Bestehen bescherte.

Weil mehr und mehr Zuschauer angezogen werden, gaben Größe und baulicher Zustand des „Sankt Hanappi", wie es von der Teilen der Öffentlichkeit in Anlehnung an den Spruch „Rapid ist eine Religion" genannt wird, immer wieder Anlass zu Stadiondebatten. Nicht ob, sondern wann Rapid einen Neu- oder Umbau mit Vergrößerung benötigen wird, ist die Frage. Ob ein neues Stadion eine ähnliche emotionale Bindung der Anhängerschaft Rapids bewirken kann, wird die Zeit weisen. Zeit, die auch das Hanappi-Stadion gebraucht hat.

Raphael Gregorits

Wien
Gerhard-Hanappi-Stadion

Anschrift
Keißlergasse 6
1140 Wien

Einweihung
10. Mai 1977

Plätze
Fassungsvermögen: 17 500

Eröffnungsspiel
SK Rapid Wien – FK Austria/WAC [1:0]

Größte dokumentierte Zuschauerzahl
ca. 25 000 | 25. Mai 1982
SK Rapid Wien – Wacker Innsbruck [5:0]

www.skrapid.at

Wien
Sportclub-Platz

Anschrift
Alszeile 19
1170 Wien

Einweihung
16. Oktober 1904

Plätze
Fassungsvermögen: 6300
Sitzplätze: 4500
Stehplätze: 1800

Eröffnungsspiel
Wiener Sportvereinigung – FK Soproni [7:3]

Größte dokumentierte Zuschauerzahl
16 000 | 18. März 1923
Wiener Sport-Club – Floridsdorfer AC [2:0]

www.wienersportklub.at
www.wsc.at

Nähert man sich an einem Freitagabend, dem üblichen Spieltermin des Wiener Sportklubs, dem Stadion an der Alszeile im 17. Wiener Gemeindebezirk, muss man schon ein wenig achtgeben, um den Platz nicht zu übersehen. Eingebettet zwischen Gründerzeithäusern und einem sich steil den angrenzenden Schafberg hinauf ziehenden Friedhof, sieht man den Schein der Flutlichtmasten erst, wenn man schon unmittelbar vor dem Platz steht. Die vier knapp an das Spielfeld gebauten Tribünen, alle aus unterschiedlichen Bauepochen stammend, verleihen dem Platz einen britischen Charakter wie keinem zweiten in Österreich.

Keine Frage, der Sportclub-Platz hat schon bessere Zeiten gesehen, sowohl das sportliche Niveau als auch den allgemeinen baulichen Zustand des Stadions betreffend. Bekam man hier über viele Jahrzehnte gepflegten Erstligafußball geboten, muss man heute in der Regionalliga Ost mit Gekicke der dritten Leistungsstufe vorlieb nehmen. Und auch an der Infrastruktur nagt gehörig der Zahn der Zeit: Das Dach der Haupttribüne ist stellenweise undicht, die hölzernen Sitzbänke brüchig geworden und im Kabinentrakt kämpft man mit Feuchtigkeit und Schimmel. Der Stimmung auf den Rängen tut dies jedoch keinen Abbruch. Ganz im Gegenteil: Der morbide Charme der gesamten Anlage scheint im positiven Sinne auf Verein und Besucher abzufärben. Das Publikum ist ein anderes als bei den Wiener Großklubs, die Atmosphäre gelassener und Niederlagen werden hier nicht ganz so verbissen hingenommen. Dafür tritt der Schmäh der Wiener Vorstadt stärker hervor, wenn wieder einmal ein „Danke, dass wir zum Fußball gehen, … und nicht zu Rapid!" von den Rängen hallt.

Die Anfänge des Sportclub-Platzes reichen bis ins Jahr 1904 zurück, womit man immerhin das Prädikat des ältesten noch bespielten Fußballplatzes Österreichs für sich in Anspruch nehmen darf. Damals mietete die Wiener Sportvereinigung das Grundstück neben dem Alsbach vom seinerzeitigen Eigentümer, dem Salzburger Stift St. Peter, um darauf einen Fußballplatz zu errichten. Schon ein halbes Jahr nach der Eröffnung des Dornbacher Sportplatzes, wie die Anlage damals genannt wurde, durfte man sich über die Einweihung einer überdachten, ganz aus Holz errichteten Tribüne freuen. Mit einer Länge von 25 Metern bot diese den Zuschauer nicht nur bis dahin ungewohnten Komfort, sondern beherbergte in ihrem Inneren auch fünf Umkleideräume. Im Jahre 1907 entstand aus dem Wiener Cyclisten-Club durch Umbenennung der Wiener Sport-Club, in dem kurz darauf die besagte Wiener Sportvereinigung aufging. Damit bekam auch die Spielstätte in Dornbach ihren heutigen Namen: Sportclub-Platz.

Der erste größere Umbau fand nicht zufällig zu einem Zeitpunkt statt, als der Wiener Sport-Club mit dem Meistertitel 1922 und dem Cupsieg 1923 seine ersten großen nationalen Erfolge verbuchen konnte. Nach rund eineinhalbjähriger Bauzeit präsentierte man der Öffentlichkeit im März 1923 stolz ein verbreitertes Spielfeld mit perfektem Rasen und erweiterten hölzernen Zuschauerrängen auf allen vier Seiten des Platzes. Wie wohl aufgrund der stark steigenden Inflation auf die ursprünglich geplante Errichtung einer großen gedeckten Tribüne verzichtet werden musste, verfügte der Platz nun über ein Fassungsvermögen von rund 25 000 Zuschauern.

Eine weitere Renovierung erfuhr die Anlage zu Ende des Zweiten Weltkrieges, als Schäden aus den letzten Kriegstagen repariert werden mussten. Zuerst hatten Bombenangriffe einen tiefen Krater in das Spielfeld gerissen sowie ein Tor und die Abgrenzung zerstört, später installierten sowjetische Einheiten am Stehplatz Kainzgasse Geschützbatterien. Zudem waren große Teile der hölzernen Konstruktionen zwischenzeitlich von der notleidenden Bevölkerung als Brennholz genutzt worden.

Das heutige Gesicht erhielt der Sportclub-Platz in den 70er- und 80er-Jahren. Zuerst wurde 1972 an der Längsseite gegenüber der Kainzgasse eine Überdachung der bereits bestehenden Betontribüne mit rund 3000 Sitzplätzen vorgenommen. Zu dieser Zeit bildeten hinter den beiden Toren Erdhügel den Stehplatz, während auf der betonierten Tribüne Kainzgasse unüberdachte Steh- und Sitzplätze zur Verfügung standen. Dies bot den Fans die Gelegenheit, jeweils in der Pause zum gegenüberliegenden Tor zu wechseln, um die Angriffe der eigenen Mannschaft besser mitverfolgen zu können. Nachdem 1975 die zwei großen Flutlichtmasten errichtet und mit einem Spiel gegen Eintracht Braunschweig eingeweiht worden waren, wurde im Jahr 1981 die neue Stehplatztribüne an der Alszeile eröffnet, welche nunmehr auch über Kabinen, Büro- und Wohneinheiten verfügte. Später sollte diese in unmittelbarer Nähe des Dornbacher Friedhofs liegende Tribüne von den Fans liebevoll Friedhofstribüne genannt und bis heute als Synonym für eine besondere Art der Fankultur verwendet werden. Den Abschluss des Umbaus machte im Jahr 1984 schließlich die Eröffnung der Tribüne an der Hernalser Hauptstraße, die als mehrstöckiges Wohnhaus ausgeführt ist, an dessen Rückseite eine steile überdachte Sitzplatztribüne Platz gefunden hat. Im selben Jahr wurden auch die Sitzbänke der Tribüne Kainzgasse entfernt und in Stehplätze umgewandelt.

Dass heute am mit „c" geschriebenen Sportclub-Platz der Wiener Sportklub mit „k" spielt, ist kein editorielles Versehen, sondern Ergebnis eines sportpolitischen Winkelzuges. Nachdem die zunehmend prekärer werdende wirtschaftliche Lage des Wiener Sport-Clubs eine Fortführung des Spielbetriebs unmöglich erscheinen ließ, unternahm man im Frühjahr 2002 – während der laufenden Meisterschaft und mit Duldung des Verbandes – einen Neubeginn unter frappant ähnlich klingendem Namen. Seither spielt der WSK in Dornbach, während der WSC noch immer die Schulden eines Ausgleichsverfahrens abzahlt. Doch spätestens 2014 soll die Entschuldung geschafft und der Fußballbetrieb zurückgeholt sein. Damit am Sportclub-Platz auch wieder der Sport-Club spielt.

Kurt Reichinger

Wien
Casino Stadion Hohe Warte

Die im 19. Wiener Gemeindebezirk Döbling gelegene Heimstätte des ältesten österreichischen Fußballklubs – des First Vienna Football Club 1894 – ist wie keine andere Anlage mit den Anfängen und der Entwicklung des österreichischen Fußballs und weitergehend mit der Geschichte Österreichs an sich verbunden. Dies wird klar, wenn man sich der Anlage wie ein Großteil der Besucher vergangener Zeiten über den Bahnhof Heiligenstadt nähert. Den Bahnhof verlassend, durchquert man den Karl-Marx-Hof, die bei ihrer Errichtung Ende der 1920er Jahre größte Sozialwohnanlage Europas und Symbol des sozialdemokratischen Wiens. Auf dem Weg zum Stadion lässt man den verstädterten Bezirksteil Heiligenstadt hinter sich und gelangt in das ländlich geprägte Unterdöbling, wo sich an den Hängen der Hohen Warte der Blick auf eine in Österreich einzigartige Naturarena eröffnet. Die Route markiert auch einen ideologischen Grenzschritt, führt sie doch von der „roten" Heiligenstadt in den klassisch bürgerlichen Teil des mehrheitlich bourgeoisen Döbling. Im österreichischen Bürgerkrieg 1934 wurden die Sozialisten, die sich im Karl-Marx-Hof verschanzt hatten, von den Abhängen der Hohen Warte aus schwer beschossen. Auch unweit der Wohnung von Wunderteam-Trainer Hugo Meisl schlug eine Granate ein.

Die 1921 eingeweihte Naturarena, bereits die dritte Spielstätte der Vienna im Umfeld der Hohen Warte, galt mit einem Fassungsvermögen von mehr als 75 000 als größtes Stadion in Kontinentaleuropa und zeigte den internationalen Stellenwert des österreichischen Fußballs in der Zwischenkriegszeit. Daneben diente das Stadion auch als Schauplatz von Boxkämpfen, Mitte der 1920er Jahre fanden sogar Opernaufführungen statt, die Stadtgespräch waren.

Die Grenzen der Anlage zeigten sich beim Länderspiel gegen Italien am 15. April 1923. Durch die Belastung der Rekordkulisse von 85 000 Zuschauern gab der lehmige Boden nach, das Abrutschen des Nordwesthanges war die Folge. Überdies erwies sich die Lage als verkehrstechnisch ungünstig. Der Mangel an Parkplätzen erzürnte damals schon die Zeitgenossen. In weiterer Folge ersetzte das Wiener Praterstadion die Hohe Warte als Spielstätte der österreichischen Nationalmannschaft. Im letzten in Döbling ausgetragenen Ländervergleich unterlag Österreich am 5. April 1936 Ungarn mit 3:5. Ansonsten gab es jedoch wenig zu raunzen: Im Zeitraum von 1922 bis 1936 jubelten die Zuschauer auf der Hohen Warte über 21 Siege in 34 Länderspielen und Highlights wie die beiden spektakulären Wunderteam-Erfolge über Schottland (5:0) und den Erzrivalen Ungarn (8:2). Für die Vienna waren die folgenden Jahre die erfolgreichsten der Vereinsgeschichte – mit fünf Meistertiteln, dem Gewinn des Mitropacups 1931 und dem Deutschen Pokalsieg 1943. Nach dem Zweiten Weltkrieg wurde das Stadion von der amerikanischen Besatzungsmacht in Beschlag genommen und ein Baseballplatz errichtet. Im Herbst 1951 erfolgte die Instandsetzung einer kleineren Fußballanlage für bis zu 8000 Besucher, die mit dem Meisterschaftsspiel gegen den Grazer Athletiksport-Klub eingeweiht wurde.

Nach dem sechsten und bis heute letzten Meisterschaftstitel in der Saison 1954/55 wurde es auf der Hohen Warte merklich ruhiger. Galt der Verein schon in seiner erfolgreichsten Zeit nicht unbedingt als Publikumsmagnet, gestaltete sich der Andrang in der Folgezeit noch überschaubarer. Die immer stärker verwildernde Naturarenaseite der Anlage wurde zum Paradies für Insektenforscher und zur Hölle für Grasallergiker. Im Schatten des charakteristischen Wetterradarturms der Zentralanstalt für Meteorologie und Geodynamik, musste die Vienna nach der Spielzeit 1967/68 den bitteren Gang in die Zweitklassigkeit antreten. Es folgte eine Reihe von Auf- und Abstiegen. Ende der 1980er Jahre brachte die zweimalige Qualifikation für den UEFA-Cup noch einmal internationales Flair auf die Hohe Warte. Doch dieses kurze sportliche Aufflackern konnte die strukturellen Nachteile gegenüber den beiden großen Wiener Vereinen Austria und Rapid nur kurzfristig überdecken. Den Tiefpunkt der Entwicklung markiert der nach verlorener Relegation erfolgte Sturz in die Drittklassigkeit 2001, der jedoch von den „kleinen" Wiener Derbys gegen den Sportklub versüßt wurde, die regelmäßig mehrere tausend Zuschauer anlockten.

Erst im Jubiläumsjahr 2009 gelang der Vienna die Rückkehr in die zweithöchste österreichische Spielklasse, in der man mit einem Schnitt von fast 2000 Zuschauern dem oberen Drittel der Beliebtheitsskala angehört. Ähnlich wie beim freundschaftlichen Rivalen vom Sportklub, hat sich rund um die 1988 gegründeten „Döblinger Kojoten" eine alternative Fankultur entwickelt, die beweist, dass hingebungsvolle und kreative Unterstützung und ein Verzicht auf Gewalt nicht im Widerspruch stehen müssen. So wird ein durchwachsenes und trübes November-Heimspiel durch das Erschallen eines Dudelsackes, gefolgt vom rhythmischen Stampfen der Kojoten, aufgelockert. Wenn auch das nichts hilft, intoniert der Fanblock: „Blau-Gelb ist mein Herz, ich sterb in Döbling."

Und auch baulich hat das alte Stadion in Döbling eine Auffrischung erfahren. Dem desaströsen Zustand der Anlage Rechnung tragend, erfolgte im Jahr 2006 die Renovierung durch die Stadt Wien. Das sanierte Stadion wird nun für verschiedene Sportarten, unter anderem vom American-Football-Klub Vienna Vikings, sowie für kulturelle Veranstaltungen genutzt. Eine Opernaufführung wie in den 1920er Jahren hat es aber noch nicht wieder gesehen.

Alexander Juraske

Anschrift
Klabundgasse
1190 Wien

Einweihung
26. Mai 1958

Plätze
Fassungsvermögen: 4500

Eröffnungsspiel
First Vienna FC – Hakoah

Größte dokumentierte Zuschauerzahl
85 000 | 15. April 1923
Österreich – Italien

www.firstviennafc.at